Hamburger Arbeitskreis für Psychoanalyse und Feminismus (Hg.)

# Evas Biss

Das Anliegen der Buchreihe BIBLIOTHEK DER PSYCHOANALYSE besteht darin, ein Forum der Auseinandersetzung zu schaffen, das der Psychoanalyse als Grundlagenwissenschaft, als Human- und Kulturwissenschaft und als klinische Theorie und Praxis neue Impulse verleiht. Die verschiedenen Strömungen innerhalb der Psychoanalyse sollen zu Wort kommen, und der kritische Dialog mit den Nachbarwissenschaften soll intensiviert werden. Bislang haben sich folgende Themenschwerpunkte herauskristallisiert:

Die Wiederentdeckung lange vergriffener Klassiker der Psychoanalyse – wie beispielsweise der Werke von Otto Fenichel, Karl Abraham, W. R. D. Fairbairn, Sàndor Ferenczi und Otto Rank – soll die gemeinsamen Wurzeln der von Zersplitterung bedrohten psychoanalytischen Bewegung stärken. Einen weiteren Baustein psychoanalytischer Identität bildet die Beschäftigung mit dem Werk und der Person Sigmund Freuds und den Diskussionen und Konflikten in der Frühgeschichte der psychoanalytischen Bewegung.

Im Zuge ihrer Etablierung als medizinisch-psychologisches Heilverfahren hat die Psychoanalyse ihre geisteswissenschaftlichen, kulturanalytischen und politischen Ansätze vernachlässigt. Indem der Dialog mit den Nachbarwissenschaften wiederaufgenommen wird, soll das kultur- und gesellschaftskritische Erbe der Psychoanalyse wiederbelebt und weiterentwickelt werden.

Stärker als früher steht die Psychoanalyse in Konkurrenz zu benachbarten Psychotherapieverfahren und der biologischen Psychiatrie. Als das anspruchsvollste unter den psychotherapeutischen Verfahren sollte sich die Psychoanalyse der Überprüfung ihrer Verfahrensweisen und ihrer Therapie-Erfolge durch die empirischen Wissenschaften stellen, aber auch eigene Kriterien und Konzepte zur Erfolgskontrolle entwickeln. In diesen Zusammenhang gehört auch die Wiederaufnahme der Diskussion über den besonderen wissenschaftstheoretischen Status der Psychoanalyse.

Hundert Jahre nach ihrer Schöpfung durch Sigmund Freud sieht sich die Psychoanalyse vor neue Herausforderungen gestellt, die sie nur bewältigen kann, wenn sie sich auf ihr kritisches Potential besinnt.

BIBLIOTHEK DER PSYCHOANALYSE
HERAUSGEGEBEN VON HANS-JÜRGEN WIRTH

Hamburger Arbeitskreis für Psychoanalyse
und Feminismus (Hg.)

# Evas Biss

## Weibliche Aggressivität und ihre Wirklichkeiten

Psychosozial-Verlag

Bibliografische Information Der Deutschen Nationalbibliothek
Die Deutsche Nationalbibliothek verzeichnet diese Publikation
in der Deutschen Nationalbibliografie;
detaillierte bibliografische Daten sind im Internet
über <http://dnb.ddb.de> abrufbar.

Neuauflage der Ausgabe von 2002

E-Mail: info@psychosozial-verlag.de
www.psychosozial-verlag.de



»Paula« wurde dem Band
Die endlose Unschuldigkeit.
Prosa – Hörspiel – Essay,
Schwiftinger Galerie-Verlag, München 1980,
entnommen. Wir danken Elfriede Jelinek für
die Abdruckgenehmigung von »Paula«,


Umschlagabbildung: Die Schlange der Visconti
Umschlaggestaltung nach Entwürfen
des Ateliers Warminski, Büdingen.

ISBN 978-3-89806-706-5

INHALT

Hamburger Arbeitskreis für Psychoanalyse und Feminismus

# VORWORT

Weiblichkeit und Aggressivität bilden seit Jahrhunderten einen Antagonismus. Im Rahmen des patriarchalen Deutungs-Monopols der Wissenschaften, dem auch die Psychoanalyse weitgehend verpflichtet war und ist, wird eine «richtige Frau» bis heute als passiv, anlehnend, friedfertig und bescheiden definiert. Sie verkörpert, wie Pujol (1977) es formuliert, «als penisloses Mangelwesen die allgemeine Kastration».

Die positiv konnotierten Frauenfiguren in Mythos und Geschichte, deren Darstellung postwendend wieder auf den gesellschaftlichen Diskurs rückwirkt, sind stets Wesen ohne ein eigenes Begehren: Heilige, selbstlose Helferinnen, Hüterinnen von Menschenwürde und Moral.

Frauen hingegen, die sich im Laufe der Geschichte diesem «Edelmuts-Paradigma» verweigerten, die neugierig, begehrlich, widerspenstig – kurz, aggressiv waren, wurden gesellschaftlich entwertet und ausgegrenzt: Mal galten sie als Verursacherin allen menschlichen Elends – wie Eva –, mal wurden sie zur Inkarnation des Grauens und des Bösen schlechthin erklärt – wie Medusa. Eine positive Sichtweise der eigenständigen, auch aggressiven Frau existiert im kollektiven Bewußtsein bislang jedenfalls nicht.

Durch dieses tief verankerte «Haßverbot für Frauen» (Thürmer-Rohr, 1985) wurde das weibliche Geschlecht auf die vermeintlich positive Eigenschaft der Friedfertigkeit festgelegt: jedoch um den hohen Preis seiner Lebendigkeit und gesellschaftlichen Wirksamkeit. Diese Zuschreibung – und die im Gegenzug von Männern nicht nur geforderte, sondern auch positiv bewertete Aggressivität – stabilisierte über Jahrhunderte eine Ordnung, die bis heute die politische und ökonomische Macht von Männern – und deren Seilschaften – sichert.

Indem sich die Frauenbewegung in den siebziger Jahren intensiv mit dem Zusammenhang zwischen weiblicher Unterdrückung und männlicher Herrschaft beschäftigte, erkannte sie im Grunde den entlang der Geschlechtergrenzen verlaufenden Dualismus von Aggressiviät und Friedfertigkeit an: In Analysen, Aktionen und politischen Forderungen verstanden sich Frauen zunächst als schuldlose Opfer männlicher Täter. Da Unschuld jedoch stets auch Lähmung, Handlungsverzicht und damit gesellschaftliche Machtlosigkeit impliziert, wurde das Konstrukt des friedfertigen weiblichen Opfers allmählich als Beschränkung empfunden. In den achtziger Jahren begann daher die Frage nach «weiblicher Mittäterschaft» (Thürmer- Rohr, 1985) drängender zu werden.

Als erste deutsche Psychoanalytikerin der Nachkriegszeit befaßte sich Margarete Mitscherlich in ihrem Buch Die friedfertige Frau (1985) aus geschlechtsspezifischer Sicht mit dieser Problematik. Auch wenn sich ihre Thesen noch weitgehend innerhalb des klassischen Theoriegebäudes der Psychoanalyse bewegen (etwa durch die Betonung des schwächeren weiblichen Über-Ichs), leistete Mitscherlich doch – innerhalb wie außerhalb der psychoanalytischen Zunft – einen bewegenden Beitrag zur Diskussion über die weibliche Aggressivität.

Der Auseinandersetzung mit weiblicher Täterschaft und Gewaltneigung, ebenso wie der Suche nach der Aggressivität der Frau, stand ein massives, oft kaum zu überwindendes gesellschaftliches Tabu entgegen. Es war, als gehe es um die Entdeckung eines besonders dunklen Kontinents, dessen Geheimnisse zu lüften hochbrisant und gefährlich sei. Offenbar diente das Tabu wie ein Bollwerk dem Schutz eines kollektiven Phantasmas. Die friedfertige Frau als gesellschaftliches Konstrukt sollte, so schien es, um jeden Preis aufrechterhalten werden.

Bis heute scheint die gesellschaftliche Wirklichkeit auf den ersten Blick die vermeintliche Schuldlosigkeit von Frauen, ihren Opferstatus und ihre prinzipiell eher friedfertige Gesinnung zu bestätigen:

– Es sind Männer, die Kriege führen, während Frauen meist zu den Opfern gehören, wie etwa in den Kriegen der Golfregion oder auf dem Balkan.

– Bei den Pogromen gegen ausländische Menschen tauchen Frauen als gewalttätig Handelnde kaum auf.

– Bei den Familientragödien, von denen tagtäglich in den Medien berichtet wird, sind es fast immer Männer, die rohe Gewalt praktizieren, und ihre Opfer sind überwiegend Frauen, die – häufig gemeinsam mit ihren Kindern – geschlagen, verwundet, sexuell attackiert, gedemütigt und getötet werden.

Dennoch drängt sich die beunruhigende Frage nach weiblicher Aggressivität und weiblichen Machtgelüsten geradezu auf. Während in der traditionellen Psychoanalyse beharrlich an einem «kastrierten» Weiblichkeitsbild festgehalten wird, das aggressive, tätige Frauen massiv entwertet bis dahin, daß ihnen ihre Weiblichkeit abgesprochen wird, war und ist es das Anliegen des «Hamburger Arbeitskreises für Feminismus und Psychoanalyse», ein öffentliches Zeichen gegen diesen entwertenden Diskurs über die Frau zu setzen.

Der Arbeitskreis, in dem sich 1988 sieben Frauen zusammenfanden, beschäftigte sich zunächst mit den inneren und äußeren Strukturen, die das weibliche Verhältnis zur Macht bestimmen. 1992 entstand daraus die Fachtagung «Zwischen Aufbruch und Verharren – Von den Schwierigkeiten für Frauen, Räume öffentlicher Macht einzunehmen» in Hamburg. Als Ergebnis dieser Tagung kristallisierte sich in der Folgezeit immer deutlicher die weibliche Aggressivitäts-Problematik heraus: Die Fragen nach den Ambivalenzen des weiblichen Machtstrebens waren unauflösbar mit weiblicher Aggressivität verknüpft. Das Thema war im Arbeitskreis stets – und nicht nur intellektuell – präsent.

Folgerichtig luden die Frauen des Arbeitskreises 1994 zu einer weiteren Fachtagung ein, diesmal zum Thema «Weibliche Aggressivität und ihre Wirklichkeiten». Ein Ergebnis dieser Tagung ist das vorliegende Buch mit seiner Sammlung theoretischer und literarischer Texte, die der weiblichen Aggressivität samt ihren vielschichtigen inneren und äußeren Wirklichkeiten nachspüren und versuchen, ihr tabubrechend Sprache zu verleihen.

Eva-Maria Alves, Jutta Heinrich und Elfriede Jelinek gelingt dies in ihren literarischen Beiträgen auf so eindringliche Weise, daß jede Zusammenfassung notwendigerweise verkürzend erscheint. Die Fundstücke der Psychotherapeutinnen seien hier kurz skizziert.

Angelika Holderberg und Erika Mielke betrachten in ihrem Dialog schlaglichtartig verschiedene Frauen der Geschichte und beleuchten dabei verschiedene Ausprägungen weiblicher Aggressivität und ihre Bewertung. Ihnen geht es darum, den Anteil männlicher Zuschreibungen an Frauen und weiblicher Identifikationen mit diesen Zuschreibungen am jeweiligen Verständnis über Aggression deutlich werden zu lassen, sowie das Konstruktive an weiblicher Aggressivität hervorzuheben.

Gabriele Teckentrup macht sich Gedanken zum weiblichen Trotz. Sie zeigt, daß dieser wichtige aggressive Affekt, der dem Schutz des Selbst dient, aus dem psychoanalytischen und kulturellen Diskurs verdrängt worden ist und begibt sich auf die Suche nach seinen Bedeutungen für Frauen.

Christa Rohde-Dachser und Karin Menge-Herrmann geben zunächst einen kritischen Überblick über den Stand der geschlechtsspezifischen Aggressionsforschung und wenden sich dann der Frage nach einem psychoanalytischen Verständnis weiblicher Aggression zu. Vor dem Hintergrund der psychoanalytischen Motivationstheorie von J. D. Lichtenberg gehen sie dabei der These nach, daß eine typisch weibliche Form der Aggressivität vor allem dann entsteht, wenn der Wunsch nach Selbstbehauptung unbewußt bereits als verboten erlebt wird. Selbstbehauptung wird dann zu einer aversiven Reaktion, die Schuldgefühle und Wiedergutmachungstendenzen auslöst. In der Psychoanalyse geht es vor allem darum, diese Koppelung von weiblicher Selbstbehauptung und Aversion zu überwinden.

Marina Moeller-Gambaroff sieht in der Frau nicht ein von Natur aus friedliches Wesen. Sowohl das Festhalten am Opferstatus wie auch die immer auffindbare Neigung zum weiblichen Selbsthaß sind ihrer Meinung nach Abwehrpositionen, mit deren Hilfe Frauen gefürchtete archaisch-aggressive Anteile ihres Selbst in der Verdrängung halten. In alten Mythen und im Material ethnologischer Untersuchungen spürt sie die zum «matriarchalen Wesen» der Frau gehörenden destruktiven Kräfte auf, die erst wieder in das weibliche Selbstbild integriert werden müssen, damit die weibliche Potenz mit all ihren Möglichkeiten wiederhergestellt werden kann.

Martina Christlieb berichtet über psychoanalytische Behandlungen, die mit dem Patientinnen-Wunsch «Ich will unbedingt zu einer Frau!» begannen, und beschreibt die hinter dieser «feministischen Verführung» oft verborgen liegende weibliche Wut und Aggressivität. Sie zeigt auf, wie stark analytische «Damenringkämpfe» samt den dazugehörigen negativ getönten Übertragungs-Gegenübertragungs-Prozessen häufig abgewehrt werden und wie ängstigend sie sein können, wie notwendig das gemeinsame Zulassen und Überstehen des abgewehrten Bösen im analytischen Frau-Frau-Dialog gleichzeitig – im Sinne einer konstruktiven Rückgewinnung verlorener weiblicher Triebhaftigkeit – aber auch ist.

Müssen Töchter sich radikal von ihren Müttern abwenden, auf symbolischer Ebene mit ihnen brechen, um als Frau ein anderes Leben führen zu können, das nicht primär auf die Versorgung von Familienangehörigen ausgerichtet ist? Dieser Frage geht Sonja Düring nach. Dabei stößt sie auf einen kulturell und gesellschaftlich bestimmten Generationenkonflikt zwischen Frauen, der vor allem durch das sich wandelnde Geschlechterverhältnis geprägt ist.

Edda Uhlmann beschäftigt sich in ihrer Arbeit mit zwei unterschiedlichen Formen des weiblichen Begehrens, nach einer spiegelnden Zweieinheit zwischen Frauen einerseits und nach dem sexuellen Begehren als einem Objektbegehren andererseits. An Beispielen aus der Mutter-Tochter-Interaktion beschreibt sie, wie sich ein Begehren entwickelt, wie es behindert oder zerstört werden kann.

## Literatur:

Mitscherlich, Margarete (1985): *Die friedfertige Frau. Eine psychoanalytische Untersuchung zur Aggression der Geschlechter*. Frankfurt a. M.

Pujol, Robert (1977): «La mère au feminin.» In: *Nouvelle Revue française des psychanalyse* Nr. 16

Thürmer-Rohr, Christina (1985): «Haßverbot für Frauen. Friedfertigkeit als therapeutische Aktion.» In: *Psychologie heute* 9/1985, S. 64–67

Angelika Holderberg/Erika Mielke

# SCHLAGLICHTER

## Weibliche Aggressivität – männliche Zuschreibungen – weibliche Identifikation

Erika: Die Komplexität unseres Themas wirkt erschlagend. Wo anfangen, wo aufhören? Es ist wie ein rasant drehender Kreis, den anzuhalten, genau zu betrachten und Anfang und Ende zu erkennen, schier unlösbar erscheint.

Angelika: Wenn ich diesen Kreis nicht von außen betrachte, sondern mich in ihn hineinbegebe und mich meinen Assoziationen überlasse, dann fällt mir Schuld ein. Erbsünde! Merkwürdig, mir kommt unser Pastor in den Sinn, der uns in der zweiten Klasse Religionsunterricht gab. Immer wenn er besonders wütend auf uns war, schimpfte er: «Wenn Eva uns das damals nicht vermasselt hätte, müßte ich heute hier nicht vor euch stehen und mich mit euch rumärgern.» Er vermittelte uns Kindern, daß wir alle noch im Paradies leben könnten, wenn Eva sich dem Willen Gottes unterworfen hätte und nicht als erste vom Baum der Erkenntnis gegessen hätte. Eva, in der christlichen Religion die erste Frau, machte mir angst, und sie machte mich auch wütend, denn ich war identifiziert mit der Sichtweise dieses Religionslehrers; gleichzeitig war ich aber auch erleichtert, denn so hatte ich die Möglichkeit, ihr die Verantwortung für meine mich beängstigenden aggressiven Gefühle zuzuschieben. Auch empfand ich sie als ungeheuer mächtig und bewunderte sie heimlich. Sie hatte den Mut gehabt, sich dem Willen Gottes zu widersetzen, sie hatte Adam verführt und war somit für mich eine Frau, die stärker war als der Mann, der nicht anders konnte, als das zu tun, was sie wollte. Sie war eine, die sich traute, doch sie war auch schuld daran, daß Leid und Elend über die Menschen gekommen waren. Diese Mischung aus Angst, Ärger, Bewunderung und Faszination beschäftigte mich lange und hat sicher auch mein Frauenbild mitgeprägt.

ERIKA: «… und ihr werdet sein wie Gott und wissen was gut und böse ist. Und das Weib sah, daß von dem Baum gut zu essen wäre und daß er eine Lust für die Augen wäre und verlockend, weil er klug machte.»[1] Mir kommt diese Eva, indem sie als mutig handelnd, neugierig und widerständig geschildert wird, vor wie die Reminiszenz an vorchristliche Gesellschaften, während die monotheistische jüdische und später christliche Religion ihr dann den Platz zuweist, der ihr in patriarchalen Strukturen zukommt – den der Schuldigen, Sündigen und Stillen –, und mit der Erbsünde gleichsam allen Frauen, die jemals geboren wurden und werden, den kategorischen Imperativ in die Wiege legt, niemals mutig, neugierig, anpackend und widersetzlich zu sein, um diesem generischen Kardinalfehler nicht noch individuelle Sünden hinzuzufügen.

ANGELIKA: Und Eva war ja nicht die Erste. In der jüdischen Religion gilt nach der Priesterschaft (440 v. Chr.) Lilith als erste Frau Adams. Beide wurden als erstes Menschenpaar gleichzeitig aus Erde geschaffen. Der daraus von Lilith abgeleitete Gleichheitsanspruch führte zum Streit, da sie sich weigerte, sich dem Willen Adams zu beugen und beim ehelichen Verkehr unten zu liegen. Dieser Kampf um Gleichwertigkeit und damit Gleichberechtigung artete zum Machtkampf aus, in dem es um die unter- bzw. überlegene Position ging. Da ein Miteinander auf gleicher Ebene nicht gedacht werden konnte, Lilith sich aber als ein selbständiges und vom Manne unabhängiges Wesen fühlte, beendete sie den Machtkampf, indem sie fortging. In der Literatur taucht sie schließlich auf als diejenige, die Männer verführt, von ihnen Besitz ergreift oder als Dämonin Kinder mordet. Alle dunklen Zuschreibungen des Weiblichen vereinigen sich in ihr. Eva hingegen wurde gleich geschaffen als eine Abhängige Adams, sie war ein Teil seiner selbst, geformt aus einer seiner Rippen. Ein Leben aus sich selbst sowie jegliche Eigenständigkeit wird ihr damit abgesprochen.

ERIKA: Folgerichtig wurde sie verurteilt, dem Manne untertan zu sein und unter Mühen zu gebären, sie allerdings zu dämonisieren verbot sich jedoch, denn «sie wurde die Mutter aller, die da leben.»[2] Lilith dagegen hat zuerst die Frage nach dem Verhältnis der Geschlechter zueinander gestellt und damit den Anspruch auf Erkenntnis kundgetan – ein Tabubruch im patriarchalen Denken, der mit ihrer Disqualifizierung als erste

1 1. Buch Mose, 1.3.6. In: *Die Bibel*, Bibelanstalt Stuttgart, 1965, S. 11.

2 Ebda., 1.3.20, S. 12.

*Lilith*

Frau und mit Dämonisierung bestraft wurde. Die Suche nach Erkenntnis muß verboten werden, wird dieses Verbot übertreten, verbindet sich die Erkenntnis mit dem Preis einer Geschlechterhierarchie.

ANGELIKA: ... die bis heute fortdauert. Selbst wenn wir von den Mißständen absehen, unter denen Frauen weltweit heute noch leben, und uns nur auf unseren Kulturkreis beziehen, in dem Frauen immerhin schon viele Rechte errungen haben, kann von Emanzipation im Sinne eines radikalen Wandels der bestehenden Institutionen, Wertvorstellungen und Theorien nicht die Rede sein. Der Frau, die auf einem gleichberechtigten Miteinander besteht, bleibt oft nur die Möglichkeit, den männlich gestalteten Raum zu verlassen, um ihren eigenen selbstbestimmten Weg gehen zu können. Der Preis dafür ist sehr hoch: Sie wird zur Außenseiterin. Die Identifikation mit männlichen Norm- und Wertvorstellungen, die oft als Ausweg aus der traditionellen Frauenrolle gesehen wird, ist eine Pseudoemanzipation, da sie die bestehenden patriarchalen Verhältnisse nur perpetuiert.

ERIKA: Frauen, die einen eigenen Weg gehen, selbst die, die lediglich den Eindruck erwecken, von dem Pfad althergebrachter Strukturen abzuweichen, werden verunglimpft, reduziert oder womöglich totgeschwiegen.

ANGELIKA: Da fallen mir natürlich sofort die Darstellungen von so unterschiedlichen Frauen wie z. B. Shere Hite oder Hillary Clinton in der Presse ein. Hier wird einiges von dem deutlich, was Frauen droht, die abweichen.

ERIKA: Stimmt, da sind sie, die Zuschreibungen, die wir schon kennen: Shere Hite wird anläßlich ihres neuen Buches beschrieben als «Biest» mit «blutrot lackierten Krallen», als «chronisch gekränkte Feministin», als «Haßobjekt» mit «Rauschgoldengellocken» und «atemberaubendem Dekolleté»[3]. Sichtbar wird der Grund für derartige Verunglimpfungen in einem Interview, wenn sie sagt: «In erster Linie befriedigt die Arbeit meine Neugierde. Ich will diese gesellschaftlichen Mysterien verstehen.»[4] Der Drang nach Erkenntnis birgt also immer die Gefahr von Veränderung und muß bestraft werden. Die Palette der Strafen gleicht sich seit Jahrtausenden.

---

3 Alle Ausdrücke aus Hochreither, Irmgard: «Seelchen mit Krallen». In: Stern 35/94, S. 128

4 Ebda., S. 129.

Angelika: Ja, der Weg der Erkenntnis ist gepflastert mit Schuld, Achtung und Vernichtung. Doch keine Frau, die ihren gleichberechtigten Platz behaupten will, keine aggressive Frau – aggressiv im Sinne von etwas bewegend verstanden –, kommt darum herum, sich auf diesen Weg zu machen. Und es sind gerade nicht die Aspekte der Lust, des Begreifens, der Aneignung, mit denen sie sich auseinandersetzen muß, sondern ihr begegnet fast nur die negative Bewertung ihrer Aggression durch Männer und Frauen, die sie so mit einem Bild von sich konfrontiert, das in Widerspruch zu ihrem Selbstbild steht.

Erika: Daß unser Verständnis von Aggressivität hier recht ungewöhnlich und exklusiv ist, zeigt sich beim Blick in fast alle Wörterbücher, die diesen Begriff definieren: «Jedes Angriffsverhalten, das die Steigerung der Macht des Angreifers und die Minderung der Macht des Angegriffenen zum Ziele hat.»[5] «Als Aggression bezeichnet man einen körperlichen oder symbolischen Angriff mit dem Ziel, Schaden zuzufügen.»[6] Und auch die psychoanalytische Definition macht hier keine Ausnahme: «Tendenz oder Gesamtheit von Tendenzen, die in realen oder phantasierten Verhaltensweisen aktualisiert werden und darauf abzielen, den anderen zu schädigen, ihn zu vernichten, zu zwingen, zu demütigen usw.»[7]

Angelika: Immerhin war die Psychoanalyse die erste Wissenschaft, die sich Anfang des 20. Jahrhunderts überhaupt mit Aggression auseinandergesetzt hat. Freud konstatierte damals, «daß bei normalen und gesunden jungen Männern Sexualität ein ungemischter Aggressionstrieb sei.»[8] Zu dieser Zeit hat er «nur manifeste nach außen gerichtete Aggression in Betracht gezogen und diese mit Aktivität und Männlichkeit verknüpft; sexuelle Aggressivität erschien ihm als ein männliches Privileg, während er die weibliche Entwicklung als von Anfang an passiv ansah.»[9]

---

5 Dorsch, Friedrich: *Psychologisches Wörterbuch*, Hamburg/Bern 1959, S. 6.

6 Ritter, Joachim (Hg.): *Historisches Wörterbuch der Philosophie*, Darmstadt 1971, Bd. I, S. 103.

7 Laplanche, J./Pontalis, J.-B.: *Das Vokabular der Psychoanalyse*, Frankfurt a. M., 7. Auflage 1986, S. 40.

8 Nagera, Humberto (Hg.): *Psychoanalytische Grundbegriffe*, Frankfurt a. M., 1987, S. 53.

9 Ebda, S. 53.

Erika: Da ist die altbekannte Bewertung, die mich wieder an Adam und Eva erinnert. Der Mann darf seine Aggressivität leben, für die Frau wird sie verleugnet oder als unweiblich dargestellt. Das bedeutet doch, daß aggressive Frauen ihre weibliche Identität verlieren oder sogar nie erlangen.

Angelika: Mehr noch, wenn wir an das Mittelalter, an die Hexenverfolgungen denken, dann waren diese Frauen auch existentiell gefährdet. Die Hexe, die gesehen wurde als Grenzgängerin zwischen den Welten, als eine, die sich auskannte, sowohl in der Welt der Magie als auch in der realen Welt, hatte Wissen, also die Erkenntnis, und damit Macht. Den Frauen wurde unterstellt, daß sie nur aus Bosheit und Hinterlist und zum Schaden anderer ihr Wissen anwandten, während bei Männern der Pakt mit dem Teufel, ich erinnere hier an Faust, eher als Erkenntnisinteresse und wissenschaftliche Neugier bewertet wurde. Die «schadenzaubernden» Frauen hingegen wurden für jeglichen Schaden verantwortlich gemacht, wie z. B. Zwietracht unter den Nachbarn, Tod eines Kindes, Verlust der Manneskraft oder Gewitter und Sturm, die die Ernte zerstörten. Legitimiert durch die 1484 von Papst Innozenz vii (innocentia = Unschuld) herausgegebene Bulle, verfaßten die Mönche Sprenger und Institoris 1487 den «Hexenhammer», in dem behauptet wurde, daß das weibliche Geschlecht anfälliger für das neue Verbrechen der Hexerei sei, denn bereits im Paradies sei es Eva gewesen, die sich von der Schlange habe verführen lassen. Daß Adam sich dann von Eva hatte verführen lassen, wird in diesem Zusammenhang verleugnet. Sie führten auch noch einen zweiten «Beweis» an: «Das lat. Wort ‹femina› für Frau beginne mit der Silbe ‹fe›, diese leite sich von ‹fides› = Glaube ab, und ‹mina› sei die weibliche Form von ‹minus›, also weniger. Das bedeute, jede Frau halte weniger als der Mann am Glauben fest, dadurch erliege sie eben schneller dem Teufel und würde leichter zur Hexe. Eine Frau ist also qua Namensgebung schon ‹eine femina, eine Hexe, eine Frau...›.»[10]

Erika: Und immer wieder wird alles auf Eva zurückgeführt. Motiv und Resultat der Hexenprozesse rückten erst mit dem Beginn der Frauenbewegung der siebziger Jahre wieder in den Blickpunkt. Hexe wurde eine Art Ehrentitel, der ausdrücken sollte, daß Frauen sich auf

---

10 Staschen, Heidi: *Verraten, verteufelt, verbrannt*, Reinbek bei Hamburg, 1990, S. 24.

*Hexentreiben*

den Anlaß der Verfolgung besinnen, nämlich eigenbestimmtes Wissen und Handeln, das niedergehalten und vernichtet werden mußte. Dies war ein Aufbruch und ein erklärter Abschied von dem Feindbild, in dem die Hexe als Antagonistin zu Maria stilisiert wurde, dem Idealtypus der gesellschaftlich erwünschten Frau: «Passiv, abhängig, schutzbedürftig, hingebungsvoll und leidensfähig»[11] und, würde ich hinzufügen, asexuell.

Im Gegensatz dazu galt die Hexe als personifizierte Wollust. Die sexuelle Zügellosigkeit, die den angeklagten Frauen unterstellt wurde, war wohl weniger dem tatsächlichen Lebenswandel, als vielmehr der von dir genannten Ableitung aus der weiblichen Verführbarkeit – wie bei Eva –, dem notwendigen Gegensatz zur idealisierten Maria und, nicht zuletzt, dem einflußreichen, gesellschaftlich getragenen Willen zur Vernichtung weiblichen Einflusses zuzuschreiben. Das bis heute erhaltene Bild der Hexe als «gewöhnlich alt, lahm, triefäugig, bleich, schmutzig und voll Runzeln»[12] zeigt doch noch, daß vorzugsweise arme und alte Frauen, die ohne Mann lebten, hingerichtet wurden. Die andere große

11 Simon, Manuel: *Heilige, Hexe, Mutter*, Berlin, 1993, S. 169.

12 Hammes, Manfred: *Hexenwahn und Hexenprozesse*, Frankfurt a. M., 1977, S. 60.

Gruppe waren die heilkundigen Frauen und Hebammen, die als Konkurrentinnen zu der aufkeimenden Medizin und Naturwissenschaft der Männer dran glauben mußten. Ich denke, an gerade diese Frauen knüpft die Frauenbewegung der siebziger Jahre an.

ANGELIKA: Der Umgang mit den Hexen ist ein gutes Beispiel dafür, wie männliche Zuschreibungen den Blick auf die Realität verstellen und verfälschen! Ihr einziges Vergehen war doch, daß sie sich Wissen angeeignet hatten und mit diesem Wissen handelten. Wenn ich mir die Strafe für diese «Taten» anschaue, scheint das die höchste Form von Aggression zu sein.

ERIKA: Offenbar! Aber diese Einäugigkeit in der Darstellung von Geschichte, die die Realität unter den Tisch fallen läßt, ist mit dem Erstarken der Frauenbewegung immer schwieriger geworden. Begriffe und Definitionen gerieten ins Blickfeld, um kritisch überprüft zu werden, die bis dahin in ihren Aussagen eindeutig zu sein schienen, so z.B. auch im Verständnis von Aggression. Wenn wir nämlich vom ursprünglichen «aggredior» ausgehen, das ja soviel wie herangehen, sich an jemanden wenden, unternehmen, beginnen etc. bedeutet, dann ist zunächst einmal nicht vom Zerstörerischen die Rede. Es klingt eher nach Aktivität und Unternehmungslust und hat so gar nichts mit dem zu tun, was üblicherweise mit Aggression verbunden wird: nämlich Gewalt, Destruktivität und dem Wort Angriff, das ja selten «in Angriff nehmen», sondern in aller Regel Überfall, Überwältigen und ähnliches meint. In dieser Bedeutung will dann wohl auch Christina von Braun Aggression verstanden wissen, wenn sie sagt: «Aggressivität zwischen den Geschlechtern heißt Unterscheidung vom anderen; im Krieg heißt sie Vernichtung des anderen. Die erste impliziert das Lebenlassen des anderen, die andere dessen Ausschaltung. Daher schließen sich beide Aggressionsformen sogar gewissermaßen aus.»[13]

ANGELIKA: Unter diesem Aspekt sind die Hexenprozesse als Krieg gegen die Frauen zu bewerten, durch den gewaltsam ihre Rolle im System der Geschlechterbeziehungen etabliert werden sollte. Diese Gewalt bestimmt ja auch maßgeblich das Verständnis von Aggression, denn laut Duden ist Gewalt: «Ein unrechtmäßiges Vorgehen, wodurch man jemanden zu etwas zwingt oder gegen jemand oder etwas rücksichtslos angewendete physische Gewalt, mit der man etwas erreicht.»[14]

---

13 Braun, Christina von: *Nicht ich*, Frankfurt a.M., 2. Aufl. 1988, S. 286.

14 Drosdowski, Günther (Redakt.) *Duden*, Mannheim, 1977, Bd. 3, S. 1027

Mit dieser Definition wird offensichtlich, daß die Bedeutungen von Gewalt und Aggression im Alltagsverständnis fast identisch geworden sind, während das «selbstbewußt an etwas herangehen» und «etwas unternehmen» im Verständnis von Aggression fast verschwunden scheint. Der durch die Definitionsmacht des Mannes so zurechtgestutzte Begriff scheint es Frauen, die nicht männlich identifiziert sind, zu erschweren, sich ihr Potential an Aggressivität bewußt zu machen und konstruktiv damit umzugehen. Die gesellschaftlich unterschiedliche Bewertung von männlicher und weiblicher Aggressivität trägt ebenfalls dazu bei.

ERIKA: Wie auch das Spannungsfeld, in dem sich Frauen die Zuschreibungen von Männern zu eigen machen. «Frauen (neigen) dazu, sich mit den ihnen angesonnenen Weiblichkeitsentwürfen zu identifizieren, und zwar auch mit dem ihnen zugeschriebenen Bösen: In ihrer komplementärnarzißtischen Identifikationsbereitschaft produziert die Frau für den Mann dann auch noch den Dämon, den dieser in ihr sehen möchte [...]. Frauen [...] tun sich deshalb schwer mit der Entwicklung einer eigenen, von diesen Zuschreibungen unabhängigen Identität, und zwar im Guten wie im Bösen. Was ihnen dabei häufig fehlt, ist ein sicherer Maßstab, um – auch gegen Schuldzuweisungen von außen – eine klare Trennung von ‹gut› und ‹böse› zu vollziehen, und zwar besonders dort, wo es um die Wahrnehmung eigener Interessen geht.»[15]

ANGELIKA: Einen eigenen Maßstab zu entwickeln hieße, sich einerseits auf den verbotenen Weg der Erkenntnis zu machen und sich innerpsychisch mit der individuellen Bedeutung der Übertretung dieses Verbots auseinanderzusetzen und andererseits die behindernden gesellschaftlichen Bedingungen realistisch einzuschätzen. Dadurch, daß Frauen voneinander isoliert waren und sich fast ausschließlich als Konkurrentinnen in bezug auf den Mann definierten, hatten sie nie die Möglichkeit, auf das aufzubauen, was andere Frauen schon vor ihnen gedacht und erarbeitet hatten. «Die systematische Benachteiligung von Frauen im Bildungswesen hat die Selbstwahrnehmung von Frauen sehr stark beeinflußt und sich auf ihre Fähigkeiten ausgewirkt, die eigene Situation zu begreifen ...»[16] «Jede denkende Frau mußte sich mit dem

---

15 Rohde-Dachser, Christa: *Expedition in den dunklen Kontinent*, Berlin/Heidelberg/New York, 1993, S. 26.

16 Lerner, Gerda: *Die Entstehung des feministischen Bewußtseins*, Frankfurt a. M./New York, 1993, S. 26.

‹großen Mann› in ihrem Kopf auseinandersetzen, statt im Gedenken an ihre Vormütter ermutigt und gestärkt zu werden.»[17] «[...] Männer entwickeln Ideen und Erklärungsmuster, indem sie aufnehmen, was vor ihnen gedacht und erfunden worden ist, unterziehen es einer kritischen Revision und gehen dann über diesen Wissensstand hinaus. Ohne Kenntnis der eigenen Geschichte wußten Frauen nicht, was Frauen vor ihnen gedacht und gelehrt hatten. So bemühten sie sich Generation nach Generation um Erkenntnisse, zu denen andere vor ihnen längst gelangt waren.»[18]

Erika: Das galt und gilt für alle Frauen, die sich in den öffentlichen Raum begeben, nicht nur in politischen Zusammenhängen, sondern z. B. auch im gesamten Bereich der Kunst. «Was Künstlerinnen (wie allen Frauen) fehlt, ist nicht die Tradition, sondern das Wissen darum, da die Arbeit ihrer Vorgängerinnen kaum Spuren im kollektiven Gedächtnis hinterlassen. Asthetisch müssen sie eine Bildtradition absorbieren, die der Sicht des männlichen Menschen einen absoluten Rang einräumt [...]»[19]. Soweit ich weiß, bezieht sich diese Aussage auf Camille Claudel.

Angelika: Die psychische Erkrankung Camille Claudels, dieser überaus talentierten französischen Bildhauerin, die ihre große Schaffensperiode von 1881 bis 1905 hatte, ganz zu verstehen, setzt die Kenntnis komplexer Zusammenhänge ihrer individuellen und gesellschaftlichen Lebenswirklichkeit voraus. Was aber deutlich wird, ist ihr Kampf um ein selbstbestimmtes Leben als Frau und Künstlerin und ihr Scheitern am gesellschaftlichen Widerstand: Weder durch Heirat noch durch familiäre Zuwendungen finanziell und emotional abgesichert, geriet sie durch Stornierung von staatlichen Aufträgen, durch ständigen Kampf um das vereinbarte Honorar, Nichteinhaltung bereits gegebener Zusagen und Nichtanerkennung ihres Eigenen in ihrer Kunst sowohl finanziell als auch emotional in eine tiefe, sie existentiell bedrohende Lebenskrise. «Auf dem Höhepunkt ihrer Kraft, ihrer künstlerischen und handwerklichen Mittel muß Claudel erleben, daß noch äußerste Anstrengung sie nicht davon befreien wird, dem Passatismus von Kritikern zu entkommen, die sie über das Nachvollziehbare hinaus in

17 Ebda., S. 29.

18 Ebda., S. 36.

19 Berger, Renate (Hg.): *Camille Claudel*, Berlin/Hamburg, 2. Aufl. 1990, S. 16.

*Camille Claudel bei der Arbeit an «Perseus und die Gorgo»*

eine ewige Schülerschaft, in verschrobene Vorstellungen von ‹Weiblichkeit› hineinreden wollen.»[20]

Ein weiterer Aspekt ist ihre komplizierte Beziehung zu Rodin, dessen Schülerin und Geliebte sie war. Sowohl von ihm als auch von ihrem Bruder Paul, dem sie schon als kleines Mädchen sehr verbunden war, fühlte sie sich nicht als die gesehen, die sie war.

Erika: Wo du gerade Rodin erwähnst, der galt doch als ein Mann, der in Frauen eher «das Echo eigener Anschauungen suchte»[21], und nicht so sehr die Frau als Andere. Er schuf mit seiner Skulptur «La Danaïde» (die Schutzflehende) eine sich Hingebende, Unterwerfende. Die griechische Mythologie beschreibt aber die Danaïden auch als die Frauen, die sich der erzwungenen Verehelichung mit den Agyptern zuerst durch Flucht zu entziehen suchen. Als ihre Verfolger sie jedoch aufspüren, sehen sie nur noch eine Möglichkeit der Gegenwehr: In der Hochzeitsnacht ermorden sie ihre Gatten. Rodin stellt aber nicht die fliehenden, auch nicht die sich wehrenden und zum Mord fähigen Frauen dar. Sein Blick ist ein anderer: Frauen sind die Gebeugten, die sich Hingebenden, sich Unterwerfenden. Dieser spezifische Blick impliziert die Nichtanerkennung der komplexen Weiblichkeit, was schmerzlich in dem Gefühl von Nichtübereinstimmung zwischen Eigen- und Fremdwahrnehmung zum Ausdruck kommt.

Angelika: Gerade das hat mich in der Beschäftigung mit Camille Claudel besonders berührt. Ich habe plötzlich verstanden, daß es wirklich zum Verrücktwerden ist, wenn Frauen in Beziehungen nicht als die vorkommen dürfen, die sie sind. Bezeichnend ist auch, daß Camille Claudel 1913 von ihrem Bruder Paul in die Nervenheilanstalt Ville-Evrard eingeliefert wurde. Hier starb sie 1943, verlassen von ihrer Familie und ihren Freunden ohne jemals wieder künstlerisch tätig geworden zu sein. Ich muß an etwas denken, was die Künstlerin Farideh Akashe-Böhme gesagt hat: «Um als Person anerkannt zu werden und ein mögliches weibliches Selbstsein zu gestalten, muß, behaupte ich, im Prozeß der Subjektwerdung der Frau ein anderer Weg eingeschlagen werden. Und zwar in Abgrenzung zum Typ männlicher Subjektivität, die im Rahmen der okzidentalen Rationalität mit allen ihren Folgeerscheinungen konzipiert und vollzogen wurde. Die existentielle Fremdheit der Frauen

20 Ebda., S. 29.
21 Ebda., S. 20.

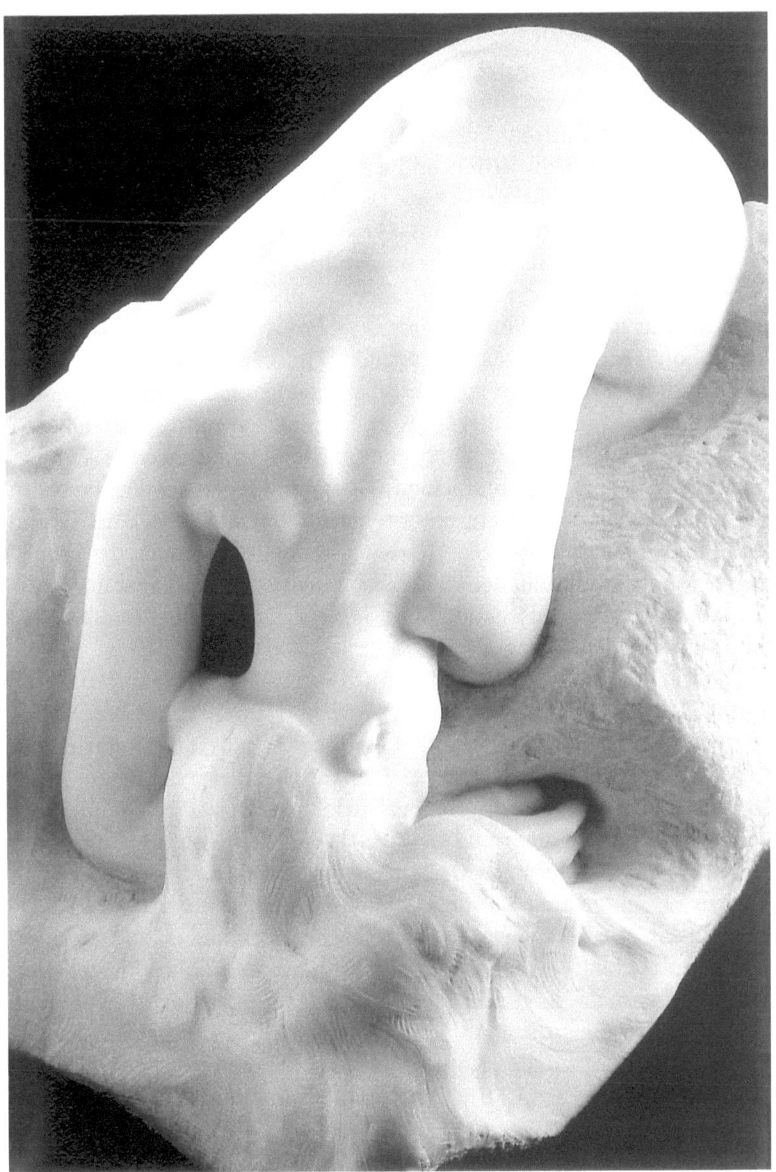

Auguste Rodin: *La Danaïde*

in dieser Männerwelt hat hier ihren Grund; denn sie wurde in diesem Rahmen als Objekt instrumentalisiert.»[22] «Sich selbst Fremdwerden und Fremdheit werden zunächst als Verlust erfahren, als Enteignung. In der Tat können Entfremdungserfahrungen von der Art sein, daß man ‹sich selbst nicht mehr kennt› und ein Gefühl für die Grenze zwischen Ich und der Welt verliert.»[23]

ERIKA: Zumindest geht es uns allen wohl immer mal wieder so, daß wir diese Fremdheit als Orientierungsverlust erfahren und an uns selbst zweifeln. Mir ist es gerade so gegangen. Auf der Suche nach handelnden, also in unserem Sinne aggressiven Frauen wollte ich mehr über Judith, die Frau, die im alten Testament Holofernes tötet, wissen. Das Buch Judith ist jedoch in meinen Bibelausgaben gar nicht vorhanden! Bis ich diese Tatsache allerdings anerkennen konnte, habe ich erst einmal an mir und meiner Wahrnehmungsfähigkeit gezweifelt – immer wieder von neuem gesucht, meinen Widerstand gegen das Thema weibliche Aggression zur Ursache erklärt, bis mir klar wurde, daß der Grund außerhalb meiner Person liegt. Diese existentielle Fremdheit der Frauen in der Männerwelt, von der du gerade sprachst, wird ergänzt durch die Negation der Frau als handelndes Subjekt, wie es offenbar hier bei Judith passiert ist.

ANGELIKA: Was ich von Judith noch weiß, ist, daß sie in Juda lebte zu der Zeit des Krieges zwischen Assyrern und Israeliten. Sie war Witwe und wird als klug, fromm, reich und schön geschildert. Holofernes, der Oberbefehlshaber der assyrischen Truppen, belagerte die Brunnen der Israeliten und versuchte so, sie auszutrocknen. Das verdurstende Volk sah keinen Ausweg mehr und stellte Gott eine Frist von fünf Tagen, um sie zu erretten, andernfalls wollten sie sich ergeben. Judith hörte von diesem Entschluß und rief die Altesten zu sich, kritisierte ihre Kleingläubigkeit und überzeugte sie, sich ihren Anordnungen zu unterwerfen, ohne den Plan zu kennen, den sie verfolgte. Sie nämlich kleidete sich um und ging in das Lager des Holofernes, der sie, beeindruckt von ihrer Schönheit, zu einem Festmahl einlud. Als Holofernes betrunken einschlief, schlug sie ihm den Kopf ab und brachte diesen ihrem Volke, das jubelnd ihre Heldentat begrüßte und schließlich doch die Feinde besiegte.

22 Akashe-Böhme, Farideh: *Frausein Fremdsein*, Frankfurt a. M., 1993, S. 90.

23 Ebda., S. 81.

*Camille Claudel in der Anstalt von Ville-Evrard*

Erika: Zwar ist meine Bibel um diesen Beleg weiblicher Aggressivität bereinigt worden, diese Tat und die Frauenfigur Judith sind aber ein außerordentlich beliebtes Motiv in der Kunst, das in Malerei und Literatur seit Jahrhunderten immer wieder auftaucht. Am schönsten finde ich das Bild von Artemisia Gentileschi, weil hier der Tod des Holofernes eindeutig und unkommentiert als Judiths Tat dargestellt ist. Die vielen Männer, die sich danach der Geschichte Judiths angenommen haben, verbinden ganz erstaunliche Motive und Attribute mit dieser Frau! Aus der Witwe, ein Status, mit dem Reife, Lebenserfahrung und ebenso sexuelle Erfahrung zu assoziieren sind, wird beispielsweise in Hebbels Drama eine Frau, die zwar verheiratet gewesen ist, die Ehe jedoch nie vollzogen hat und, von Holofernes vergewaltigt, diesen tötet, um sich für die Defloration zu rächen. Ist es nicht frappierend, was an männlichen Konstruktionen aufgeboten wird, um den Sachverhalt einer unabhängig handelnden Frau umzudeuten! Die Bilder seit Artemisia hingegen vermeiden es, die Tat selbst zum Motiv zu machen, sondern reduzieren sich auf die Darstellung Judiths nach der Tat, was es natürlich viel leichter macht, den Grund für ihr Handeln und den Tod des Holofernes vergessen zu machen. Am Ende erinnert sie mich bei Klimts Bildern fast schon wieder an die Beschreibung Shere Hites: ein atemberaubendes Haßobjekt mit blutrot lackierten Krallen. Und von der hebräischen Witwe und ihrer Heldentat, die sie unter Einsatz ihres Lebens zur Befreiung des Landes gewagt hat, «bleibt nur übrig, daß eine Frau in der Lage ist, einen Mann zu töten.»[24]

Angelika: Von Charlotte Corday ist nicht einmal das geblieben. Sie war die Frau, die am 13. Juli 1793 in der Überzeugung, durch diese Tat einen Bürgerkrieg zu verhindern und ihrem Volk den Frieden zu bringen, Jean Paul Marat durch einen Messerstich tötete. Edvard Munch (1933/35) deutet die Thematik ins Erotische um und weist dieser Frau der Französischen Revolution dadurch einen Platz zu, der den politischen Gehalt der Tat völlig verleugnet. Die «Revolution in der Revolution»[25], daß eine Frau es sich anmaßt, wie die Männer zu dieser Zeit, durch Töten des Gegners politisch Einfluß zu nehmen, wird ungeschehen gemacht.

Einen Tag nach Marats Bestattung wird Charlotte Corday der Prozeß gemacht. Chabot, bischöflicher Vikar von Blois, Jakobiner und

24 Müller-Mees, Elke: *Die aggressive Frau*, Stuttgart/Wien, 1993, S. 74.

25 Dunning, A.J.: *Extreme*, Frankfurt a. M., 1992, S. 138.

Artemisia Gentileschi: *Judith tötet Holofernes*

Abgeordneter von Loir et Cher, der dem Verhör beiwohnte, sieht in ihr ein «besonders willfähriges Werkzeug [einer Verschwörerbande, die sich] der Vorstellungswelt einer Frau bedient [habe], die sie bis zu einem unfaßlichen Grad von Verwegenheit und Irrsinn zu fanatisieren vermocht [hätte]. [...] Sie sei eines jener Ungeheuer, welches die Natur von Zeit zu Zeit [...] ausspeie.»[26]

Charlotte Corday wird zum Tod durch die Guillotine verurteilt und noch am gleichen Tag hingerichtet. Aufrecht und selbstsicher geht sie in den Tod, in dem Bewußtsein, für ihre Überzeugung zu sterben ...

Erika: ... und wurde, wie so viele andere Frauen in der männlichen Geschichtsschreibung, vergessen, verleugnet, verschwiegen, verkannt und, wenn das nicht ging, wenigstens reduziert. Denn mit der Aneignung weiblicher Geschichte, durch die ein Bewußtsein für weibliches Werden und Gewordensein erst möglich wird, würden Frauenbilder sichtbar, die es angeblich nicht gibt. Dann zeigt sich ein durchaus offener, zielgerichteter und oft konstruktiver Umgang mit Aggressivität, der eine positive weibliche Identifizierung ermöglichen würde.

Angelika: Das Bewußtsein um Frauentradition etablierte sich mit der Entstehung der Salons im 17. und 18. Jahrhundert. In den hier geschaffenen gesellschaftlichen Freiräumen konnten «Frauen freundschaftliche Beziehungen zu Männern und Frauen auf der Grundlage gemeinsamer kultureller Interessen knüpfen»[27], sich intellektuell auseinandersetzen und zu einer Neubestimmung des Weiblichkeitsbegriffs kommen. In Deutschland gründeten Christiana Mariana von Ziegler (1695–1760) in Leipzig und Johanna Schopenhauer (1766–1838) in Weimar musikalische und literarische Salons.

Doch die Frau als politisch Einflußnehmende, sowohl als Partnerin als auch als Gegnerin, als eine an der Macht teilhaben Wollende, konnte noch nicht gedacht werden. Entsprechend galt die Erklärung der Menschen- und Bürgerrechte von 1789 in Paris nur für Männer, während Frauen insbesondere durch das Verbot politischer Betätigung ausgeschlossen waren. Olympe de Gouges wagte es in ihrer Frauenrechtserklärung, die Gleichberechtigung von Mann und Frau einzuklagen und öffentlich die Männer für die Mißerfolge der französischen Revolution verantwortlich zu machen. Diese öffentliche Stellungnahme wurde ihr als

26 Traeger, Jörg: *Der Tod des Marat*, München, 1986, S. 28.

27 Lerner, Gerda: a. a. O., S. 279.

Gustav Klimt: *Judith I*

«Anschlag auf die Volkssouveränität» ausgelegt. Am 2. November 1793 wurde sie angeklagt und einen Tag später, am 3. November 1793 , das Urteil vollstreckt: Tod durch die Guillotine.

ERIKA: Wenn ich dich höre, dann wird der gesamte Kampf um Gleichberechtigung, Selbstbestimmung und damit Selbstdefinition schon seit Lilith geführt und dauert bis heute fort. Wenigstens ein kleiner Lichtblick, ein Sich-zur-Wehr-Setzen auf diesem Weg, der gekennzeichnet ist von Unterdrückung und physischer, sowie psychischer Vernichtung ist doch wohl für uns Frauen hier die Festschreibung der Gleichberechtigung von Mann und Frau im Grundgesetz der BRD, Artikel 3, Abs. 2.

ANGELIKA: Ja, daß dieser Passus ins Grundgesetz kam, haben wir der Rechtsanwältin Elisabeth Selbert, einer der vier Frauen in dem von 61 Männern dominierten Parlamentarischen Rat des Nachkriegsdeutschlands, zu verdanken. Sie hatte Zehntausende von Frauen mobilisiert und monatelang dafür gekämpft, daß der Gleichberechtigungsgrundsatz in das Grundgesetz aufgenommen wurde. Zu ihrem Erfolg sagte sie: «Ich hatte gesiegt, und ich weiß nicht, ob ich Ihnen das Gefühl beschreiben kann, das ich in diesem Augenblick gehabt habe. Ich hatte einen Zipfel der Macht in meiner Hand gehabt, den habe ich ausgenützt, aber auch in voller Tiefe, in aller Weite, die mir theoretisch zur Verfügung stand. Und es war die Sternstunde meines Lebens, als die Gleichberechtigung der Frau damit zur Annahme kam.»[28]

Es war wirklich eine Sternstunde, denn damit wurde das BGB, nach dem eine verheiratete Frau nicht als eigenständige Rechtsperson galt und somit ihr Ehemann über ihr Vermögen, ihre Berufstätigkeit, ihren Wohnsitz und die Kindererziehung entscheiden konnte, verfassungswidrig. Allerdings dauerte es noch bis 1976 (!), bis sich der Bundestag auf ein neues Ehe- und Familienrecht einigen konnte.

ERIKA: Dann war Elisabeth Selbert ja wohl eine der wenigen Frauen, die konstruktiv aggressiv sein konnten. Offenbar hatte sie nur Erfolg, weil sie den Mut hatte, auch gegen den starken Widerstand aller anderen etwas in Angriff zu nehmen, von dem sie zutiefst überzeugt war.

ANGELIKA: «Mit diesem Paragraphen und der Feststellung, die Gesetzgebung habe die Gleichberechtigung auf allen Rechtsgebieten zu verwirklichen, vollzogen die Delegierten gleichsam einen revolutionären

28 Hoffmann, Gabriele: *Frauen machen Geschichte*, Bergisch-Gladbach, 1991, S. 454.

Edvard Munch: *Tod des Marat II*

Akt: Erstmalig in der deutschen Verfassungsgeschichte wurde die uneingeschränkte Gleichheit der Geschlechter in staatsrechtlicher, bürgerlicher und sozialpolitischer Hinsicht festgeschrieben.»[29] Doch von einer kampflosen Umsetzung sind wir noch weit entfernt.

Die Durchsetzung dieser «Selbstverständlichkeit», wie es die Sozialdemokratin Marie Juchacz am 12. November 1918 anläßlich der Einführung des Frauenwahlrechts in Deutschland vor der Nationalversammlung

29 Harenberg, Bodo (Hg.): *Chronik* 1949, Dortmund, 2. Aufl. 1989, S. 19.

ausdrückte, hatte jahrtausendelang gedauert, wenn wir mit Lilith den Anfang setzen. In oft äußerst schwierigen Kämpfen hatten sich Frauen wie z.B. Helene Lange, Malvida von Meysenbug, Minna Cauer, Anita Augspurg und Clara Zetkin für die Einführung des Frauenwahlrechts eingesetzt. Als dann der Rat der Volksbeauftragten – die provisorische deutsche Regierung – erstmalig auch Frauen, denen bis zu diesem Zeitpunkt ja jede direkte politische Teilhabe untersagt worden war, das aktive und passive Wahlrecht zubilligte, machte Marie Juchacz in ihrer Rede vor der Nationalversammlung das bisher geschehene Unrecht noch einmal deutlich: «Ich möchte hier feststellen, daß wir deutschen Frauen dieser Regierung nicht etwa Dank schuldig sind. Was diese Regierung getan hat, das war eine Selbstverständlichkeit; sie hat den Frauen gegeben, was ihnen bis dahin zu Unrecht vorenthalten worden ist.»[30]

Erika: Wenn ich mir das Handeln des «Bundes Deutscher Frauenvereine» schon vor 1914 betrachte, finde ich den Preis für das Frauenstimmrecht sehr hoch, vielleicht sogar zu hoch. Wie weit hat sich weibliches Handeln und Unternehmen zur Erlangung die-ses Stimmrechts in den Dienst des Patriarchats gestellt und so die Chance auf Eigenbestimmtheit vertan und eingetauscht gegen eine altbekannte, aber mit dem Firnis der Gleichberechtigung überzogene Stellung? Der BDF unterbreitete nämlich ein Hilfsprogramm zur Ersetzung der Männer durch Frauen in Kriegszeiten bereits vor Ausbruch des Ersten Weltkrieges. «Hinter diesem Angebot stand nicht nur die offizielle Idee, dem ‹bedrohten Vaterland in der Stunde der Not Beistand zu leisten›, sondern auch die handfeste Absicht, durch die Erfüllung gleicher Pflichten auch gleiche Rechte wie die Männer zu erlangen: allem voran das Frauenstimmrecht.»[31] Die Tatsache, daß elf Millionen Männer im Ersten Weltkrieg aus dem Arbeitsprozeß herausfielen, bedeutete sicherlich millionenfache Chancen für Frauen, deren Arbeitsplätze einzunehmen, sich zu qualifizieren, sogar Führungsaufgaben zu übernehmen. Allerdings ist es wiederum der BDF, der 1917, «das Kriegsende ist noch nicht abzusehen, [...] schon über die Demobilisierung»[32] der Frauen redet. In einer Art von vorauseilendem Gehorsam und in Identifikation mit dem

30 Kastner, Ruth: «Damenwahl». In: *Hamburger Abendblatt*, Nr. 15/94, S. 3.

31 Hering, Sabine: «Die Eroberung des Patriarchats?» In: *metis, Zeitschrift für historische Frauenforschung und feministische Praxis*, Pfaffenweiler, 1/92, S. 28.

32 Ebda., S. 39.

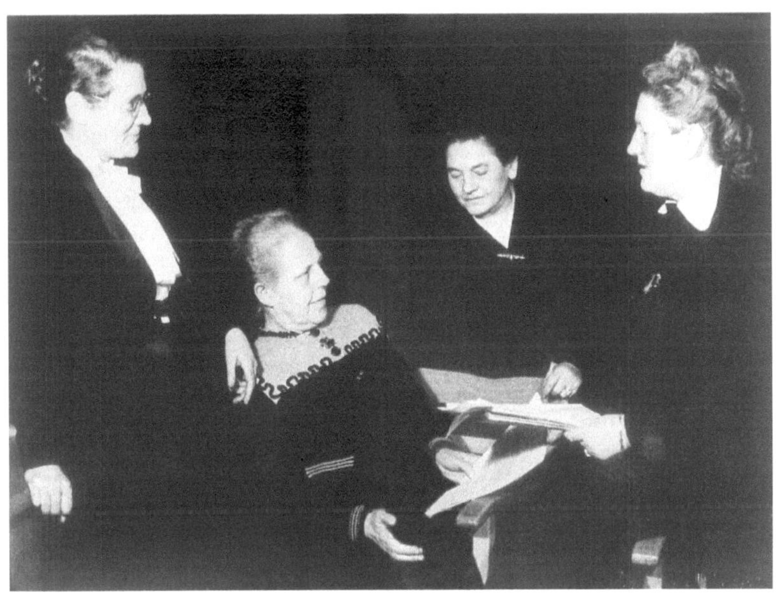

*Die «Mütter des Grundgesetzes»*
von links: Helene Wessel (Zentrum), Helene Weber (CDU),
Friederike Nadig (SPD) und Elisabeth Selbert (SPD)

patriarchalen Staat planen die Frauen ihren eigenen Rückzug und ihr Überflüssigwerden im Arbeits- und Produktionsprozeß, um sich wieder der Frauendomäne, der Reproduktion, zuzuwenden. Zwar wehrte sich die Frauenbewegung gegen die Art, in der dieser Rückzug dann vom Staat gefordert wurde: «Vollkommen einig ist man sich heute in den Kreisen der organisierten Frauenbewegung darüber, daß wir verpflichtet sind, den Kampf aufzunehmen gegen die willkürlichen rücksichtslosen Frauenentlassungen, [...] und gegen die z.T. an das Terroristische grenzenden Mittel, mit denen das Ziel der Ausschaltung der Frauen aus dem Wettbewerb erreicht werden soll.»[33]

ANGELIKA: Dennoch handelten sie in der ganz überwiegenden Mehrheit wie eine brave «wirtschaftliche Reservearmee»[34] und blieben zu

33 Ebda., S. 32.
34 Ebda., S. 33.

Hause, um den Männern die Außenwelt zu überlassen. Das gleiche Verhalten ist drei Jahrzehnte später, nach dem Ende des Zweiten Weltkrieges festzustellen, «wo wir – mehr oder weniger fassungslos – einen Rückzug der Frauen in die Kleinfamilienwelt der fünfziger Jahre zur Kenntnis nehmen müssen, nachdem sie monatelang, jahrelang allen Lasten und aller Verantwortung gegenüber auf sich gestellt waren.»[35] Jede wirtschaftliche Krise hier hat seitdem immer mit dem Rückzug der Frauen rechnen dürfen.

Erika: Ich möchte auf keinen Fall die Verdienste der Frauenbewegung schmälern und den Einsatz und die Erfolge ihrer Protagonistinnen in Abrede stellen, aber ich finde es wichtig, sich über die Hindernisse auf dem Weg klar zu werden. Mir leuchtet als Erklärung das von Carol Hagemann-White angeführte bipolare Geschlechtsrollenverständnis von Frauen, und übrigens gerade auch von Männern, sehr ein, das das Aggressive, von dem wir hier reden, immer wieder konterkariert. Ohne die Anwesenheit von Männern definieren Frauen sich in bezug zu ihren individuellen Potenzen und Möglichkeiten, in dem bipolaren System jedoch strikt nach Geschlechtsrollengesichtspunkten. «Nur so wird es [...] erklärbar, daß Frauen, die Familien ernährt haben und schwere Maschinen bedient haben, wenn ihr Mann wiederkommt, nicht mehr in der Lage sind, einfachste handwerkliche Arbeiten zu verrichten und Entscheidungen zu fällen.»[36] Ich will mit all dem nicht ausdrücken, daß Frauen nur die Lilith-Alternative bliebe – wohin sollen sie auch gehen und wohin ist übrigens Lilith gegangen? –, sondern daß der Weg weiblicher Aggressivität mit einer Fülle von Widrigkeiten gepflastert ist, auch dem Hindernis der weiblichen Identifikation mit männlich definierten Geschlechtsrollen, die aggressive Seiten nicht zulassen können. In diesen Bezugsrahmen ordnet sich für mich auch das lachende Gesicht dieser Frau ein, die ihren Kopf abgibt.

Angelika: In diese zumindest für die Frauenbewegung dunkle Zeit paßt ebenso Marylin Monroe als ein Kunstprodukt, das nicht nur von außen und sozusagen gezwungenermaßen geformt wird, sondern genauso aus eigenem Antrieb dieses Sexbombenklischee schuf. Immer etwas dümmlich und ohne eigene Gedanken, wie die Frau ohne Kopf – mit diesem Bild signalisierte sie dem Mann als Adressaten, im Gegensatz

35 Ebda., S. 33.

36 Ebda., S. 33.

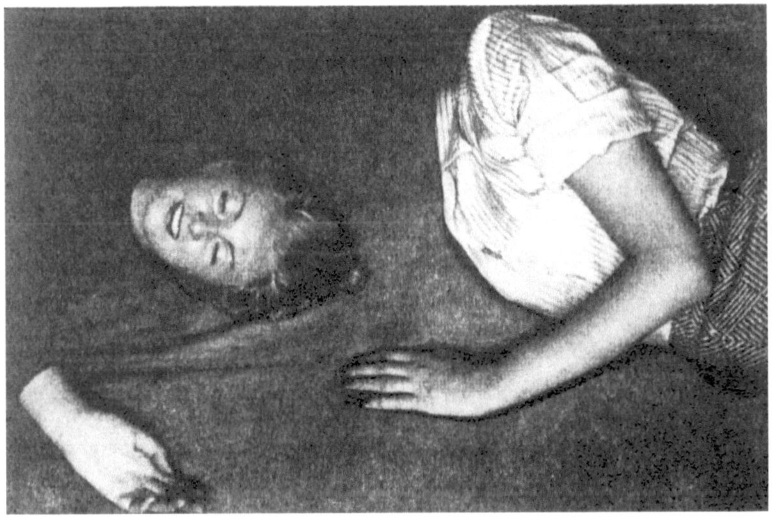

*Frau ohne Kopf*

zur treulichen Hausfrau der fünfziger und sechziger Jahre, wenigstens das ungefährlich Triebhafte. «Sie war weniger die Frau-als-Spiegel, sondern eher die Frau-als-leeres-Blatt. Sie bot den Männern einen Umriß, eine leere Form, die sie selber ausfüllen konnten mit all ihren Phantasien über die ideale Frau.»[37]

ERIKA: Und dann kam 1968, der revolutionäre Aufbruch, Querdenken war gefragt, allerdings nicht, was das Geschlechterverhältnis betraf. Das Thema wurde zum Nebenwiderspruch erklärt und konnte von daher auf nachrevolutionäre Zeiten verschoben werden. Die Solidarität der Frauen der 68er Generation bekam die ersten Risse, als die geplante § 218-Änderung 1972 deutlich machte, daß das kritische Bewußtsein der Männer nicht bis in das Geschlechtsrollensystem reichte und eine Art Entsolidarisierung spürbar wurde. Ich weiß noch sehr genau, wir sind massenhaft auf die Straße gegangen, haben, statt Schulungsabende zu Marx und Engels zu besuchen, lieber Beratungs- und Informationsstellen zu Schwangerschaftsabbruch und § 218 eingerichtet und eine wirklich euphorisierende Woge von Frauensolidarität erlebt.

37 Smith, Joan: *Misogynies*, München, 1992, S. 100.

Angelika: Mit dieser Welle hat sich für mich auch endlich das Bewußtsein verbunden, auf den Schultern anderer Frauen vor uns zu stehen, auf Traditionen bauen zu können, denn das Thema: Frauen sind unabhängige, eigenverantwortlich handelnde und gleichberechtigte Wesen, macht sich immer – durch die Geschichte – an dem Verfügen über ihre Gebärfähigkeit fest. Denke nur an die Hexen, bzw. Hebammen, an Eva, die unter Mühen gebären sollte, an all die Konnotationen, die die Frau in bezug zu Leben und Tod setzen, und damit die Angst vor ihrer Aggression und Autonomie deutlich machen, die es zu bekämpfen gilt. Wodurch kann dies besser gelingen als durch Entmündigung, die auf der Anschuldigung gründet, Frauen würden leichtfertig mit ihrer Kontrollmöglichkeit über Geburt oder eben Nicht-Geburt umgehen und bedürften von daher männlicher Verbote und Edikte.

Erika: Genau, diese Bewegung der Frauen seit den Siebzigern hat Enormes bewirkt. Vielleicht bewerte ich das auch so, weil ich jetzt lebe und die vergangenen Wellen der Frauenbewegung aus historischer Distanz betrachte. Aber es fällt mir nicht schwer, eine ganze Reihe von Frauen zu nennen, die heute in ihren Wissenschaftsbereichen oder in ihren gesellschaftlichen Aufgabenfeldern daran arbeiten, den patriarchalen Schemata feministische Perspektiven und Paradigmen entgegenzusetzen. Dies zeigt in den vergangenen Jahrzehnten schon eine Kontinuität, und mir scheint, ein Schritt zurück, wie nach dem Ersten oder Zweiten Weltkrieg, ist von diesem Fundament aus nicht mehr ohne weiteres möglich.

Angelika: Das hoffe ich auch, allerdings: «Erst in diesem Jahrhundert sind für [...] eine winzig kleine Minderheit unter den Frauen dieser Erde die Voraussetzungen [dafür] erreichbar geworden, [...] daß Frauen beginnen konnten, selbst zu ‹sehen› und also ihre eigenen Begriffe zu definieren und Kategorien zu bilden.»[38] Und: «Die Frauen, die am meisten von den erreichten Veränderungen profitiert haben, [sind] gebildet, weiß, mittelständisch und meist kinderlos.»[39] Das erklärt mir auch ein Stück weit das Auseinanderdriften oder die Abspaltung der Frauenbewegung von den 1972 noch in die Solidarität eingebundenen Frauen, die diese Merkmale nicht aufwiesen. Denn die über die Grenzen von Sozialisation und Gesellschaftsschicht hinausreichende Einigkeit von

38 Lerner, Gerda: a. a. O., S. 285.

39 French, Marilyn: *Jenseits der Macht*, Reinbek bei Hamburg, 1988, S. 737.

1972 ist bei der jüngsten Änderung des § 218 nicht mehr tragfähig gewesen. Jetzt ist es eine Frage des gesellschaftlichen, intellektuellen und finanziellen Status, ob dieser Paragraph Frauen tangieren muß oder nicht. Die Vorreiterinnen der § 218-Bewegung, eben diese intellektuellen Frauen der 68er Generation, sind mithin nicht in dem Maße betroffen wie noch 1972. Natürlich haben auch eine ganze Reihe von Erleichterungen, medizinischen Verbesserungen und gesellschaftliche Akzeptanz zu dieser veränderten Haltung beigetragen, aber die so ganz andere Reaktion der Frauen, die so viel geringere Resonanz heute, geben mir schon zu denken, ohne daß ich nostalgisch werden will.

ERIKA: Ich stimme dir zu, sehe aber in der Reihe der Frauen, über die wir sprachen, immer als Attribut das Aggressive, von dem wir ausgegangen sind, und das ist gekoppelt an Bewußtsein, Schichtzugehörigkeit, Erfahrungshintergrund ... Das kreative Potential der Frauenbewegungen aller Zeiten lag immer in den wenigen positiv aggressiven Frauen. Und wie viele hat es davon gegeben, die wir alle noch hätten aufführen können! Obwohl die meisten das immer gleiche Schicksal ereilte – kompetente Frauen mußten verschwinden, weil sie den Männern zu gefährlich erschienen –, sind sie dennoch irgendwie geblieben. Denn wir wären heute ohne sie und ihre konstruktive Aggressivität nicht da, wo wir sind!

## Bildnachweis:

1. *Lilith*, (Steinrelief, ca. 2000 v. Chr). In: Hurwitz, S. (1981): *Lilith, die erste Eva.* Zürich, Titelbild
2. *Hexentreiben* (ca. 1650). In: Katalog zur Ausstellung «Hexen», Hamburg 1979, Foto: Michael Herr
3. *Camille Claudel bei der Arbeit an «Perseus und die Gorgo»*, in ihrem Atelier in Paris, Boulevard d'Italie 113 (1902)
   Foto: Archiv für Kunst und Geschichte, Berlin
4. Auguste Rodin, *Danaïde* (1885)
   Foto: Archiv für Kunst und Geschichte, Berlin
5. *Camille Claudel in der Anstalt von Ville-Evrard (Paris)* (um 1935)
   Foto: Archiv für Kunst und Geschichte, Berlin
6. Artemisia Gentileschi, *Judith tötet Holofernes* (ca. 1620). In: Wachenfeld, Christa (Hg.) (1992): *Die Vergewaltigung der Artemisia. Der Prozeß. Mit einem Essay von Roland Barthes*, Freiburg, Titelbild
7. Gustav Klimt, *Judith I* (1909)
   © Österreichische Galerie Belvedere Wien
8. Edvard Munch, *Tod des Marat II* (1907)
   © VG Bild-Kunst, Bonn 1995
9. *Die Mütter des Grundgesetzes*, die im Parlamentarischen Rat den Gleichberechtigungs-Artikel 3 des Grundgesetzes durchsetzten (1948)
   © Bildarchiv Preußischer Kulturbesitz, Berlin 1995
10. *Frau ohne Kopf* (ca. 1920, KünstlerIn unbekannt)
    © Archiv Christina von Braun, mit freundlicher Genehmigung

Gabriele Teckentrup

# EINIGE GEDANKEN ZUM WEIBLICHEN TROTZ

Menschliche Eigenschaften entstehen aus Trennungsprozessen, und sie sind bewaffnet mit Eigensinn, der sich gegen die Trennung wehrt.
Negt, O./Kluge, A. 1993, Bd. 1, S. 3

## VORBEMERKUNG

Trotz meint Ungehorsam, Eigensinn, Verweigerung, Rebellion.

Trotz ist der sprachliche Nachfolger des mitteldeutschen Trutz. Trutz bedeutet das Angriffs- und Eroberungsstreben nach neuen eigenen Räumen, wobei dieses Streben zugleich gegen seine Behinderung verteidigt und geschützt werden muß.[1]

Trotz meint den aggressiven Willen zur Durchsetzung von eigenen Interessen und Vorstellungen, von einem eigenen Sinn, der immer den anderen braucht, weil er nur Gestalt annehmen kann, wenn er sich im Nein von ihm abgrenzt (vgl. Wahrig, 1986; Kluge, 1960).

In einer Reihe von biographischen Interviews, in denen es mir um die Motive von Frauen für ihr politisches und gesellschaftliches Engagement ging, bin ich immer wieder auf das Phänomen des Trotzes gestoßen, der sich wie ein roter Faden durch das Leben der Frauen zog.[2] Dabei

1 Die Trutzburg war eine Burg, die zur Belagerung einer gegnerischen Befestigung diente. Vgl. auch die Redewendung «Schutz und Trutz».

2 Diese Interviews bilden die Grundlage für eine Untersuchung, in der es um die Motive für das politische Engagement von Frauen der «zweiten Generation» geht, von Frauen also, die während des Krieges geboren sind und deren Eltern die Zeit des Nationalsozialismus und des Krieges miterlebt und mitgetragen haben.

erschien mir der Trotz als entscheidende Antriebskraft für ihre Rebellion, für ihren Entschluß, auszubrechen aus ihren erstarrten Familienstrukturen, sich aufzulehnen gegen die vorgegebenen Lebensentwürfe, in denen sie sich eingeengt fühlten.

Mir kam mein kindlicher Trotz in den Sinn, der als «Bock» bestraft oder als «Böckchen» belächelt worden war. Meine tiefe Verzweiflungswut, meine Hilflosigkeit und Einsamkeit, wenn ich mich nicht ernstgenommen fühlte, wenn meine aggressiven Impulse, die Entdeckung und Erprobung meines eigenen Willens durch Androhung von Strafe verbannt und, vielleicht noch schlimmer, durch Belächeln entwertet werden sollten. Es gehörte sich eben nicht, gegen die Erwachsenen zu rebellieren.

Ganz offensichtlich hat diese frühe Erfahrung ihre beabsichtigte Wirkung nicht verfehlt. Die Bedeutung des Trotzes war mir aus dem Bewußtsein entschwunden. Selbst in meiner psychoanalytischen Arbeit mit weiblichen Jugendlichen, in der ich es ständig mit irgendeiner Variante des Trotzes zu tun habe, hatte ich bisher seine Bedeutung kaum bewußt beachtet. Es hatte den Anschein, als hätte ich mich mit dem frühkindlichen Verbot meiner aggressiven Affekte identifiziert und darüber den Trotz aus meinem Bewußtsein verdrängt, bis ich durch die Interviews mit den Frauen wieder auf ihn gestoßen wurde.

Seine Wiederentdeckung beunruhigte mich, sie machte mich neugierig auf seine Bedeutung und sein Schicksal bei Mädchen und Frauen. Dabei gilt mein besonderes Interesse dem befreienden Moment, das im Trotz zu liegen scheint und das ich im folgenden aufspüren möchte.

## Zur Verdrängung des Trotzes im psychoanalytischen Diskurs

Auf der Suche nach dem Trotz bin ich zunächst auf ein bemerkenswertes Phänomen gestoßen: In der psychoanalytischen Literatur der Gegenwart habe ich weder den Trotz noch eines seiner Synonyme als ausgewiesene Begriffe für eine Reaktionsform jenseits der frühen Kindheit entdecken können. Eine Ausnahme davon bildet Léon Wurmser (s.u.). Lediglich dem Trotz während der analen Entwicklungsphase und innerhalb der Wiederannäherungskrise messen einige Autorinnen und Autoren eine nennenswerte Bedeutung bei. In den psychoanalytischen Schriften der ersten und zweiten Generation hingegen taucht der Trotz als Begriff bei verschiedenen Autoren auf.

Im folgenden gebe ich einen kurzen Überblick über die Fundstücke dieser Suche:

Freud (1923, S. 284) sieht im Trotz einen manifesten Abkömmling der aggressiven Triebe, die sonst weitgehend vom Über-Ich, dem Sitz des Ich-Ideals, vereinnahmt sind. Je stärker der Mensch seine Aggressionen nach außen hin einschränkt, je strenger reagiert das Über-Ich auf aggressive Ich-Äußerungen, was wiederum zur Schwächung des Ich führt. Auf diese Weise entstehen zwischen dem Anspruch des Ich-Ideals und dem Ich Spannungen, die sich in Schuldgefühlen äußern, weil das Ich den Forderungen des Ich-Ideals nicht genügt (Freud, 1923, S. 319). Auf diese Schuldgefühle reagiert nun das Ich mit Trotz, den Freud in der analytischen Arbeit als negative therapeutische Reaktion bewertet. Hinter dieser Reaktion verberge sich ein moralischer Faktor, ein Schuldgefühl, welches im Kranksein seine Befriedigung finde und auf die Strafe des Leidens nicht verzichten wolle:

> «Aber dieses Schuldgefühl ist für den Menschen stumm. Es sagt ihm nicht, daß er schuldig ist, er fühlt sich nicht schuldig, sondern krank. Dieses Schuldgefühl äußert sich nur als schwer reduzierbarer Widerstand gegen die Herstellung. Es ist besonders schwierig, den Kranken von diesem Motiv seines Krankseins zu überzeugen, er wird sich an die näherliegende Erklärung halten, daß die analytische Kur nicht das richtige Mittel ist, ihm zu helfen» (Freud, 1923, S. 316f.).

Abraham und Ferenczi weisen insbesondere auf den analen Charakter des Trotzes hin, der aus der frühen Kindheit herrührt und «sich später z. B. in der Verweigerung des Begattungsaktes wiederholt» (Ferenczi, 1924, S. 322).

Abraham beschreibt den Trotz bzw. hochgradigen Eigensinn bei Patientinnen, die aus einem weiblichen Minderwertigkeitskomplex heraus alles allein, ohne Hilfe des Psychoanalytikers finden wollen: «Es sind in der Regel Frauen, die sich durch Eigensinn, Neid und Selbstüberschätzung alle Beziehungen zu ihrer Umgebung, ja ihr ganzes Leben zerstören» (Abraham, 1921, S. 322).

Während Freud vor allem auf den Zusammenhang von Trotz, Über-Ich und Schuld eingeht, betonen Abraham und Ferenczi insbesondere den analen Macht- und Zerstörungsaspekt, der im trotzigen Unabhängigkeitsstreben liege. Alle genannten Autoren sehen im Trotz eine kaum zu überwindende Abwehrreaktion.

Wurmser (1987, S. 37f.) versteht Trotzhaltungen, in Eingrenzung der sprachlichen Definition, nicht als aktiven aggressiven Akt, der zur Eroberung neuer Räume führen könne, sondern er betont vor allem den Aspekt der Verteidigung:

> «Trotz ist der besonders wichtige Ausdruck einer Abwehr dagegen, sich einer als verhaßt erlebten inneren und äußeren Autorität unterwerfen zu müssen. – Trotz, der Rebell gegen das Gewissen, ist ein verpönter und doch ungeheuer wichtiger Affekt, der oft wesentlicher Selbstverteidigung dient. Solches Widerstreben, solches Sichaufbäumen, diese trotzige Auflehnung ist eine Waffe der Verzweiflung, also ein Selbstschutz bei Schwäche und Demütigung, die es wert ist, ebenso ernstgenommen und verstanden zu werden wie alle anderen Gefühle und Wünsche.»

Wurmser mißt dem Trotz, obwohl oder gerade weil er so «verpönt, so wenig ernstgenommen und verstanden ist», im Spektrum der Abwehrmöglichkeiten insbesondere gegen Gefühle von Schuld und Scham eine wichtige Bedeutung bei.

Trotz ist ein Rebell, eine Waffe, ein Affekt zum Schutz des Selbst gegen eine angreifende äußere und innere Autorität, die jenseits der frühen Kindheit vor allem das Gewissen darstellt. Das Ich rebelliert gegen die Forderungen dieser inneren Autoritätsmacht und widersetzt sich ihr um seiner Selbstbehauptung willen. Diese Weigerung löst im Über-Ich Gefühle von Schuld aus, die um so heftiger wirken können, je stärker sich aggressive Ich-Impulse gegen die einschränkende Autorität zur Wehr setzen. Wenn diese Schuldgefühle für den Selbsterhalt unerträglich werden, müssen sie geleugnet werden. Die aggressiven Impulse verkehren sich dann in ihr Gegenteil, sie führen zur Selbsterniedrigung und damit zur Beschämung.

Dagegen regt sich wiederum der Trotz, nun aus Angst vor Demütigung und Schwächung, vor Scham, «wegen eines anderenfalls betäubenden Gefühls von Hilflosigkeit und Blöße, dem Verlust der Würde und der Bemächtigung seines Selbst» (Wurmser, 1981, S. 26).

Das Gewissen kann somit zum Exekutor von Schuld und Scham werden und dabei selbst zutiefst gespalten sein, weil sich Scham auf Schwäche und Ohnmacht, Schuld hingegen auf Stärke und Macht bezieht. Daraus entsteht ein Schuld-Scham-Dilemma. Dieses Dilemma kann vor allem dann zu schweren Neurosen führen, wenn die aggressiven Kräfte sich gegen das Selbst richten, weil sie den Schuld- und Schamgefühlen unterlegen sind (vgl. Wurmser, 1989, S. 113). Wenn jedoch dem Ich genügend aggressive Kräfte geblieben sind, hat es auch die Fähigkeit bewahrt, seine Umwelt sensibel wahrzunehmen. Es ist dann in der Lage, mit Hilfe des Trotzes gegen gesellschaftliche Unterdrückung und Ungerechtigkeit zu rebellieren und zugleich seine eigene Identität gegen innere und äußere Angriffe und Bedrohungen zu wahren (vgl. Wurmser, 1989, S. 270).

Bei anderen psychoanalytischen Autorinnen und Autoren der Gegenwart scheint der Trotz unter den Abwehr- und Widerstandsbegriff subsumiert worden zu sein. Eine vorübergehende und damit auch entwichtete Bedeutung wird ihm, wie schon erwähnt, lediglich während der frühen Kindheit, im Alter zwischen zwei und drei Jahren beigemessen, was ich im folgenden zusammenfassend erläutern möchte (vgl. Mahler et al., 1975; Winnicott, 1963; Bowlby, 1969; u. a.):

Im Alter zwischen zwei und drei Jahren spitzt sich im Kind der Konflikt zu zwischen seinen regressiven Wünschen nach Abhängigkeit und seinem Streben nach Unabhängigkeit, d.h. nach Trennung und Eigenständigkeit, danach, zwischen sich und den anderen einen Raum setzen zu wollen, damit es sein Selbst im Innen und Außen entdecken, ausprobieren und erobern kann. Das Erleben, Urheber eigener Handlungen zu sein, einen eigenen Willen zu besitzen, selbsterzeugte Aktionen kontrollieren und bestimmen zu können, gehört zu den frühesten und wichtigsten Erfahrungen, um zu einem eigenen Selbstgefühl zu gelangen und dieses Selbst vom Anderen unterscheiden und abgrenzen zu können (vgl. Stern, 1986, S. 106ff.). Das Streben des Kindes nach einem eigenen Willen kollidiert jedoch immer wieder mit der Angst, die Menschen, die es liebt und auf die es existentiell angewiesen ist, könnten sich aus Ärger über dieses Wollen von ihm abwenden und somit durch sein Verschulden verlorengehen. Diese Wünsche bilden sich im kleinen Kind als Pole ab, für deren Annäherung oder Vereinbarkeit es Lösungswege sucht, damit es seinen existentiellen Bedürfnissen Genüge tun kann. Dabei gerät es unweigerlich in Konflikte, aus denen es sich nur lösen kann, wenn es sich gegen seine regressiven Wünsche immer wieder trotzig abgrenzt oder den eigenen Willen gegen äußere Einschränkungen durchzusetzen versucht.

Diese hoch konfliktbeladene Phase ist für die weitere Entwicklung eines jeden Kindes von so großer Bedeutung, weil in ihr «entscheidende Grundsteine für die gesamte Persönlichkeitsentwicklung gelegt und Abwehrmechanismen in Gang gesetzt werden, die sich später niemals vollständig auflösen» (Litwin, 1992, S. 199).

Daraus ergibt sich die Frage, ob die komplizierte Suche nach einem eigenen Willen, nach der eigenen rebellierenden Kraft, die immer in der Beziehung zu einem anderen ausprobiert werden muß, sich nicht gerade für Mädchen, für Frauen besonders schwierig gestaltet. Mädchen haben in ihrer Entwicklung einen doppelten Prozeß zu durchlaufen, weil sie sich zunächst mit der Mutter und ihrer Weiblichkeit identifizieren und sich dann für die Ablösung von der Mutter und für die eigene Autonomie wieder desidentifizieren müssen (vgl. Mahler et al., 1975). Mütter von Mädchen hingegen haben es schwerer, die aggressiven Bestrebungen, den anderen Willen ihrer Töchter zu akzeptieren, weil Frauen für sich selbst wenige positive Bilder von Weiblichkeit, Aggressivität und Wirksamkeit in sich tragen und das Autonomiestreben der Tochter eigene Konflikte mit den unterdrückten Wünschen nach Autonomie wecken könnte. Vor diesem Hintergrund erleben Mädchen ihren Wunsch nach Trennung und Autonomie als besonders aggressiven Akt, weil er sich immer gegen die Mutter, gegen die Frau und damit gegen sie selbst richtet. So wird der Wunsch nach Autonomie blockiert von dem gegenteiligen Wunsch nach Bindung und Nähe zur Mutter. Durch diese vorgegebenen Weiblichkeitsbilder, mit denen sich die Mädchen über die Mutter identifizieren, werden die Forderungen des Ich-Ideals nach Autonomie nur um so strenger und lassen sich kaum mehr erfüllen. Häufig lösen Mädchen und Frauen diesen Zwiespalt zwischen ihrem Abhängigkeits- und Unabhängigkeitsstreben dadurch, daß sie ihr aggressives Potential in sich zurücknehmen und verkapseln. Dabei stirbt es nicht etwa ab, sondern kann als unbewußte Kraft um so mächtiger wirken, je stärker die Ablösungswünsche Schuld, das Versagen hingegen Beschämung bedeuten.

Aus dieser Definitionsübersicht ergibt sich zunächst als Schlußfolgerung:

Trotz oder Eigensinn werden in der Literatur auch jenseits der frühen Kindheit vor allem als Reaktion der Abwehr von Schuld- und

Schamgefühlen bewertet, weil der Trotz deren Erleben weitgehend versperrt. Betont werden vor allem die destruktiven Aspekte des Trotzes, die von analen Machtbestrebungen herrühren und die Beziehung zu einem anderen äußerst schwierig gestalten. Eine andere Sicht hat meines Wissens nur Wurmser, der auch die befreienden und kreativen Seiten des Trotzes beschreibt (vgl. Wurmser, 1987, 1989, 1990).

Wenn der Begriff des Trotzes aus dem gegenwärtigen psychoanalytischen Diskurs verschwunden bzw. unter den Begriff «Widerstand» subsumiert worden ist, stellt sich die Frage nach den Gründen hierfür. Oberflächlich betrachtet, mag es daran liegen, daß Trotz als Begriff veraltet ist. Weil er jedoch nicht wie vor ihm «Trutz» durch ein Synonym ersetzt wurde, geht mit seinem Verschwinden viel mehr verloren, nämlich seine Symbolmacht und damit zugleich sein Vorstellungsraum.

An dieser Stelle trifft nun meine am Anfang beschriebene persönliche Nichtbeachtung des Trotzes und seiner Bedeutung auf die psychoanalytische Theoriebildung und ihren Diskurs über die Entwürfe von Männlichkeit und Weiblichkeit. In diesem Geschlechterentwurf steht Männlichkeit in einem antagonistischen Verhältnis zu regressiven Triebwünschen, zu Passivität und Schwäche, Weiblichkeit hingegen findet im aktiven kämpferischen Vorstellungsraum kaum einen Platz (vgl. Rohde-Dachser, 1991, S. 56ff.).

Bis heute ist dieser Entwurf weitgehend der patriarchale Ausdruck einer jahrhundertelangen Organisation der Abwehr von Spaltungs- und Projektionsprozessen, die sich anlehnt

> «an die Vorstellungen über das Weiblichkeitsideal der bürgerlichen Familie, das umschrieben ist mit den Synonymen für Passivität, Schweigen, Anpassung, Unwissenheit und Tod» (v. Braun, 1992, S. 231).

Vor diesem Hintergrund erscheint das Entschwinden des Trotzes selbst aus der negativen Bewertung wie ein weiterer Akt der Verdrängung der aggressiven Kräfte von Frauen und damit als Beitrag zur Erfüllung des Weiblichkeitsentwurfes, zu der die patriarchale Kultur auch die Psychoanalyse verpflichtet hat.

Da die Psychoanalyse bei der klinischen Konfliktanalyse immer auch nach dem Spannungsfeld zwischen sozialem Geschehen und individuellem Erleben fragt, steht sie in einem ständigen Bezug zum gesellschaftlichen Diskurs. So ergibt sich die Frage, ob und in welcher Weise der Trotz nicht nur einen individuellen, sondern auch einen kulturellen Verdrängungsprozeß erfahren hat, der dann im «kollektiven Unbewußten» seinen Niederschlag gefunden hat. Dieses Unbewußte ist immer der Ort für Vorstellungen, Normen und Werte, für Lebens- und Äußerungsformen, die der geltenden Kultur widersprechen und damit auch für jene Regeln, die das Individuum sich aufzwingen läßt (vgl. Lorenzer, 1986, S. 27). Gemeinsam mit dem individuellen Unbewußten enthält es auch die Verbote der Kultur, mit denen die verpönten Wünsche und Lebensentwürfe der Individuen einer Gemeinschaft am Eintritt ins Bewußtsein gehindert werden sollen, weil sonst die patriarchalen Strukturen erschüttert werden könnten (vgl. Rohde-Dachser, 1991, S. 39).

Ich möchte dies an einem Beispiel deutlich machen:

Bis weit in die sechziger Jahre hinein gehörte *Der Trotzkopf* neben *Nesthäkchen* und *Heidi* zu den meistgelesenen Büchern mehrerer Mädchengenerationen.[3]

Der Trotzkopf ist die fünfzehnjährige Ilse, ein «widerborstiges, ungestümes und trotziges Mädchen». Die Eltern wissen sich nicht mehr zu helfen. Ilse wird vor allem auf Drängen der Stiefmutter und des Pastors wegen ihres Trotzes von zu Hause weg in ein Internat gegeben. Diese Maßnahme erscheint dabei weniger wie eine Bestrafung, sondern eher als eine Reaktion aus elterlicher Hilflosigkeit und mütterlicher Verantwortung für Ilses weiteres Schicksal als Frau. Ilse soll im Internat von ihrem Trotz befreit werden, sie soll ihre unbändige Natur zügeln lernen und ein Mädchen werden. Gleich zu Beginn gerät Ilse wegen ihrer Weigerung zu stricken in einen Konflikt mit der Direktorin. Daraufhin führt Ilse ein Gespräch mit ihrer Lieblingslehrerin.

3 Obwohl z. B. *Trotzkopf* bereits zu Beginn dieses Jahrhunderts erschienen ist, hat seine Popularität den Nationalsozialismus, den Krieg und die fünfziger Jahre überdauert. Noch 1982 wurde es mit hoher Auflage neu herausgegeben.

«‹Ein Kind muß bitten können und ein Mädchen vor allem. Oh, Ilse, auch du mußt lernen, noch ist es nicht zu spät. Lerne nachgeben, lerne vor allem, dich beherrschen! Glaube mir, Trotz und Widerstand sind in einem Mädchenherzen böses Unkraut und überwuchern oftmals die besten heiligsten Gefühle! Überwindest du heute deinen harten Sinn, so hast du für alle Zeit gewonnen.› Noch niemals hatte jemand so überzeugende Worte für Ilse gefunden, und sie verfehlten ihre Wirkung nicht. Willig und gehorsam setzte sie sich der jungen Lehrerin gegenüber. Der häßliche Ausdruck schwand aus ihrem Gesicht, und wer sie jetzt sah, würde nicht glauben, daß diese Ilse und jenes unbeherrschte Mädchen, das sich vor kaum einer Stunde so wild und unbändig betragen hatte, ein und dieselbe waren.»

Ilse überwindet ihren Trotz und erhält dafür nicht nur die Liebe der Lehrerin, sondern, am Ende des ersten Bandes, auch die eines Mannes (v. Rhoden, 1982, S. 59ff.)[4].

In den Büchern für Jungen aus dieser Zeit, z. B. in den Geschichten von Karl May oder in *Lederstrumpf*, ging es hingegen eher um die Aufforderung zur Entdeckung und Eroberung der Welt, zur Behauptung gegen das Böse. Es ging um aggressives Trieberleben und Trieberfahrung.

All diese Bücher verfechten und repräsentieren ein Gesellschafts- und Geschlechterarrangement, das die Paradigmen von Männlichkeit und Weiblichkeit in ihren patriarchalen Traditionen fortschreibt, das den «Antagonismus von Familie und Kultur» (Erdheim, 1984, S. 288), den die Geschlechtsrollenzuweisungen erfüllen, nicht in Frage stellt. Für dieses Ziel werden im weiblichen Über-Ich Verbote verankert, die mit Hilfe von Schuldgefühlen um so rigider wirken, je heftiger sich aggressive und libidinöse Kräfte dagegen zur Wehr setzen. Auf diese Weise wird das rebellische Potential, das in der Pubertät auch bei Mädchen freigesetzt und kulturell verändernd wirken könnte, in Bahnen gelenkt,

---

4 Daneben gibt es in der Literatur zahlreiche Frauengestalten, deren Trotz die Handlungsdynamik bestimmt. Erwähnt seien hier nur die Katharina aus William Shakespeares *Der Widerspenstigen Zähmung* oder die Scarlett aus Margaret Mitchells *Vom Winde verweht*. Beide Frauen faszinieren durch ihre Rebellion gegen die gesellschaftlichen Weiblichkeitsvorstellungen, doch gelangen auch sie erst zu ihrem Lebensglück, als sie diese Eigenschaften durch die Liebe zu einem Mann bezwingen.

in denen die Kultur von der weiblichen Aggressivität verschont bleibt und die gesellschaftlichen Bedingungen und Strukturen nicht erschüttert werden (vgl. Erdheim, 1984, S. 288f.).

Diese Bücher wurden verschlungen, weil sie in dem Sturm von Unsicherheiten, der während der Pubertät an der eigenen Identitätssuche rüttelt, einen Weg weisen, der einer angehenden Frau innerhalb der Geschlechtergemeinschaft Lebensglück verspricht, weil sie an Stelle der «verpönten» aggressiven Wünsche und Triebimpulse weibliche Selbst- und Lebensentwürfe bieten, die den geforderten Weiblichkeitsparadigmen entsprechen. In diesen Entwürfen haben Rebellion, Trotz und Eigensinn von Mädchen und Frauen keinen Platz.

Trotz und Eigensinn sind nun nicht etwa Eigenschaften, die Männer nicht haben, und sie werden auch bei ihnen gesellschaftlich nicht grundsätzlich anders bewertet. Oskar Negt und Alexander Kluge weisen in ihrer Trilogie *Geschichte und Eigensinn* (1993, Bd. 2, S. 767f.) nach, daß diese Eigenschaften historisch gesehen aus bitterer Not entstanden sind, als Ausdruck des Protestes der eigenen Sinne gegen ihre Unterdrückung. Gerade in der deutschen Geschichte sind sie jedoch schon immer wenig ausgeprägt gewesen. Um so erstaunlicher ist es, mit welcher Härte sie immer wieder geahndet wurden, wie die Beispiele von Kaspar Hauser oder vom Struwwelpeter zeigen und wie es im kürzesten Märchen der Gebrüder Grimm, «Das eigensinnige Kind», zum Ausdruck kommt (1812/1979, S. 272):

> «Es war einmal ein Kind eigensinnig und tat nicht, was seine Mutter haben wollte. Darum hatte der liebe Gott kein Wohlgefallen an ihm und ließ es krank werden, und kein Arzt konnte ihm helfen; und in kurzem lag es auf dem Totenbettchen. Als es nun ins Grab versenkt und die Erde über es hingedeckt war, so kam auf einmal sein Ärmchen wieder hervor und reichte in die Höhe, und wenn sie es hineinlegten und frische Erde darüber taten, so half das nicht, und das Ärmchen kam immer wieder heraus. Da mußte die Mutter selbst zum Grabe gehen und mit der Rute aufs Ärmchen schlagen, und wie sie das getan hatte, zog es sich hinein, und das Kind hatte nun erst Ruhe unter der Erde.»

Ungehorsam und Widerstand gegen die mütterlichen Gebote werden hier zu Vergehen gegen patriarchale Gottesgesetze, die unweigerlich mit dem Tode bestraft werden. Dabei erscheint der Eigensinn wie eine teuflische Macht, von der das Kind befallen wurde, und nicht wie eine Eigenschaft, die zu ihm gehört.[5] Weil aber der Eigensinn eine so starke Kraft ist, kann die erlösende Todesruhe nur eintreten, wenn diese Kraft vollkommen gebrochen ist. Es ist schließlich die Mutter, die den verzweifelt kämpfenden Eigenwillen des Kindes erschlägt oder, in anderer Lesart, das Kind von dieser Macht durch den Tod erlöst. Die Grausamkeit, mit der die Mutter auf das Kind einschlägt, gehört dabei «zum Ideal einer aufopfernden Mutter, von der das Heil und die Erlösung des Kindes abhängt» (v. Braun, 1992, S. 17).

Anders ausgedrückt, ist die Strafe, die das eigensinnige Kind bis unter die Grabdecke erleidet, die moralische Antwort auf das gesellschaftliche Verbot des Trotzes und damit auf die Enteignung der eigenen Sinne, ohne die ja Wahrnehmung von Unterdrückung, von allem, was im Innen und Außen geschieht, nicht möglich ist. Ganz allerdings scheint die Enteignung nicht geglückt zu sein, denn sonst bedürfte es nicht derart traumatischer Bestrafungen, «die für Jahrhunderte in den Gliedern der Menschen steckengeblieben sind» (Negt/Kluge, 1993, S. 768). Weil sie jedoch weder durch Verdrängung noch durch den Tod verschwinden, leben diese Eigenschaften «unter der Erde», im Unbewußten, als kollektive Erinnerungsspur fort. «Die Wiederkehr des Verdrängten» (Freud, 1915, S. 119ff.) in anderer, in verborgener Gestalt, wirkt individuell wie gesellschaftlich pathogen und damit destruktiv. Die bewußte kollektive Bedeutung von Trotz und Eigensinn ist dagegen verlorengegangen, und das gilt keineswegs nur für Frauen.

Allerdings ist die besondere Beherrschung von Frauen für die Aufrechterhaltung des gesellschaftlichen Konsenses immer schon notwendig gewesen. Und so wurden die aggressiven Kräfte von Frauen und ihr Begehren nach einem eigenen Sinn auf ein anderes libidinös besetztes Ziel umgelenkt, zum einen auf die Mutterschaft und auf die darin enthaltene Möglichkeit, die Kinder zu beherrschen, zum anderen auf die Befriedigung durch die

> «Opfer- und Erlöserrolle, die mit der Säkularisierung der Frau zugewiesen wurde. Diese neue Form von weiblicher Libido und

5 In diesen Kontext gehört auch die Vorstellung vom «Bock», der das trotzige Kind befallen hat und verschwinden soll.

Emotionalität ist ein wichtiger Hinweis darauf, wie tief die individuellen – auch geschlechtlichen – ‹Gefühle› von den Gesetzen eines kollektiven Unbewußten, den Gesetzen der Geschichte gesteuert werden. Es sind Gesetze, die nicht nur das Verhältnis der Geschlechter in jeder Epoche neu definieren, sondern auch die Sexualtriebe in den Dienst des Politischen nehmen» (v. Braun, 1992, S. 18f.).

Für die Zuweisung der Opfer- und Erlöserrolle an Frauen müssen die aggressiven Kräfte verdrängt, der eigene Wille und das eigene Begehren aufgegeben werden. Zum Ausgleich dafür erhält die Frau jedoch, in Analogie zur Jungfrau Maria, das Versprechen von der heiligen Erhöhung des Weiblichen. Der damit einhergehende Paradigmenwechsel taucht mit der Moderne immer deutlicher auch in der Mythenbildung auf (vgl. v. Braun, 1992, S. 19).

Als Beispiel hierfür möchte ich zwei Märchen miteinander vergleichen, in denen diese Veränderungen zum Ausdruck kommen:

Das Märchen «Bei der schwarzen Frau» (v. der Leyen/Zaunert, 1926, S. 92ff.) und das Märchen vom Marienkind (Gebr. Grimm, 1812/1979, Bd. I, S. 43), das eine spätere, christlich überarbeitete Fassung ist.[6]

Bei dem Vergleich der Märchen werde ich mich auf die Aspekte beschränken, in denen es um die Versuchung der Mädchen und um die Bestrafung ihres Eigensinns geht.

Zunächst eine gekürzte Wiedergabe beider Märchen:

### *Bei der schwarzen Frau*

Ein armer Bauer hatte sieben Kinder. Als die älteste Tochter zwölf Jahre alt war, gab er sie gegen Geld als Magd zu einer schwarzen Frau, die eine unheimliche, hexenhafte Gestalt war. Diese versprach, für das Mädchen zu sorgen, wenn es brav wäre, und nahm sie mit auf ihr Waldschloß. Dort wies sie dem Mädchen ein kleines Zimmer zu, in dem sich alles,

6 Eine Übersicht über eine umfangreiche Sammlung von Parallelen zu «Marienkind» und damit auch zu dem Märchen «Bei der schwarzen Frau» geben J. Bolte und G. Polivka: *Anmerkungen zu den Kinder- und Hausmärchen der Gebr. Grimm.* 5 Bände. Leipzig, 1912ff.

was sie sich wünsche, erfüllen werde. Außerdem gab sie dem Mädchen den Schlüsselbund für das Haus, welches hundert Zimmer hatte. Sie sollte jeden Tag ein Zimmer kehren, nur das hundertste nicht und sagte: «Wenn du drei Jahre in das verbotene Zimmer nicht hineingehst, wirst du dein Glück machen.» Das Mädchen gehorchte diesen Weisungen, aber vierzehn Tage, bevor die Zeit abgelaufen war, konnte es seine Neugier nicht länger beherrschen und sperrte das verbotene Zimmer auf. Da sah sie die Frau, die schon ganz weiß war, nur die Zehenspitzen waren noch schwarz. Das Mädchen lief vor Schreck in ihr Zimmer, aber da stand schon die Frau und fragte, ob sie im hundertsten Zimmer gewesen sei. Trotz der Drohungen leugnete das Mädchen, und da fand sie sich mitten im Wald, hungernd und frierend.

Nach einer Weile fand der König des Landes das Mädchen. Er verliebte sich in sie und machte sie zu seiner Gemahlin. Ein Jahr darauf gebar die Königin einen Sohn. Kurz darauf erschien die schwarze Frau und fragte sie unter der Drohung, das Kind mitzunehmen und sie taub werden zu lassen, ob sie in dem Zimmer gewesen sei. Die Königin verneinte abermals, und die schwarze Frau tat, wie sie gedroht hatte. Dies wiederholte sich zweimal. Die Königin verneinte immer wieder. Die schwarze Frau nahm ihr auch das zweite und das dritte Kind fort und machte die Königin auch noch stumm und blind.

Nach dem dritten Mal konnte sich der König nicht mehr der Forderung seiner Mutter widersetzen und verurteilte seine Frau zum Tod auf dem Scheiterhaufen. Als die Königin schon auf dem Scheiterhaufen stand, erschien die schwarze Frau gerade, als er angezündet werden sollte. Sie hatte die drei Kinder auf dem Arm und fragte: «Zum letzten Male. Du wirst verbrannt. Bist du in dem Zimmer gewesen?» Aber auch diesmal antwortete die Königin mit Nein. Kaum hatte sie dies gesagt, wurde die schwarze Frau ganz weiß und sagte: «Geh auf dein Schloß, alles ist wieder so, wie es war. Ich weiß, daß du nicht in dem Zimmer gewesen bist, du hast nur hineingeschaut. Hättest du nur einmal gesagt, daß du drinnen warst, ich hätte dich zu Staub und Asche zerrissen. Du hast mich nun ganz erlöst. Das Schloß ist dein, und auf den Scheiterhaufen sollen die, die dich verleumdet haben.»

## *Marienkind*

Ein armer Holzhacker mit seiner Frau hatte nur ein Kind, ein Mädchen von drei Jahren. Eines Tages erschien ihm im Wald die Jungfrau Maria, die Mutter des Christkindleins, und sprach zu ihm: «Du bist arm und bedürftig, gib mir dein Kind, ich will seine Mutter sein und für es sorgen.» Der Holzhacker gehorchte, und die Jungfrau Maria nahm das Kind mit in den Himmel, wo es ihm fortan gut ging. Als es vierzehn Jahre alt war, sprach die Jungfrau Maria zu ihm: «Ich habe eine große Reise vor mir. Ich gebe dir die dreizehn Schlüssel des Himmelreiches. Zwölf davon darfst du öffnen und die Herrlichkeiten darin betrachten, aber die dreizehnte ist dir verboten. Wenn du sie dennoch aufschließt, wirst du unglücklich sein. Das Mädchen versprach, gehorsam zu sein, und als die Jungfrau Maria weg war, besah sie sich alle Zimmer. Als nur noch die verbotene Türe übrig war, schwieg die Begierde in seinem Herzen nicht still und ließ ihm keine Ruhe. Schließlich öffnete es die verbotene Tür und sah voller Erstaunen die Dreieinigkeit. Plötzlich ward es von einer gewaltigen Angst gepackt und schloß die Tür hastig zu.

Als die Jungfrau Maria zurückkam und das Mädchen fragte, ob es die Türe geöffnet hätte, verneinte dieses drei Mal. Darauf wurde es aus dem Himmel verstoßen. Es fand sich wieder auf der Erde in einer Wildnis, bitterarm und stumm. Nach einigen Jahren des Elends entdeckte der junge König des Landes das Mädchen, als er auf der Jagd war. Er nahm es mit auf sein Schloß und heiratete es, obwohl es nicht sprechen konnte.

Nach einem Jahr brachte die junge Königin einen Sohn zur Welt. Bald darauf erschien die Jungfrau Maria und fragte die Königin unter der Drohung, ihr das Kind wegzunehmen, ob sie nun gestehen wolle. Diese verneinte abermals, und die Jungfrau Maria nahm das Kind mit sich fort. Dies wiederholte sich auch nach der Geburt des zweiten und dritten Kindes. Inzwischen waren die Leute im Lande aufs höchste erbost, sie beschuldigten die Königin, eine Menschenfresserin zu sein, so daß der König nicht mehr anders konnte, als sie vor Gericht zu stellen, wo sie verurteilt wurde, auf dem Scheiterhaufen zu sterben. Als das Holz schon brannte, schmolz das harte Eis ihres Stolzes. Reue überkam die Königin, und sie wünschte sich zu gestehen. Da bekam sie ihre Stimme zurück und rief: «Ja, Maria, ich habe es getan.» Alsbald wurde das Feuer von einem Regen gelöscht, und die Jungfrau Maria kam herab und sagte: «Wer seine Sünde bereut und eingesteht, dem ist sie vergeben.» Sie reichte ihr die Kinder, löste ihre Zunge und gab ihr Glück für das Leben.

In beiden Märchen haben die älteste bzw. einzige Tochter armer Familien ein ähnliches Schicksal. Beide werden für ein eigenes besseres Leben, aber auch zur Entlastung ihrer Familien an Frauen weggegeben, die versprechen, sich ihrer anzunehmen. Das älteste Mädchen kommt zu Beginn der Pubertät als Magd zu einer schwarzen Frau, bei der es sich um eine unheimliche, offenbar verwunschene und zu erlösende Gestalt handelt. Das Marienkind kommt als Dreijährige zur Jungfrau Maria, der Inkarnation von Reinheit und Erlösung, in den Himmel. Während die schwarze Frau das Mädchen eine begrenzte Zeit, bis zum Alter von 15 Jahren, bei sich behalten will und ihr einen Raum zur magischen Erfüllung eigener Wünsche bietet, wächst das Marienkind bis zu seiner Ablösungsreife in paradiesischer, wunschloser Vollkommenheit heran. An der Schwelle zum Frausein erhalten beide Mädchen den Schlüssel zu den verbotenen Räumen der Versuchung und das Versprechen von weiterem Lebensglück, wenn sie das Gebot nicht übertreten. Die Gebote an die Mädchen unterscheiden sich zum einen in ihrem Umfang und zum anderen in der weltlichen bzw. göttlichen Bedeutung der verbotenen Räume. Das Mädchen der «schwarzen Frau» darf das Zimmer der «Erlösung» nicht betreten, während es dem Marienkind untersagt ist, den Raum der «Herrlichkeit» der göttlichen Dreieinigkeit überhaupt zu öffnen oder anzuschauen. Beide Mädchen durchbrechen das Tabu, weil die Begierde nach Erkenntnis stärker ist als die Angst vor der angedrohten Bestrafung. In ihrem «Nein» werden sie zum ersten Mal vorstellbare Gestalt: Sie fügen sich nicht, sie sprechen, sie widersprechen und werden verbannt. Während die Bestrafung des Mädchens «Bei der schwarzen Frau» um vieles härter und archaischer erscheint, wird beim Marienkind vor allem die Analogie zur Verbannung Evas aus dem Paradies deutlich. Die Bestrafung des «Marienkindes» ist die göttliche Antwort auf seine Weigerung, sich zu seiner Schuld zu bekennen. Für das Mädchen der «schwarzen Frau» hingegen bedeutet die Strafe eine Prüfung ihrer Kraft und Stärke.

Das Verstummen, mit dem beide Mädchen bestraft werden, führt zu ihrem gesellschaftlichen Ausschluß und zu Einsamkeit, und sie werden dabei zu wehrlosen Opfern projektiver Zuschreibungen.[7]

Die unterschiedlichen Weiblichkeitsvorstellungen dieser Märchen kommen insbesondere in ihren Erlösungsvarianten am Schluß zum Ausdruck: Der Eigensinn des «Marienkindes» kann nur durch eine Art von Hexenverbrennung geahndet oder durch das Gestehen gesühnt werden. Wie beim «Eigensinnigen Kind» geht es auch hier um eine Exorzismusvorstellung, durch den die Frau vom Trotz erlöst werden kann, und zwar durch eine Frau.

Die junge Königin im Märchen «Bei der schwarzen Frau» beweist ihre Standhaftigkeit und Stärke, indem sie selbst angesichts des Todes ihre Identität bewahrt. Dadurch wird sie befreit. Diese frühe, nicht christlich gefärbten Version zieht eine Grenze zwischen Tat und Strafe, die in keinem Verhältnis zueinander stehen. Das junge Mädchen kann nur dann die eigentliche Königin werden, wenn sie sich in ihrem Streben nach Individuation gegen ein kollektiv bewußtes und unbewußtes Frauenbild – in Gestalt der alten Königin – durchsetzt und damit auch die schwarze Frau erlöst (vgl. v. Franz, 1975, S. 334). Und so öffnet es auch einen Raum für das eigene Selbst von Frauen und für ihr Begehren, der im strengen Triebverbot der christlichen Version wieder geschlossen worden ist.

## Trotz zwischen Blockade und Befreiung

Weil das Verdrängte die beständige Tendenz hat, ins Bewußtsein zu dringen (vgl. Freud, 1915, S. 119ff.), das Ich zugleich jedoch die Bestrafung

---

7 Das Schweigen kann jedoch ebenso als aktiver Verweigerungsakt von Frauen gewählt werden. Es kann Selbstbestrafung ebenso wie die Bestrafung des anderen bedeuten, es kann aber auch einen Weg zum Schutz des Selbst und zur Bewahrung der eigenen Identität darstellen. Dieses Motiv des Schweigens erscheint in vielen literarischen Beispielen, auf die ich an dieser Stelle nicht näher eingehen werde. So z. B. in dem Film *Das Piano* von Jane Campion, in dem Ada in ihrer Kindheit aus nicht erklärten Gründen beschließt zu schweigen und sich fortan über ihr Piano mitteilt, oder in dem Roman *Das Geisterhaus* von Isabel Allende, in dem Clara im Alter von neun Jahren entscheidet, nicht mehr sprechen zu wollen, nachdem sie den Tod der Schwester vorhergesagt hat, den sie mit ihren innewohnenden Kräften bewirkt zu haben glaubt.

mit heftigen Schuld- und Schamgefühlen durch das Über- Ich fürchten muß, sucht es sich unbewußt Formen der Wiederkehr, deren aggressiver und rebellierender Charakter von den inneren und äußeren Autoritäten nicht sogleich erkannt und deshalb nicht sofort ihrem Bestrafungszugriff ausgeliefert wird. Die Formen der Verweigerung, die Mädchen und Frauen wählen, sind immer auch Ausdruck der gesellschaftlichen Rollenzuweisungen an sie und der damit einhergehenden Forderungen an Weiblichkeit.[8]

Ich möchte im folgenden am Beispiel der therapeutischen Behandlung einer weiblichen Jugendlichen, die ich Anna nenne, aufzeigen, in welchen Formen sich der Trotz äußern kann, wie er sich in der Beziehung zu einem anderen, zu mir und in meiner Gegenübertragung, abbildet und welche Bedeutung er für die Patientin und ihre Lebens- und Beziehungsvorstellungen hat.[9]

Anna war achtzehn Jahre, als sie von ihrer Mutter zur therapeutischen Behandlung überredet wurde, weil sie zu dick sei. Sie fügte sich äußerlich dem mütterlichen Auftrag, wobei mich beeindruckte, mit welcher Vehemenz sie ihr «Symptom» bei unserer ersten Begegnung verteidigte: «Ich nehme nicht ab, nur weil meine Mutter das will.»

Anna hatte als kleines Kind während der ödipalen Entwicklungsphase durch die Scheidung der Eltern ihren Vater unvorbereitet und «plötzlich» verloren und seither nichts mehr von ihm gehört. Um mit ihm zumindest innerlich in Verbindung zu bleiben, hatte sie den verschwundenen Vater als Objekt in sich aufgenommen. So blieb er als Vorstellung zwar bei ihr, weil es aber kein reales Erleben mit ihm gab, entwickelte er sich in ihrem Über-Ich allmählich zu einer fordernden und strengen Instanz, deren Idealbild Anna niemals genügen konnte. Auf diese Weise konnte sich Anna wegen ihres vermeintlichen Versagens eine Mitschuld am Weggehen des Vaters geben und mußte sich diesem Schicksal nicht völlig ohnmächtig und ausgeliefert fühlen. Aus Angst, auch noch die Mutter zu verlieren, hatte sie ihre massive Eifersucht auf

8 Christina von Braun geht in ihren Texten den historischen Bedingungen nach, die bei Frauen z.B. zu den Verweigerungsformen der Anorexie und des Schweigens geführt haben, u.a. in dem Buch *Nicht ich. Logik, Lüge, Libido* (1987) und in dem Aufsatz «Das Kloster im Kopf», (1992).

9 Gegenübertragung meint die Gesamtheit der unbewußten Reaktionen der Analytikerin auf die Person der Patientin und besonders auf deren Übertragung (Laplanche/Pontalis, 1972, S. 164).

den Bruder, ihre Wut auf die Mutter, von der sie sich benachteiligt und nicht geliebt fühlte und der sie lange die Schuld an der Trennung der Eltern gegeben hatte, in sich verschlossen. So verhielt sich Anna als Kind äußerlich unauffällig, brav und angepaßt, sie war aber zugleich eine gehänselte Außenseiterin, die kaum Freunde hatte.

Dann kam Anna in die Pubertät. Sie war mit sich unzufrieden, fühlte sich an allem schuld und von allen Seiten kritisiert. Um sich von ihren Spannungen zu entlasten, begann sie, Süßigkeiten in sich hineinzustopfen und dick zu werden. Anna hatte haßerfüllte Auseinandersetzungen mit ihrer Mutter, von der sie sich ständig kontrolliert, gemaßregelt und wegen ihres Dickseins abgelehnt fühlte. Hinter diesen Anklagen an die Mutter war jedoch gleichzeitig Annas Schadenfreude spürbar, weil in ihrem Dicksein für alle sichtbar wurde, daß die Mutter an ihr versagt hatte. Diese Erkenntnis wiederum beschämte Anna und ließ sie sich schuldig fühlen. – Ein Teufelskreis.

Ihre Tagträume machten allerdings deutlich, daß Annas Schuldgefühle auch noch aus einer anderen Quelle gespeist wurden: zum einen aus ihren lebendig gebliebenen ödipalen Triebwünschen, aus ihrem verbotenen Begehren nach dem Vater und den Rivalitätsgefühlen gegenüber der Mutter, die gleich nach der Trennung der Eltern einen neuen Mann gefunden hatte, zum anderen aus ihrem Haß auf den von der Mutter bewunderten und bevorzugten Bruder. So hatte Anna beständig das Gefühl, auf der Seite der Verlierer zu stehen, und zugleich steckte sie in einem «Schuld-Scham-Dilemma», aus dem sie sich mit ihrem Trotz zu befreien versuchte, zu dem immer deutlicher auch das viele Essen gehörte. Dieses Dilemma zeigte darüber hinaus, wie sehr Anna mit ihrer Mutter verstrickt war. Sie sehnte sich insgeheim nach deren Liebe und Anerkennung, gegen die sie sich jedoch zugleich für ihre weibliche Selbstfindung abgrenzen und wegen ihrer Idealvorstellungen von Autonomie zur Wehr setzen mußte. Das Essen war zu einer scheinbar unabhängigen Befriedigungsmöglichkeit für ihre Sehnsucht geworden. Daß sie dadurch dick wurde und sich selbst nicht mögen konnte, projizierte sie wiederum haßerfüllt auf die Mutter. Mit der Schutzschicht um ihren Körper war es Anna außerdem möglich, sich ihre eigenen libidinösen Wünsche an Männer ebenso wie deren Begehren vom Leib zu halten. Auf diese Weise wiederholte sie das väterliche Desinteresse an ihr und schützte sich zugleich davor, noch einmal von einem Mann so tief enttäuscht und verlassen zu werden.

So war der Trotz, die Verweigerung, den geforderten Vorstellungen von Weiblichkeit zu entsprechen, für Anna zur einzigen Möglichkeit geworden, ihr Selbst zu schützen, indem sie es gegen ihre tiefen Versagensgefühle verteidigte, die sich jedoch immer wieder durch die Forderungen ihres Ich-Ideals erneuerten und neue Schuld- und Schamgefühle auslösten.

Dieser Verteidigungsring war so massiv, daß er über lange Zeit in der Therapie den Zugang zu Annas verborgenen Selbstanteilen weitgehend versperrte. Stattdessen benutzte mich Anna als Container für ihre unerträglichen Spannungen, für ihren Haß und ihre Verzweiflung, und sie brauchte mich als Übertragungsobjekt, gegen das sie mit heftigem Trotz ihre Selbstgrenzen absteckte. In meinen Gegenübertragungsgefühlen von Versagen und therapeutischer Unfähigkeit erlebte ich die volle Härte ihres Über-Ichs. Äußerlich freundlich kritisierte mich Anna ständig indirekt, während ich den Ärger auf sie eher gegen mich und meine schlechte Arbeit richtete. Anna mußte jeden therapeutischen Erfolg verhindern aus Angst, sich sonst meinen, in der Übertragung den mütterlichen Forderungen unterzuordnen und damit ihr Selbst aufzugeben. Mit einem Erfolg wäre auch die Gefahr verbunden gewesen, ihr Ideal in Frage zu stellen, das für sie unauflösbar an den Vater geknüpft war und nur durch die Spaltung von Richtig und Falsch erreicht werden konnte. Die Blockade schien unauflöslich, die Behandlung zwecklos.

Die Dynamik drohte dahin zu führen, daß ich mein Interesse an Anna verlor. Ich begann zu resignieren, und dann hätte Anna «gesiegt». Damit hätten sich ihre Erfahrungen bestätigt, nicht geliebt, abgewiesen und ausgeschlossen zu werden, was Anna im Sinne des Wiederholungszwanges immer wieder in ihren Beziehungen herstellen mußte. Es war ihr Trotz, der eine Trennung verhinderte. Mit ihm hielt sie projektiv an mir und der Behandlung fest, und ich war über den Trotz in identifikatorischer Weise mit Anna verbunden: Mit den Schuldgefühlen, die eine Beendigung der Therapie für mich bedeutet hätte, mit der Beschämung, als Therapeutin versagt zu haben, aber auch mit ihrer Kraft, «es» schaffen zu wollen. Als spürte Anna, daß ich die Therapie und damit unsere Beziehung in Frage stellte, erschien sie in der darauffolgenden Zeit verändert. Sie überschüttete sich mit Selbstvorwürfen, weil sie allein nichts zustande bringe und ließ mich neben ihrer Wut auch ihre Verzweiflung und Einsamkeit spüren.

Die Erfahrung, daß ich es mit ihr aushalte, machte es Anna schließlich möglich, ihre zwiespältigen Gefühle mir gegenüber zu äußern. Unsere Beziehung geriet in Bewegung, was sich in mir zunächst bemerkbar machte, als ich sie im Verlauf einer Stunde immer hübscher und liebenswerter fand. Anna begann, sich für andere Erfahrungen zu öffnen, sie entdeckte neue Eigenschaften und weibliche Interessen an sich, z. B. das Interesse für Schmuck. Sie wagte Schritt für Schritt, sich ihren depressiven Gefühlen zu nähern und entmachtete so allmählich ihr strenges Ich-Ideal. Schließlich faßte Anna den Entschluß, nach fünfzehn Jahren ihren Vater aufzusuchen.

Am Schluß meiner Ausführungen kehre ich zu ihrem Anfang zurück, zu den Frauen, deren Berichte mein Interesse am Trotz geweckt haben.[10]

«Ich beziehe mich in allem, was ich tue, auf den Widerstand, und das finde ich interessant.» Dieser oder ein ähnlicher Satz steht wie ein Motto über dem Leben und Erleben der von mir interviewten Frauen.

Am Beispiel von Nora, die als fiktive Frau für viele der von mir interviewten Frauen steht, werde ich der Frage nachgehen, unter welchen Bedingungen die aggressiven Kräfte von Trotz und Eigensinn bei den Frauen freigesetzt und genutzt werden konnten, die schließlich zu gesellschaftlicher Bewegung und Veränderung in den siebziger Jahren beigetragen haben.

Nora ist die einzige bzw. älteste Tochter in ihrer Familie und wurde daher innerhalb der Geschwisterreihe wohl am stärksten zur Trägerin der unbewußten, der verlorenen, der betrogenen, der nichterfüllten Ideale ihrer Eltern. Dies bedeutet zum einen Auszeichnung und zum anderen die Bürde, unbewußt diesen Familienauftrag erfüllen zu sollen.

In Noras Aussagen über sich selbst finden sich kaum kindliche, regressive Wunschäußerungen, sondern vor allem das Erleben, damit belastet zu sein, ständig irgendwelchen Ansprüchen nachkommen zu sollen, und die Gefühle von Scham über die ärmlichen Verhältnisse, in denen sie aufgewachsen ist.

Noras Vater war in ihrer frühen Kindheit kaum präsent. Er war in Gefangenschaft, und als er zurückkommt, entspricht er in keiner Weise den Idealvorstellungen, die sich in seiner Abwesenheit um ihn gerankt

10 Es versteht sich, daß ich an dieser Stelle nur einige der Aspekte aufgreife, die mir für das Thema relevant erscheinen, und damit nicht das eigentliche Untersuchungsthema abhandle.

haben. Seine Depressionen über das, was er verloren hat, worum er sich betrogen fühlt, wehrt er bis zur Unkenntlichkeit mit manischer Geschäftigkeit ab.

Die Mutter bleibt in Noras Bericht als Frau nahezu konturlos. Sie erscheint depressiv, wohl auch, weil sie zusätzlich die abgewehrten Depressionen des Vaters trägt. Sie ist vom Leben enttäuscht, überfordert und eingesperrt durch ihre Pflichten und das Bemühen um ein heiles Ehe- und Familienleben. Gleichzeitig wird die scheinbare Anspruchs- und Bedeutungslosigkeit der Mutter für Nora zu einer kaum lösbaren inneren Fessel. Sie wagt nicht, sich gegen die Mutter direkt zur Wehr zu setzen, denn ihre Schuldgefühle gegenüber der Mutter wären zu groß. Jedoch widersetzt sich Nora der erdrückenden Macht mütterlicher Selbstaufopferung, indem sie außerhalb des Hauses, heimlich, das Verbotene probiert. Zugleich aber setzt sie sich mit ihrem Trotz gegen die erstickende Realität der fünfziger Jahre zur Wehr, von der vereinnahmt zu werden sie fürchtet. Getrieben von dem Gedanken, daß dies für ihr Leben nicht alles sein könne, begibt sich Nora zu Beginn der Pubertät auf die Suche nach etwas anderem. Die Bilder und Phantasien über dieses Andere werden zusätzlich genährt durch die Spannungen in der Familie, durch das Schweigen und die Sprachlosigkeit der Eltern darüber, was ihnen in der jüngsten Vergangenheit widerfahren ist. Diese Vergangenheit ist als Tabu in der Familie ständig präsent. Daran zu rühren, z. B. die Eltern zu fragen, um Antworten zu bekommen und die Irritationen zu beruhigen, erscheint undenkbar und gefährlich, auch weil dadurch das ersehnte Idealbild der Eltern zerstört werden könnte.

Mehr oder weniger zufällig erfährt Nora durch die Schule oder aus Zeitungen von den Verbrechen, die während des Nationalsozialismus und Krieges geschehen sind und an denen die Eltern in verschwiegener Weise beteiligt waren. Diese Erkenntnis verrückt Noras Bilder von äußerer Wirklichkeit und innerer Wahrheit. Sie wirkt wie ein Schock, sie schürt Noras Mißtrauen gegen die Eltern und deren verinnerlichte Autorität und weckt zugleich beunruhigende Neugier.

Im politischen Aufbruch der sechziger und siebziger Jahre findet Nora eine erlösende Antwort auf ihre Fragen und Unruhe, ein Ventil und Gegenziel für ihren Trotz, die es moralisch rechtfertigen, gegen die erdrückende Bürde ihres über die Eltern vermittelten Ideals der Anpassung zu rebellieren.

Am Ende der Schulzeit flüchtet Nora gegen den Willen der Eltern aus der unerträglichen inneren und äußeren Enge der fünfziger Jahre von zu Hause. Sie schließt sich einer politischen Gruppe an und hofft, durch ihren Widerstand gegen die herrschenden Machtverhältnisse, gegen die gesellschaftlichen Autoritäten und erdrückenden Normen, endlich dem Ideal näherzukommen, um das sie sich von den Eltern betrogen fühlt.

Für das Ideal einer gerechten Gesellschaft ordnet sich Nora trotz aufkommender Zweifel der strengen, weitgehend männlichen Hierarchie der politischen Gruppen unter. In ihrem politischen Engagement definiert sie sich wie die Eltern über Pflichterfüllung und Arbeit bis zur Erschöpfung. Sie erfährt dabei wie der Vater Anerkennung oder wie die Mutter zumindest die Bestätigung ihres Seins und macht schließlich die bittere Erkenntnis, daß sie damit auf anderer Ebene wiederholt, wovor sie geflohen ist.

Diese Erkenntnis bringt Nora dazu, sich der Frauenbewegung anzuschließen.

Mit diesem Schritt beginnt sie, gegen männliche Macht zu rebellieren, gegen die weibliche Opferrolle, gegen Abhängigkeit und Unterordnung und für das Frausein zu kämpfen. Sie rettet sich damit auch vor dem sozialen Tod, den die Mutter in dem gesellschaftlichen Modell von Familie und Ehe gestorben ist (vgl. v. Braun, 1992, S. 232).

Dieses Nichtbild von Frauen haben mir fast alle interviewten Frauen über ihre Mütter vermittelt. Und so haben die trotzigen Töchter wohl auch im unbewußten Auftrag ihrer Mütter gehandelt. Weil deren Wünsche nach einem anderen Leben keinen Raum finden konnten, weil die aggressiven Kräfte von Frauen von einem rigiden gesellschaftlichen Über-Ich ideologisch vereinnahmt waren, haben unsere Mütter ihren Wunsch nach Selbständigkeit und Unabhängigkeit nicht selbst durchsetzen können, sondern ihn als Ich-Ideal auf die Töchtern übertragen. Ihr stummer Auftrag könnte lauten: Ich habe nur die Vorstellungen von Ehefrau und Mutter gelebt. Erfülle du nun das Erbe meiner ungelebten Sehnsucht. Wage an meiner Stelle deinen Trotz. Laß ihn nicht brechen und kämpfe damit gegen Unterdrückung und Abhängigkeit. So kämpfst du auch für mein Überleben und gibst mir darüber mein Bild als Frau zurück.

Dieser unbewußte Auftrag hat dazu beigetragen, daß die aggressiven Kräfte der Töchter nicht gänzlich sublimiert werden konnten, sondern den Töchtern zur Verfügung geblieben sind. Mit dieser Kraft haben sie gegen ihre Entmachtung als Frau rebelliert und sich dabei auch schuldig gemacht, während die Mütter weitgehend Opfer bleiben mußten.[11] In dem gewaltsamen Trotz von Nora und den anderen Frauen, die sich am politischen Widerstand der sechziger und siebziger Jahre beteiligt haben, ist aber auch «die unterdrückte Kraft und Wut aufgebrochen, die im Verborgenen um so größer werden muß, je strikter das kulturelle Gebot der Unterwerfung, Selbstverneinung und Konformität» Menschen wie die Elterngeneration von Nora beherrscht hat (vgl. Wurmser, 1989, S. 239).

Am Ende meiner Gedanken komme ich zu dem Schluß, daß die Befreiung durch den Trotz immer durch Angst vor Einsamkeit, von Schuld und Scham blockiert werden kann.

Trotz bedeutet immer Trennung, und Trennung ist immer verbunden mit Schuld, die deshalb so schwer wiegt, weil das Ich mit dem Trotz vor allem gegen innere und äußere Objekte kämpft, zu denen abhängige, aber auch liebevolle Beziehungen bestehen.

Trotz kann dann blockierend und zerstörerisch wirken, wenn seine Kraft wie bei Anna unbedingt zur Anbindung an das Objekt gebraucht wird, weil die Angst vor Trennung, vor Einsamkeit und Selbstverlust so übermächtig ist, daß sie keinen Vorstellungsraum für ein eigenes Leben möglich macht.

Trotz wird dann eine befreiende und kreative Wirkung haben, wenn in dem Abstand, den er zu dem anderen herstellt, nicht Angst, Schuld und Scham vorherrschen, sondern die aggressiven Kräfte einen Raum bekommen, in dem sich die Erfahrungen von neuen Fähigkeiten und Eigenschaften entfalten können, die dann in das Selbst integriert werden. Zu diesen Erfahrungen gehören auch die Wirksamkeit von Widerstand und Rebellion.

Frauen der «zweiten Generation» wie Nora haben diesen Raum für sich finden und schließlich nutzen können: Noch niemals in der Geschichte der Geschlechter haben sich so viele Frauen gesellschaftlich und ökonomisch eingemischt, ihre Gedanken öffentlich geäußert und aufgeschrieben. Bis heute.

11 Die Frage nach der Mittäterschaft von Frauen an den Verbrechen des Nationalsozialismus ebenso wie die nach der Verantwortung von Frauen für die gesellschaftlichen Bedingungen heute konnte m. E. auf dem Hintergrund dieses Arrangements überhaupt erst gestellt und beforscht werden, als die Töchter selbst Frauen waren.

## Literatur:


Abraham, Karl (1917): «Über Ejakulatio praecox.» In: *Gesammelte Schriften.* 2 Bde, Frankfurt a.M. 1982

Abraham, Karl (1921): «Äußerungsformen des weiblichen Kastrationskomplexes.» In: Ders.: *Gesammelte Schriften.* 2 Bde, Frankfurt a.M. 1982

Bowlby, John (1969): *Bindung. Eine Analyse der Mutter-Kind-Beziehung.* München 1975

Bolte, J./Povlika, G. (1913-1932): *Anmerkungen zu den Kinder- und Hausmärchen der Brüder Grimm.* 5 Bde, Leipzig

Braun, Christina von (1988): *Nicht ich. Logik, Lüge, Libido.* Frankfurt a.M.

Braun, Christina von (1992): «Das Kloster im Kopf.» In: Flaake, Karin/King, Vera (Hg): *Weibliche Adoleszenz. Zur Sozialisation junger Frauen.* Frankfurt a.M., S. 213–239

Braun, Christina von (1992): «Der Jude und das Weib. Zwei Stereotypen des Anderen in der Moderne.» In: *Metis* 1, Heft 2, S. 6–28

Erdheim, Mario (1984): *Gesellschaftliche Produktion von Unbewußtheit. Eine Einführung in den ethnopsychoanalytischen Prozeß.* Frankfurt a.M.

Ferenczi, Sandor (1914): «Zur Ontogenie des Geldinteresses.» In: *Bausteine zur Psychoanalyse.* 2 Bde, Bern/Stuttgart 1964

Ferenczi, Sandor (1912): «Über passagere Symptombildungen während der Analyse.» In: *Schriften zur Psychoanalyse.* 2 Bde, Frankfurt a.M. 1970/1972

Ferenczi, Sandor (1924): «Versuch einer Genitaltheorie.» In: *Schriften zur Psychoanalyse.* 2 Bde, Frankfurt a.M. 1970/1972

Franz, Marie-Luise von (1953): «Bei der Schwarzen Frau. Deutungsversuch eines Märchens.» In: Laiblin, W. (1969) (Hg.): *Märchenforschung und Tiefenpsychologie.* Darmstadt 1991, S. 299–344

Freud, Sigmund (1915): «Die Verdrängung.» In: *Studienausgabe*, Bd. III, Frankfurt a.M. 1975, S. 103–118

Freud, Sigmund (1923): «Das Ich und das Es.» In: *Studienausgabe*, Bd. III, Frankfurt a.M. 1975, S. 273–330

Freud, Sigmund (1938): «Abriß der Psychoanalyse.» In: *Schriften aus dem Nachlaß*, London 1941

Grimm, Jacob/Grimm, Wilhelm (1922): *Kinder- und Hausmärchen gesammelt durch die Brüder Grimm.* 3 Bde, Frankfurt a.M. 1974

Kluge, Friedrich (1960): *Etymologisches Wörterbuch der deutschen Sprache.* Berlin

Laplanche, J./Pontalis, J.-B. (1967): *Das Vokabular der Psychoanalyse.* 2 Bde, Frankfurt a.M. 1973

Leyen v.d. F./Zaunert, P. (1926): *Die Märchen der Weltliteratur.* Jena

Lichtenberg, Joseph D. (1983): *Psychoanalyse und Säuglingsforschung.* Berlin/Heidelberg/New York 1991

Litwin, Dorothy (1992): «Autonomie: Ein Konflikt für Frauen.» In: Alpert, Judith (Hg.): *Psychoanalyse der Frau jenseits von Freud.* Berlin/Heidelberg/New York

Lorenzer, Alfred (Hg.) (1986): *Kulturanalysen. Psychoanalytische Studien zur Kultur.* Frankfurt a.M. 1988

MADELUNG, Eva (1989): *Trotz*. München

MAHLER, Margret/PINE, F./BERGMAN, A. (1975): *Die psychische Geburt des Menschen*. Frankfurt a.M. 1984

NEGT, Oskar/KLUGE, Alexander (1993): *Geschichte und Eigensinn*. 3 Bde, Frankfurt a.M.

ROHDE-DACHSER, Christa (1991): *Expedition in den dunklen Kontinent. Weiblichkeit im Diskurs der Psychoanalyse*. Berlin/Heidelberg/New York

ROHDEN, Emmi von (1982): *Der Trotzkopf*. Wien

STERN, Daniel N. (1986): *Die Lebenserfahrung des Säuglings*. Stuttgart 1992

WAHRIG, Gerhard (1966): *Deutsches Wörterbuch*. Gütersloh/München 1986/1991

WURMSER, Léon (1981): *Die Maske der Scham*. Berlin/Heidelberg/New York

WURMSER, Léon (1987): *Flucht vor dem Gewissen*. Berlin/Heidelberg/New York

WURMSER, Léon (1989): *Die zerbrochene Wirklichkeit*. Berlin/Heidelberg/New York

WINNICOTT, D. W. (1963): «Von der Abhängigkeit zur Unabhängigkeit in der Entwicklung des Individuums.» In: *Reifungsprozesse und fördernde Umwelt*. München 1974

Christa Rohde-Dachser / Karin Menge-Herrmann

# WEIBLICHE AGGRESSION AUS PSYCHOANALYTISCHER SICHT

## 1. Gibt es eine weibliche Aggression?

«Aggression» ist in der sonst meist präzisen Sprache der Wissenschaft ein eher unscharfer Begriff. Von daher könnte es sinnvoll erscheinen, an den Anfang eines Aufsatzes über weibliche Aggression eine Definition zu setzen, aus der ersichtlich wird, was wir unter Aggression verstehen und welche Form der Aggression wir untersuchen wollen. Wir werden statt dessen mit der Schilderung einer Alltagserfahrung beginnen, die deutlich machen soll, daß es sich bei der Thematisierung weiblicher Aggression vor allem um eine Beziehungsfrage handelt.

Anläßlich eines Spaziergangs erzählte eine der Autorinnen ihrem Partner, daß sie sich gerade mit einem Aufsatz über weibliche Aggression beschäftige. Ihr Partner reagierte darauf prompt seinerseits mit der leicht ironischen Frage: «Hast du etwas gegen mich?» Die Thematisierung weiblicher Aggression, so zeigt diese winzige Alltagsepisode, wird offenbar von Männern leicht als Angriff empfunden. Dazu genügt es bereits, daß Frauen das Thema auf einer theoretischen Ebene ins Spiel bringen. In der weiblichen Geschlechtsrolle ist Aggression nicht vorgesehen. Das weibliche Geschlechtsrollenstereotyp ist vom Bild der verstehenden, hingebungsvollen Frau und Mutter geprägt, die keine eigenen Interessen hat, die sie von dieser zentralen Aufgabe ablenken könnten. Aggressivität hat in diesem Geschlechtsrollenstereotyp allenfalls einen Platz, wenn sie zur Verteidigung anderer (z. B. des eigenen Kindes) eingesetzt wird.

Die Thematisierung weiblicher Aggression stellt aber nicht nur das herkömmliche Geschlechtsrollenstereotyp in Frage. Sie kündigt auch wichtige Beziehungen auf, die auf diesen traditionellen Weiblichkeitsvorstellungen beruhen. Daß Frauen aggressiv sein können und daß sie es oft auch sind, dafür spricht die allgemeine Lebenserfahrung. Dem steht die Illusion einer «friedfertigen Frau» (Mitscherlich-Nielsen, 1985) gegenüber. Aggressive Frauen, die dieser Illusion nicht entsprechen, werden in unserer Gesellschaft vor diesem Hintergrund leicht als launisch, hysterisch, zickig, bösartig oder zänkisch beschrieben. Damit wird ihre Aggression entschärft und ins Lächerliche gezogen. Vieles spricht dafür, daß Männer dabei gleichzeitig auch ihre Angst vor der weiblichen Aggression verleugnen, die – käme sie wirklich einmal zum Vorschein – so ungeheuerlich sein könnte, daß sie grundsätzlich kontrolliert und zurückgehalten werden muß. Auch Frauen identifizieren sich in der Regel lieber mit dem Stereotyp der selbstlosen Frau und Mutter als mit ihren eigenen aggressiven Neigungen, die auch von ihnen oft als überwältigend, hexenhaft und zerstörerisch phantasiert werden (vgl. Rohde-Dachser, 1990a, S. 36f.). Untersuchungen über weibliche Aggression sind darüber hinaus praktisch immer interessengeleitet. Dies gilt auch für den vorliegenden Aufsatz, der die weibliche Aggression entteufeln und sie in einen positiveren Bezugsrahmen stellen möchte. Andere feministische Autorinnen sprechen von weiblicher Aggression vor allem dann, wenn es um die gesellschaftliche Unterdrückung von Frauen geht, zu deren Überwindung es notwendig ist, daß Frauen sich auch als aggressiv erleben können. Das unseres Wissens erste, 1992 erschienene Buch über weibliche Aggression (Björkvist/Niemelä, 1992) steht ausdrücklich unter dieser Zielsetzung. Während bisher Untersuchungen über Aggression und Gewalt fast ausschließlich an männlichen Untersuchungspersonen vorgenommen wurden (vgl. Archer, 1994), beschreiben Björqvist und Niemelä in diesem von ihnen herausgegebenen Buch nicht ohne einen gewissen Stolz Erscheinungsformen weiblicher Aggression, die nichts mehr mit dem traditionellen Opferstatus der Frauen zu tun haben.

Es gibt aber auch Untersuchungen, in denen das aggressive Verhalten von Männern und Frauen verglichen wird, um auf diese Weise vor allem eine Rechtfertigung männlicher Gewalt zu liefern. Diese Untersuchungen werden in der Regel von Männern durchgeführt (vgl. dazu Archer, 1994, S. 4ff.). Archer, der 1994 einen Reader über männliche Gewalt herausgegeben hat, erwähnt in diesem Zusammenhang vor allem die in den USA breit diskutierten Untersuchungen von Straus et al. (1988)

und O'Leary et al. (1989), in denen es um die Untersuchung aggressiver Verhaltensweisen in Partnerbeziehungen geht. Auf der Grundlage ihres behavioristischen Ansatzes kommen die hier genannten Autoren zu dem Ergebnis, daß es in Partnerbeziehungen keine signifikanten Unterschiede im aggressiven Verhalten von Männern und Frauen gibt. Implizit wird damit gleichzeitig männliche Gewalt gerechtfertigt. Zumindest wird die Vermutung, daß es oft Frauen sind, die durch ihre Aggressionen die Gewalt der Männer provoziert haben, durch diese Untersuchungen nicht widerlegt.

Das Ergebnis wird ein anderes, wenn man die Motive einbezieht, die hinter dem aggressiven Verhalten stehen. Behavioristische Untersuchungen unterscheiden ebensowenig zwischen Angreifer und Opfer wie zwischen verbalem und körperlichem Angriff; sie geben auch keine Auskunft darüber, ob die Aggression der Durchsetzung eigener Interessen oder dem Schutz eines Dritten dient. Sobald man diese Motive einbezieht, werden gravierende Unterschiede zwischen Männern und Frauen sichtbar. Dobash et al. (1992) zeigen zum Beispiel, daß praktisch alle von Frauen verübten Morde an ihren Ehemännern aus Notwehr, oft nach Jahren physischer Gewaltanwendung durch den Ehemann, geschehen. Wenn Männer umgekehrt ihre Frauen töten, kommen solche Notwehrmotive fast niemals vor. Die Tat verknüpft sich statt dessen häufig mit einer Besitzerhaltung des Mannes und mit Eifersucht, die auf wirklicher oder phantasierter Untreue der Ehefrau beruht.

Diese wenigen Hinweise dürften genügen, um zu zeigen, daß wir beim Vergleich von männlicher und weiblicher Aggression mit einbeziehen müssen, von welchem Interesse die jeweilige Untersuchung geleitet ist. Dies gilt auch für die (bis heute nicht systematisch untersuchte) psychoanalytische These, daß Frauen und Männer gleichermaßen aggressiv sind und lediglich unterschiedliche Mittel zum Ausdruck ihrer Aggression wählen (so z.B. Möller, 1993). Eine Untersuchung von Björqvist, Österman und Kaukiainen (1992), in der sowohl zwischen physischer und psychischer als auch zwischen direkter und indirekter Aggression unterschieden wird, scheint diese These auf den ersten Blick zu unterstützen. Vor allem auf der Ebene der indirekten Aggression zeigte sich in dieser Untersuchung, daß Frauen ihre Aggressionen indirekt in einer teilweise durchaus kreativen Weise entfalten können. Wir möchten auf diese Untersuchung hier näher eingehen, weil sie besonders deutlich macht, wie solche Untersuchungen dazu dienen können, althergebrachte Vorurteile nicht nur in Frage zu stellen, sondern sie je nach Lesart auch zu bestätigen und ihre Gültigkeit zu erhärten.

Björkqvist, Österman und Kaukiainen (1992) haben die Entwicklung physischer, verbaler und indirekter Aggression bei finnischen Schülern und Schülerinnen im Alter von acht bis achtzehn Jahren untersucht. Die Resultate zeigten deutlich, daß im Alter von acht Jahren physische Aggression das wichtigste aggressive Ausdrucksmittel war und von Jungen hochsignifikant häufiger als von Mädchen ausgeübt wurde. Der Unterschied blieb auch noch im Alter von elf Jahren bestehen. Unter dem Einfluß gesellschaftlicher Normen reduzierte sich der Gebrauch körperlicher Gewalt im Alter von achtzehn Jahren dann auf ein ausgesprochen niedriges Niveau, auf dem sich Jungen und Mädchen kaum mehr unterschieden.

In der verbalen Aggression waren die Jungen im Alter von acht Jahren den Mädchen ebenfalls erheblich überlegen. Dieser Unterschied veränderte sich bis zum Alter von elf Jahren dahingehend, daß die Mädchen verbal aggressiver waren als Jungen. Eine leichte Überlegenheit in der verbalen Aggression der Mädchen über die Jungen konnte man auch noch im Alter von achtzehn Jahren beobachten. Die indirekte Aggression (in der hier berichteten Untersuchung am Beispiel von «Klatsch» gemessen) zeigte im Alter von acht Jahren einen fast gleichen Stand bei Jungen und Mädchen. Im Alter von elf Jahren waren die Mädchen den Jungen in der Äußerung indirekter Aggression bereits hochsignifikant überlegen und behielten diese Überlegenheit auch noch im Alter von achtzehn Jahren bei.

Dieses Ergebnis legt die Schlußfolgerung nahe, daß Jungen insbesondere bis zum Alter von elf Jahren den Mädchen in der Ausübung physischer Gewalt überlegen sind, daß dann aber andere Formen der Aggressionsbewältigung in den Vordergrund treten, in denen die Mädchen das Rennen machen. Insbesondere im Bereich der verbalen und der indirekten Aggression hätte man dann so etwas wie den Prototyp weiblicher Aggression vor sich. An diesem Untersuchungsergebnis wird aber auch deutlich, warum weibliche Aggression oft als hinterhältig erlebt wird. Frauen, so kann man dieses Ergebnis interpretieren, halten sich bei direkten Auseinandersetzungen zurück, weil sie fürchten, dabei grundsätzlich in der schwächeren Rolle zu sein. Sie nehmen ihre Zuflucht statt dessen zu indirekten Äußerungen von Aggression, bei denen sie sich sehr viel sicherer fühlen. Solche indirekten Aggressionsäußerungen sind für das Gegenüber aber schwer berechenbar; sie kommen oft ganz unverhofft und haben allein von daher einen bedrohlichen Charakter. Insofern ist die Aggression von Frauen wirklich oft «hinterhältig»; um so eher muß sie beim Gegenüber Haß und Rachegefühle erzeugen. Der habituelle Ausdruck indirekter Aggression bei Frauen bestätigt darüber hinaus ihren Stand innerhalb der sozialen Hierarchie, der hier so niedrig anmutet, daß er keinen direkten Ausdruck von Aggression erlaubt. Frauen können sich deshalb auch in der Regel nicht stolz mit ihren Aggressionsäußerungen schmücken, so wie Männer dies häufig tun.

Für uns stellt sich vor dem Hintergrund dieser Untersuchung aber noch eine grundsätzlichere Frage. Sie lautet, wie Mädchen, die bis zum Alter von acht Jahren sich gegenüber Jungen in physischen Auseinandersetzungen unterlegen fühlten, dieses Unterlegenheitsgefühl später in ein Gefühl der aggressiven Überlegenheit verwandeln können, dann nämlich, wenn es ihnen möglich wird, ihre frühere physische Unterlegenheit durch verbale und indirekte Aggression auszugleichen. In Untersuchungen zur Entwicklung von Aggression wird immer wieder berichtet (vgl. z. B. Eron, 1992, S. 95), daß im Alter von acht Jahren das Ausmaß von Aggression, mit der ein Mensch im späteren Leben reagiert, weitgehend festgelegt ist. In diesem Alter aber fühlen sich Mädchen den Jungen in aller Regel in altersbedingten körperlichen Auseinandersetzungen unterlegen. Vieles spricht dafür, daß dieses Gefühl der Unterlegenheit die weibliche Entwicklung begleitet, und zwar auch über den Zeitpunkt hinaus, zu dem andere Möglichkeiten der Aggression erlernt und eingesetzt werden können. Mädchen werden in den ersten Schuljahren von Jungen wegen ihrer körperlichen Untüchtigkeit im Sichwehren oft verlacht (daß Mädchen Jungen von sich aus körperlich angreifen, um zu sehen, wer der Stärkere ist, wird unseres Wissens nirgendwo berichtet – vielleicht ist deshalb Pippi Langstrumpf, die sogar ein Pferd hochstemmen kann, ein so beliebtes Kinderbuch). Aus dem späteren (verbalen und/oder indirekten) aggressiven Verhalten einer Frau läßt sich jedenfalls nicht ohne weiteres auf die kämpferische Grundgestimmtheit schließen, die dieses aggressive Verhalten begleitet.

Man könnte an dieser Stelle einwenden, daß wir heute in einer Zeit leben, in der Frauen vor gesellschaftlichen Individualisierungsanforderungen stehen, die mit dem Wunsch nach Selbstentfaltung einhergehen. Es bedarf sicherlich eines größeren Quantums Aggressivität, um diese Selbstentfaltung zu bewerkstelligen. Frauen sind mit diesen gesellschaftlichen Forderungen identifiziert und versuchen, ihnen nachzukommen. Damit geraten sie aber gleichzeitig in Konflikt mit dem fortbestehenden weiblichen Geschlechtsrollenstereotyp, in dem für die aggressive Durchsetzung eigenständiger Interessen, die dort als unweiblich und egoistisch gelten, kein Raum ist. Die weibliche Geschlechtsrolle ist gegenwärtig vor allem von diesem Konflikt bestimmt.

Es gibt allerdings auch Untersuchungen, die hier einen Wandel anzudeuten scheinen. So findet man in einer finnischen Befragung von adoleszenten Mädchen (Viemerö, 1992) während der letzten zehn Jahre einen deutlichen Anstieg im Ausdruck von Aggression. 1980 waren die befragten Mädchen sowohl in ihrer Selbsteinschätzung als auch in der Einschätzung anderer weniger aggressiv als Jungen. 1990 existierten diese Differenzen nicht mehr. Streckenweise waren die Mädchen sogar deutlich aggressiver. Die Mädchen erlebten ihr aggressives Verhalten dabei als durchaus positiv. Sie zogen daraus Kraft und Stärke, und auch ihre Popularität im gesellschaftlichen Umfeld wurde dadurch erhöht.

So gesehen, scheint die Einschätzung weiblicher Aggression eher von zeitgebundenen kulturellen Normen abzuhängen, und weniger von «natürlichen» Unterschieden zwischen männlicher und weiblicher Aggression, falls man einen solchen Vergleich hier überhaupt ziehen möchte. Auch wir betrachten den Ausdruck weiblicher Aggression als ein solches kulturabhängiges Phänomen. Wir zögern aber, die sich gegenwärtig abzeichnenden Tendenzen eines gesellschaftlichen Wandels in dieser Richtung überzuinterpretieren. Daß Männer auch heute noch als sehr viel aggressiver und durchsetzungsfähiger erlebt werden als Frauen, dafür sprechen u. a. nicht nur die Forderungen von Frauen, ihr berufliches Fortkommen durch Quotenregelungen zu sichern, sondern auch die jüngste Diskussion darüber, ob die einmal als emanzipatorischer Fortschritt gefeierte Koedukation in den Schulen wieder reduziert bzw. abgeschafft werden sollte, damit Mädchen durch die ständige Konfrontation mit ihren durchsetzungsfreudigeren männlichen Mitschülern keine bleibenden Nachteile erleiden.

Wichtiger noch erscheint uns aber die Feststellung, daß Unterschiede zwischen männlicher und weiblicher Aggression (vgl. z. B. Hyde, 1984; Eagly/Steffen, 1986) sich auch in den Überzeugungen und Phantasien auswirken, die mit aggressiven Handlungen verknüpft sind. Frauen berichten im Zusammenhang mit Aggression von mehr Angst- und Schuldgefühlen, aber auch von mehr Sorge darüber, wie sie mit ihrer Aggression andere und sich selber gefährden könnten (Eagly/Steffen, 1986, S. 296). Auch Hyde (1984) betont, daß geschlechtsspezifische Unterschiede in der Aggression von Männern und Frauen besonders deutlich in projektiven Tests hervortreten. Damit wird die Betrachtung weiblicher Aggression von der Ebene des aggressiven Verhaltens auf den Bereich von Überzeugungen und Phantasien gelenkt, die Frauen mit diesen Handlungen verbinden. Sofern es sich dabei um unbewußte Phantasien handelt, bewegen wir uns auf einer psychoanalytischen Betrachtungsebene. Im folgenden wollen wir uns dieser Betrachtungsebene zuwenden. Gibt es, so lautet unsere Frage, eine psychoanalytische Definition weiblicher Aggression?

## 2. Versuch einer psychoanalytischen Definition weiblicher Aggression

Die Psychoanalyse beschäftigt sich mit zwischenmenschlichen Beziehungen und mit unbewußten Phantasien, die diese zwischenmenschlichen Beziehungen prägen. Wir werden die weibliche Aggression im folgenden vor diesem Hintergrund betrachten. Die Freudsche Definition der Aggression als einer Manifestation des Todestriebes scheint uns für diese Zwecke allerdings weniger geeignet. Wir werden uns stattdessen auf Lichtenberg beziehen, der – auf Freud aufbauend – eine Theorie von fünf motivationalen Systemen entwickelt hat, die bereits in der frühen Kindheit existieren und in veränderter Form das ganze Leben über bestehen bleiben. Jedes dieser Motivationssysteme leitet sich von einer fundamentalen Notwendigkeit menschlicher Existenz her und basiert auf Verhaltensweisen, die von Geburt an beobachtet werden können:

a) die Notwendigkeit, physiologische Bedürfnisse zu befriedigen (in Anlehnung an Freuds Begriff der «Oralität»);

b) das Bedürfnis nach Bindung und (später) Verbundenheit (eine Theorie, die auf Bowlby zurückgeht, der betonte, daß der Säugling eine Bindung an die Mutter oder ein anderes Primärobjekt entwickelt und daß die Befriedigung lebensnotwendiger Bedürfnisse im Rahmen dieser Bindung erfolgt (Bowlby, 1969));

c) das Bedürfnis nach Selbstbehauptung (Assertion) und Exploration, das von der empirischen Säuglingsforschung schon bei Säuglingen nachgewiesen werden konnte;

d) das Bedürfnis, aversiv zu reagieren, sei es durch Widerspruch und/oder Rückzug, wenn die Durchsetzung eigener Interessen dies gebietet (ein Bedürfnis, das dem Freudschen Begriff der Aggression am nächsten steht);

e) das Bedürfnis nach sinnlichem Vergnügen und sexueller Erregung (am ehesten dem Freudschen Libido-Konzept verwandt) (vgl. Lichtenberg, 1988, S. 88).

Im folgenden werden wir uns lediglich mit dem dritten und vierten der von Lichtenberg beschriebenen Motivationssysteme befassen, nämlich einmal mit dem Bedürfnis nach Selbstbehauptung, das bei Lichtenberg als Assertion beschrieben wird, und dem Bedürfnis, mit Aversion zu reagieren, wenn das Bedürfnis nach Selbstbehauptung durch andere gestört oder unterbrochen wird. Unsere These lautet, daß diese zwei Motivationsstrukturen bei Frauen oft so eng miteinander verschränkt sind, daß das Bedürfnis nach Selbstbehauptung häufig sofort in eine aversive Reaktion übergeht, so als ob die Selbstbehauptung etwas Verbotenes wäre. Die so motivierte Aggression verbraucht gleichzeitig ein großes Quantum psychischer Energie, die der intendierten Selbstbehauptung nicht mehr zur Verfügung steht und die Durchsetzung des ursprünglichen Ziels von daher erschwert oder unmöglich macht. Diese These möchten wir im folgenden erläutern.

Untersuchungen der modernen Säuglingsforschung haben ergeben, daß es bereits bei Säuglingen eine angeborene Tendenz gibt, auf Kompetenz und Effektivität hinzuarbeiten und Freude zu erleben, wenn sie dabei erfolgreich sind (vgl. Lichtenberg, 1988, S. 92). Dieses Bedürfnis kann innerhalb der Beziehung mit der Mutter zum Ausdruck kommen, aber auch in Augenblicken des Losgelöstseins von ihr. Gerade in solchen Augenblicken kann man die Motivation des Säuglings, Bekanntes zu wiederholen und Unbekanntes, von dem ein hohes Erregungspotential ausgeht, zu erforschen, am besten beobachten (a. a. O.). Wir sind mit Lichtenberg der Meinung, daß die motivierende Kraft, die von diesen Erfahrungen ausgeht, innerhalb der Psychoanalyse bis jetzt nicht angemessen gewürdigt worden ist. Insbesondere gilt dies für die Rolle der Selbstbehauptung und Exploration innerhalb der weiblichen

Entwicklung. In der Freudschen Weiblichkeitstheorie spielen diese Fragen keine Rolle. Freud beschreibt die Frau vorwiegend in der passiven, den Mann demgegenüber vorwiegend in der aktiven Position (auch wenn er diese Zuschreibungen an anderen Stellen immer wieder in Zweifel zieht). Aus Freuds Sicht entspricht dies einer geschlechtsspezifischen Arbeitsteilung, in der der Mann sich aktiv an der Fortentwicklung der Kultur beteiligt, während die Welt der Frau die der Familie ist. Der Mann gerät mit seinen aktiv aus der Familie hinausführenden Interessen deshalb auch immer wieder in Konflikt mit den familienbetonten Interessen der Frau (vgl. dazu u.a. Freud, 1930, S.463). Ganz offensichtlich hat Freud mit dieser Bestimmung der Geschlechterdifferenz den Geschlechtsstereotypen der damaligen Zeit eine kulturübergreifende Bedeutung zugemessen, der wir heute so nicht mehr zustimmen können. Das heißt aber auch, die Frage nach dem Schicksal weiblicher Selbstbehauptung und Expansivität und der damit eng verbundenen Aggression innerhalb der Theorie der Psychoanalyse neu zu stellen.

Eine Reihe von Psychoanalytikerinnen und Psychoanalytikern hat sich mittlerweile dieser Fragestellung zugewandt. Die psychoanalytischen Theorien, die dabei entwickelt wurden, konzentrieren sich vor allem auf die unterschiedlichen Sozialisationserfahrungen von Jungen und Mädchen, die dazu führen, daß das Selbstbehauptungsstreben von Mädchen immer wieder entmutigt wird und in Schuld- und Insuffizienzgefühle umschlägt. Weibliche Selbstbehauptung verbindet sich auf diese Weise mit Reaktionen, die dem Motivationsbereich Aversion angehören. Mit andern Worten: Wo Frauen sich selbstbehauptend und explorativ nach vorne wagen, erwarten sie (bewußt oder unbewußt) oft eine ablehnende Reaktion, die dazu führt, daß Selbstbehauptungsbestrebungen eine unangemessen schüchterne oder aber aggressive Note erhalten, die anzeigt, daß es sich «eigentlich» um unangemessenes Verhalten handelt.

In der folgenden Darstellung werden wir zunächst über psychoanalytische Theorien berichten, die ihren Ausgang von der (dyadischen) Mutter-Tochter-Beziehung nehmen. Anschließend werden wir uns mit psychoanalytischen Theorien befassen, die sich auf die Dreieckskonstellation Vater-Mutter-Tochter beziehen. Wir werden unsere Darstellung mit einer psychoanalytischen Fallbeschreibung einleiten.

## 3. Weibliche Aggression – eine Fallbeschreibung

Die folgende klinische Fallschilderung entstammt einem Aufsatz von Miller, Nadelson et al. (1981), in dem es um die Überprüfung traditioneller psychoanalytischer Theorien über «aggressive» Frauen und um eine Revision dieser Theorien geht.

Die Patientin war das älteste von neun Kindern in einer mit dieser Vielzahl von Kindern stark überlasteten Familie. Der Vater übernahm keinerlei Verantwortung für die Familie. Alle Aktivitäten lasteten auf der Mutter, die immer leidend wirkte. Die Patientin hatte bereits früh die Rolle übernommen, der Mutter zu helfen und ihr zur Seite zu stehen. Sie war auch gut in der Schule, auch wenn sie nicht zu den besten Schülerinnen der Klasse gehörte. Später erlernte sie einen sozialen Beruf und arbeitete anschließend in einem psychiatrischen Team, in dem sie wegen ihrer persönlichen und therapeutischen Fähigkeiten sehr geschätzt wurde. Sie war zu dieser Zeit bereits verheiratet, und zwar mit einem sehr anziehenden jungen Mann. Die Patientin glaubte, daß er auch intelligenter und attraktiver sei als sie, und tat alles, um ihn in seinem Studium und in seiner Karriere nach Kräften zu unterstützen.

Sehr bald stellte sich jedoch heraus, daß sie sich in der positiven Einschätzung ihres Mannes geirrt hatte. Hinter seinem Charme verbargen sich erhebliche psychische Probleme, die unter anderem dazu führten, daß er im Studium versagte und sich immer mehr dem Alkohol zuwandte. In der gleichen Zeit hatte er zahlreiche Frauenaffären. Seiner (beruflich erfolgreicheren) Frau gegenüber wurde er immer abfälliger; manchmal schlug er sie auch. Die Patientin ertrug dies lange Zeit. Schließlich versuchte sie aber doch, sich von ihm zu trennen. Jedesmal bettelte der Ehemann darum, daß sie zurückkehren sollte, und sie tat es. In dieser für sie immer auswegloseren Situation begann sie schließlich eine psychoanalytische Behandlung. Während der Behandlung wurde sehr schnell deutlich, daß die Patientin die Möglichkeit, ihren Mann zu verlassen, als einen klaren Akt der Aggression ansah, den sie selbst als unverzeihlich empfand. Die von ihr herbeigeführte Trennung würde – so die Patientin – den Ehemann, für den sie sich verantwortlich fühlte, zerstören.

Wie tief das mit dieser Vorstellung verbundene Schuldgefühl reichte, wurde im weiteren Verlauf der Behandlung allmählich deutlicher. Zunächst betonte die Patientin nur immer wieder, daß sie sich nicht vorstellen könne, so etwas zu tun. Phantasien in dieser Richtung führten sofort zu einem Gedankenriß. Sie konnte nur immer wieder schildern, daß der Gedanke an Trennung etwas «absolut Schlechtes» war und daß sie die Vorstellung hatte, daß auch alle anderen sie deshalb endgültig verurteilen würden. In solchen Augenblicken fing sie an zu weinen und erklärte, daß sie leiden müsse; sie stützte sich dabei auf die fast religiös anmutende Überzeugung, daß Leben Leiden sei. Hinzu kam die Phantasie, daß sie ihren Mann vernichten würde, wenn sie ihn verließe. Dies erschien ihr um so unverzeihlicher, als ihr Mann sie offensichtlich liebte, trotz all ihrer Defekte, und sie für diese Liebe deshalb unendlich dankbar sein müsse. Niemand anders in ihrem Leben könne sie jetzt oder in Zukunft jemals in gleicher Weise lieben, so inadäquat und defizient, wie sie sich betrachtete.

Im Laufe der Zeit wurde deutlich, was sich aus ihrer Sicht alles mit der «Schlechtigkeit», die sie sich zuschrieb, verband. Abgrundtief schlecht waren zunächst vor allem ihr Ärger und ihre Wut auf ihre Eltern wegen all der Entbehrungen, die sie in ihrer Kindheit erlitten hatte. Gleichzeitig hegte sie aber auch eine tiefe Überlebensschuld. Sie hatte ihre Familie, die in einer ausgesprochen ärmlichen Situation lebte, verlassen und sich im Leben einen eigenen Platz unabhängig von der Familie erobert, «etwas aus sich gemacht». Daß ihr Ehemann heute praktisch wieder die gleichen Ansprüche an sie stellte wie früher ihre Eltern, verstand sie als Buße und Strafe für diese Schlechtigkeit. Es dauerte in der psychoanalytischen Behandlung lange Zeit, bis die Patientin erkannte, daß sie in ihrem Leben im Grunde alles als absolute und unverzeihliche Schlechtigkeit ansah, was der Durchsetzung eigener Interessen diente. Auf dem Hintergrund dieser Erkenntnis war es ihr schließlich möglich, auch die Beziehung zu ihrem Mann zu lösen.

Miller und Nadelson (1981) schildern andere psychoanalytische Behandlungen von Frauen, in denen die Patientinnen ihren Wunsch nach Selbstbehauptung ebenfalls als einen Ausdruck von Ärger und Feindseligkeit erlebten, den sie sich selber nicht verzeihen konnten. Eine sadomasochistisch getönte Partnerbeziehung diente dann unter anderem dem Zweck, sich vor dieser Erkenntnis zu schützen und sich für den «egoistischen» Wunsch nach Selbstbehauptung zu bestrafen. Der Wunsch nach Selbstbehauptung wurde dabei offenbar mit Feindseligkeit verwechselt und mit dem Wunsch gleichgesetzt, einem anderen zu schaden. Wer so «schlecht» war, konnte nicht geliebt werden. Wenn ein

Mann dies trotzdem tat, mußte man ihm dafür dankbar sein, auch wenn er einen unterdrückte und seiner Selbständigkeit beraubte. Es ist diese unerträgliche Situation, aus der auch nach unserer eigenen klinischen Erfahrung viele Frauen heute in der psychoanalytischen Behandlung einen Ausweg suchen. Sie müssen während der Behandlung dann ganz allmählich lernen, daß es möglich ist, sich innerhalb bedeutsamer persönlicher Beziehungen Raum auch für die Durchsetzung eigener Bedürfnisse und Interessen zu schaffen, ohne in Schuldgefühlen zu ersticken. Frauen setzen dies offenbar nicht als selbstverständlich voraus, so wie sie auch ihren Ärger und ihre Wut eher gegen sich als gegen andere richten.

Im folgenden wollen wir uns psychoanalytischen Theorien zuwenden, die hierfür eine Erklärung anbieten.

## 4. Die Verknüpfung von Selbstbehauptung und Aversion in der Mutter-Tochter-Beziehung

Psychoanalytische Objektbeziehungstheorien, die sich mit der frühen Mutter-Kind-Beziehung befassen, machen auch Aussagen über Bilder der frühen Mutter, die sich tief in das Innere des Kindes, des Jungen ebenso wie des Mädchens, eingegraben haben und unter bestimmten regressionsfördernden Bedingungen auch im späteren Leben verhaltensbestimmend wirken. Für die Mutter-Tochter-Beziehung sind diese Bilder der frühen Mutter besonders bedeutsam. Die Imago der frühen Mutter erscheint grundsätzlich allmächtig: Es ist eine Allmacht, die die Mutter – der Phantasie des Kindes entsprechend – zum Wohle, aber auch zum Wehe des Kindes einsetzen kann. Allein von daher erscheint die frühe allmächtige Mutter immer in einer guten und in einer bösen Gestalt. Der Junge überwindet die bedrohlichen Mutterbilder unter anderem durch seine Hinwendung zum Vater. Auch das kleine Mädchen muß sich mit dem Bild der allmächtigen Mutter, die in der unbewußten Phantasie mit magischen Kräften ausgestattet wird, die alles bewirken, aber auch alles verhindern können, auseinandersetzen. Die Versuchung, sich mit dem Bild der frühen Mutter in seiner guten wie in seiner bösen Gestalt zu identifizieren, ist für das Mädchen dabei besonders groß, weil es sich diesen Mutterbildern näher fühlt, aber auch, weil ihm eine machtvolle Gegenidentifizierung in der Regel nicht zur Verfügung steht. Die Identifikation mit der allmächtigen Mutter erweckt gleichzeitig Angst, und zwar nicht nur, weil sie mit der magischen Macht über Leben und Tod verbunden ist, sondern auch, weil die der frühen Mutter zugeschriebene Allmacht dem Mädchen und später der Frau eine ungeheure Verantwortung aufbürdet.

Das Bild der «bösen» frühen Mutter ist demgegenüber mit Aggression überladen. Auch dies gilt für den Jungen und das Mädchen zunächst in gleicher Weise. Diese Aggression spiegelt nicht nur die vom Säugling erlittenen Entbehrungen wider, sondern auch die eigene Aggression, mit der der Säugling auf diese Entbehrungen antwortet (Melanie Klein, 1946). Die frühe «böse» Mutter wird unter dieser Projektion aber insbesondere für das weibliche Kind, das enger mit diesen Imagines identifiziert ist als der Junge, sehr oft zu einer so schrecklichen Gestalt, daß sie innerhalb der weiblichen Sozialisation keine Symbolisierung erfährt (es sei denn, man will das Bild der Hexe oder der bösen Fee als ein solches Abbild betrachten). Das Mädchen baut sich statt dessen das Ideal einer guten Mutter auf, einer Mutter, wie sie sein sollte. Diese «ganz gute» Mutter soll die Imago der bösen (präverbalen) Mutter in Schach halten; sie wird auf diese Weise zum nicht verzichtbaren Leitbild der weiblichen Sozialisation. Mit der nicht symbolisierten bösen Mutterimago kann aber auch keine Auseinandersetzung stattfinden. Die frühe Mutterimago bleibt statt dessen als Introjekt erhalten, mit dem das heranwachsende Mädchen sich nicht endgültig identifizieren, von dem es sich aber auch nicht endgültig distanzieren kann. Das Introjekt verkörpert eine bösartige Aggression, die sich, sollte sie durchbrechen, jeder Bändigung widersetzt. Eine solche archaische Aggression kann deshalb auch nicht für die Durchsetzung realitätsgerechter Ziele eingesetzt werden. Torok (1964) spricht von einem «Verfolger ohne Gesicht», dem das Mädchen sich ausgeliefert sieht, weil es auf Grund der mangelnden Symbolisierung dieser Gestalt keine Möglichkeit hat, sich aggressiv von ihm abzugrenzen.

Um so hartnäckiger wird am idealisierten Bild der guten Mutter festgehalten, die immer verfügbar ist und keine mit dieser Verfügbarkeit konkurrierenden Interessen hat. So wünscht das Mädchen sich die Mutter, und so möchte es selber werden. Die Mutter, die abwesend ist, die depressiv ist, die eigenständige Interessen hat und sich deshalb von dem Kind abwendet, ist aus der Sicht des kleinen Kindes immer böse. Am Bild der guten Mutter muß um so hartnäckiger festgehalten werden, je bedrohlicher die Imago der bösen Mutter ist, vor der die «gute» Mutterimago schützen soll. Melanie Klein (1946, 1960), Kernberg (1976) und Chasseguet-Smirgel (1976) haben diese Zusammenhänge ausführlich beschrieben.

Die Tochter, die auf der Suche nach einem Objekt ist, das selbstbehauptend, wünschend und begehrend ist, muß andere Bilder der Mutter erschaffen oder aber sich dem Vater als Identifikationsfigur zuwenden. Für Jessica Benjamin (1988) hat das kleine Mädchen gar keine andere Wahl, als sich auf dieser Suche mit dem Vater zu identifizieren, weil es die idealisierte Mutter nicht in der dafür notwendigen Subjektposition besetzen kann. Für Benjamin ist es deshalb der Vater, der für die Tochter das idealisierte Subjekt verkörpert, dem Selbstbehauptung und Handlungsmacht zugeschrieben werden. Der Wunsch des Mädchens, sich mit dem Vater als handelndem, begehrendem Subjekt zu identifizieren und so zu sein wie er, erzeugt aber auch eine neue Abhängigkeit. Die Tochter bleibt auf die Reaktion des Vaters angewiesen, darauf, wie er diesen Identifizierungswunsch annimmt und widerspiegelt und wie er die Tochter dabei seinerseits als Subjekt mit eigener Handlungsmacht bestätigt. Nach unserer klinischen Erfahrung können Töchter Selbstbehauptung und Exploration nur selten in einer solchen geglückten Identifikation mit dem Vater gewinnen.

Das bedeutet aber, daß die heranwachsende Tochter eng an die Mutter gebunden bleibt, der es auf Grund ihrer gleichen Geschlechtlichkeit zudem ähnlicher ist als der Junge. Eine Abgrenzung von der Mutter, die nicht mit Aggression, in der Sprache Lichtenbergs: mit Widerspruch und Rückzug, verbunden ist, erscheint dann besonders schwer vorstellbar. Gerade diese Aggression steht heranwachsenden Töchtern aber oft nur begrenzt zur Verfügung. Töchter sprechen im Zusammenhang mit der nicht gelungenen Trennung von der Mutter deshalb anstelle von Aggression oft von Angst und (abhängiger) Wut. Gleichzeitig glauben sie aber auch, daß es letztlich keine Trennung von der Mutter gebe. Die Mutter wird als so verletzbar und innerlich leer geschildert, daß sie verlassen und depraviert zurückbliebe, würde die Tochter sich von ihr entfernen. Fast klingt es, als würde die Tochter sagen: «Ich darf die Mutter nicht allein lassen, so wie sie mich nicht allein lassen darf. Wenn ich sie verlasse, bin ich genauso schuldig, wie sie schuldig wäre, wenn sie mich verlassen würde.»

«Verlassen» wird in diesem Zusammenhang als bösartig-aggressiver Akt erlebt, so wie dies auch die Patientin tat, die wir bereits geschildert haben. Vieles deutet darauf hin, daß die Vorstellung der Tochter, die Mutter zu verlassen, dabei der Angst des kleinen Mädchens nachgebildet ist, was passieren würde, würde die Mutter umgekehrt die Tochter verlassen. «Ich bleibe bei dir, so wie ich will, daß du bei mir bleibst», heißt für die Tochter dann, nicht nur die beschützende und sicherheitsgebende Mutter als inneres Objekt zu bewahren, sondern auch den Schuldgefühlen zu entgehen, die mit der Trennung dieser als unauflöslich phantasierten Einheit entstehen würden.

Da aber weder Mutter noch Tochter auf Dauer in dieser symbiotischen Verbindung verharren können, sieht sich die Tochter früher oder später unweigerlich mit ihrer eigenen Aggression gegenüber der Mutter konfrontiert. Zwischen Mutter und Tochter bestehen gleichzeitig durchlässigere Ich-Grenzen als zwischen Mutter und Sohn (dazu Chodorow, 1978). Die Aggression der Tochter, die auf die Mutter gerichtet ist, gilt deshalb immer auch ihrem eigenen Selbst: Dort drückt sie sich dann in massiven Selbstanklagen aus. Dies gilt auch für die Abwertung der Weiblichkeit der Mutter: Die Weiblichkeit, die die Tochter bei der Mutter entwertet, führt auch zu ihrer Selbstentwertung als Frau (dazu auch Tyson, 1994).

## 5. Die Verknüpfung von weiblicher Selbstbehauptung und Aversion in der Dreierbeziehung

Was für die Mutter-Tochter-Beziehung geschildert wurde, gilt in veränderter Form auch für die ödipale Dreiecksbeziehung, die die Tochter im Rahmen ihrer Sozialisation durchlaufen muß. Die Tochter erlebt in dieser ödipalen Situation nicht nur ihre Eifersucht auf die Mutter, deren Platz an der Seite des Vaters sie einnehmen möchte. Sie beneidet die Mutter auch um ihr Frausein und um ihre Fähigkeit, Kinder zu gebären – eine Fähigkeit, die der Tochter solange vorenthalten bleibt, bis sie selber eine erwachsene Frau geworden ist. Töchter haben in der Regel Angst vor diesen Neid- und Eifersuchtsgefühlen. Sie fürchten sich aber auch vor der Möglichkeit des ödipalen Sieges, den sie zwar ersehnen, von dem sie aber auch wissen, daß er sie nicht nur in ihrer Kindlichkeit überfordern würde, sondern daß sie auf diese Weise auch die Liebe und den Schutz der Mutter verlieren würden und statt dessen ihre Rache fürchten müßten. In diesem Zusammenhang kann die Klage der Tochter, daß die Mutter sie festhalte, auch die Angst vor der eigenen weiblichen Entwicklung widerspiegeln, die spätestens in der Pubertät dazu führen kann, daß Mutter und Tochter sich ganz real als Konkurrentinnen gegenüberstehen. Viel wird davon abhängen, ob die Mutter dieses Heranblühen der Tochter liebevoll begleitet und ihr – über alle auch für die Mutter oft schmerzlichen Konflikte hinweg – das elementare Recht auf Frausein zugesteht, oder ob die Tochter sich dieses Recht in einem Kampf mit der Mutter erringen muß, in den oft auch die Möglichkeit von Selbstbehauptung und Exploration mit einbezogen wird. Die Anorexie läßt sich vor diesem Hintergrund auch als Ausdruck für die Angst der Tochter vor der ödipalen Konkurrenz mit der Mutter betrachten.

Grundsätzlich kann auch die tiefsitzende Angst der Frau, als «Täterin» zu erscheinen, vor dem ödipalen Hintergrund gelesen werden. In diese weibliche Form der Angst sind Mutter und Vater einbezogen.

Rohde-Dachser, eine der Autorinnen dieses Aufsatzes, hat an der Universität Frankfurt Veranstaltungen mit Frauen durchgeführt, in denen unter anderem auch der habituelle Opferstatus der Frau diskutiert wurde. Die Frauen, alle Akademikerinnen, sollten dabei unter anderem beschreiben, warum auch beruflich erfolgreiche Frauen viel eher von ihren Schwierigkeiten sprachen, sich im Leben voranzubewegen, Karriere zu machen etc., als davon, auf welche Weise es ihnen gelungen war, diesen Erfolg zu erreichen. In der Diskussion darüber war es nicht möglich, auch nur für kurze Zeit das Bild der Frau als Gestalterin ihres eigenen Lebens aufrechtzuerhalten. Immer wieder waren es der Mann, die Mutter oder auch die Gesellschaft, die schuld daran waren, daß aus der Sicht der Frauen etwas sich nicht so entwickelte, wie es eigentlich sollte. Dies wirkte in dieser Gruppe um so erstaunlicher, als fast alle Frauen dort zumindest eine Promotion hinter sich hatten; einige waren sogar habilitiert. Schließlich äußerte eine der Gruppenteilnehmerinnen die Vermutung, daß es offensichtlich bereits kleinen Mädchen schwerfalle, zu sagen: «Ich war's!». Sie meinte damit ein Mädchen, das seinen Haufen neben den Topf gemacht hatte und nicht in den Topf hinein, so wie seine Mutter dies von ihm verlangt hatte. Diese Feststellung machte es möglich, sich ausführlicher als vorher mit der Schwierigkeit des Täterinnenseins auseinanderzusetzen. Eine wirklich schlüssige Erklärung fanden wir seinerzeit allerdings nicht.

Innerhalb unserer Überlegungen über die Rolle der Dreierbeziehung für die Entfaltung weiblicher Selbstbehauptung und Aggression möchten wir auf dieses Thema zurückkommen. Wir glauben, daß Frauen die Rolle der «Täterin» unter anderem auch deshalb verweigern, weil sie mit spezifischen Schuldgefühlen belastet ist, die der ödipalen Dreierbeziehung entstammen. Die Beziehungskonstellation, um die es dabei vor allem geht, ist die von Täter, Opfer und Retter. Frauen nehmen innerhalb des ödipalen Beziehungsdreiecks dabei in aller Regel die Rolle des Opfers ein; manchmal können sie auch in die Retterrolle schlüpfen (meistens dem Vater gegenüber). Beide Positionen, die des Opfers ebenso wie die des Retters, sind frei von Schuld. In der Täterinnenrolle ist dies anders. Hier geht es um Schuldgefühle, Rache und Bestrafung. Die Tat koppelt sich auf der Ebene des Unbewußten dabei sehr wahrscheinlich mit weiblichen Schuldgefühlen (Chasseguet-Smirgel, 1964), die hier allerdings eher dem Vater oder einem Vaterersatz gelten. Chasseguet-Smirgel (1964) schildert in diesem Zusammenhang u. a. die Schwierigkeit einer Patientin, eine Prüfung zu machen, an der ihr Vater früher gescheitert war. Das Gefühl der Patientin war, damit ihren Vater zu kastrieren. Eine Frau, so Chasseguet-Smirgel, darf nicht besser sein als ihr Vater, weil sie als Tochter alles für den Vater tun darf, nur nicht ihn überrunden.

Reinke-Köberer (1987) spricht ganz ähnlich von einer wissenschaftlichen Mitarbeiterin, die ohne weiteres Forschungsberichte für ihren Chef verfassen konnte und für ihre Geschicklichkeit darin berühmt war. Als sie eines Tages jedoch ihre eigenen Forschungsergebnisse darstellen sollte, bekam sie massive Arbeitsstörungen. Von Freud (1910) wissen wir, daß solche Arbeitsstörungen bei männlichen Patienten oft damit erklärt werden können, daß der Erfolg gleichgesetzt wird mit der Erringung des unbewußt angestrebten ödipalen Sieges. Gleichzeitig fürchtet der Sohn die Rache des Vaters und kann den Erfolg deshalb nicht genießen. Eine Tochter tritt in aller Regel mit dem Vater nicht in diese Form der Konkurrenz. Sie will von ihm für Leistungen bewundert werden, die sie für ihn (und nicht gegen ihn) erbringt. Leistungen, die in der unbewußten Phantasie der Tochter nicht mehr im Auftrag oder im Dienst des Vaters erbracht werden, zerstören diese «töchterliche Existenz» (Rohde- Dachser, 1990b). In der unbewußten Phantasie wird die Tochter damit zur «Täterin», die nicht nur die Erwartungen des Vaters enttäuscht, sondern ihn mit ihren eigenständigen Leistungen gleichzeitig seiner Männlichkeitssymbole beraubt und ihn im übertragenen Sinne kastriert. Dieses unbewußte «Verbrechen» am Vater wird nicht nur mit dem Verlust der töchterlichen Existenz bezahlt. Es manövriert die Tochter – folgt man Chasseguet-Smirgel – in jene fatale Täterinnenposition hinein, die sie früher einmal der Mutter zugeschrieben hatte, die in der Phantasie der kleinen Tochter im Begriff war, den Vater zu berauben und zu kastrieren, so daß die Tochter sich als Retterin des Vaters auf den Plan gerufen fühlte. Vielleicht ist einer der tiefsten Gründe für das immer wiederkehrende Scheitern weiblicher Selbstbehauptung das auf diese Weise begründete Verharren in der töchterlichen Existenz.

## 6. Weibliche Aggression in der systemischen Betrachtung

Frauen haben es aus vielen Gründen offenbar schwer, sich aggressiv von Mutter und Vater abzugrenzen und als selbstbehauptendes Subjekt zu erleben. Wo sie dies trotzdem versuchen, besteht der Preis dafür oft nicht nur in Schuld- und Insuffizienzgefühlen; die Artikulierung eigenständiger Interessen kann auch in eine große Leere führen, in der es keine hinreichend spiegelnden inneren Objekte gibt. Zu früh und oft zu ausschließlich haben Frauen gelernt, daß die wichtigsten Beziehungspersonen ihrer Kindheit, nämlich Vater und Mutter, ihre aggressiven Äußerungen überhörten oder umdeuteten.

Wir wollen in diesem Zusammenhang lediglich die Untersuchung von Fibush (1993) erwähnen, in der gezeigt wird, wie Eltern mit ihren zwei- bis dreijährigen Kindern über ein vergangenes Ereignis (zum Beispiel einen gemeinsamen Flug oder einen gemeinsamen Zirkusbesuch) sprechen. Die Untersucher achteten dabei besonders darauf, welche Gefühle die Mütter und Väter in das Gespräch, man könnte auch sagen: das Narrativ über das vergangene Erlebnis, einfließen ließen und welche von ihrem Kind geäußerten Gefühle sie bestätigten oder verstärkten. In den drei Untersuchungen, von denen Fibush berichtet, erwähnten Mütter und – wo sie befragt wurden – auch Väter bei ihren Töchtern im Vergleich zu ihre Söhnen sehr viel stärker Gefühle von Traurigkeit. Sie bestärkten diese Gefühle bei den Töchtern, erklärten sie und stellten sich als Tröster zur Verfügung. Im Gespräch mit Jungen wurden demgegenüber sehr viel häufiger Affekte von Furcht und Ärger erwähnt. Den Jungen wurde insbesondere zugestanden, daß Ärger eine adäquate Reaktion sei und daß Ärger eine Vergeltung herausfordere. Interessant ist, daß sich dabei kein Unterschied zwischen Müttern und Vätern ergab, so daß man zumindest aus dieser Untersuchung nicht schließen kann, daß es lediglich die mütterliche Phantasie ist, die den Töchtern kein Recht auf eigene Entfaltung zugesteht. Im Gegenteil: Mütter und Väter scheinen das Mädchen in gleicher Weise zur Aggressionslosigkeit zu erziehen. Jungen werden im Vergleich dazu Aggressionen nicht nur zugestanden. Untersuchungen zeigen, daß die Eltern diese Aggressionen sogar bewundern, selbst wenn sie die Jungen dafür bestrafen. In Untersuchungen, die nach der normativen Einstufung der Aggression fragen, kann man dementsprechend auch das Ergebnis finden, daß Jungen die Äußerung von Aggression sehr viel positiver bewerten als Mädchen (vgl. Huesman et al., 1992).

Die beschriebenen unbewußten Phantasien, die in der psychoanalytischen Behandlung von Patientinnen zur Sprache kommen, entsprechen – so gesehen – also weitgehend den Reaktionen wichtiger Beziehungspersonen der Kindheit, die ebenso unbewußt verlaufen. Aus vielen psychoanalytischen Behandlungen wissen wir außerdem, daß sich unbewußte Phantasien auf Dauer nur erhalten können, wenn sie von außen eine Bestätigung erfahren (Freud spricht in diesem Zusammenhang auch von Wahrnehmungsidentität (Freud, 1900; vgl. dazu auch Rohde-Dachser, 1991, S. 69f.)). Zwischen den unbewußten weiblichen Phantasien, die wir beschrieben haben, und der mangelnden Resonanz auf weibliche Aggression innerhalb unserer Gesellschaft besteht ein solcher Zusammenhang – darauf weisen u. a. auch die Untersuchungen von Fibush hin. Von daher ist es grundsätzlich möglich, daß die geschilderten unbewußten Phantasien von Frauen innerhalb der Psychoanalyse auch immer wieder im nachhinein für die Begründung weiblicher Unsicherheit im Selbstbehauptungs- und aggressiven Bereich herangezogen werden, einfach weil wir immer nach einer Begründung für unser Verhalten suchen und uns als Psychoanalytikerinnen der Rekurs auf unbewußte Phantasien dabei besonders naheliegt. Wir möchten unsere Betrachtungen über weibliche Aggression deshalb nicht abschließen, ohne nochmals ausdrücklich auf den systemisch begründeten Zusammenhang zwischen unbewußter Phantasie und ihrer auf Wahrnehmungsidentität beruhenden Bekräftigung durch die Außenwelt hinzuweisen.

## 7. Abschliessende Überlegungen

Gibt es etwas, so lautet unsere abschließende Frage, was wir als Psychoanalytikerinnen tun könnten, um Frauen zu einer sichereren Form der Selbstbehauptung und Exploration zu verhelfen und ihre aversiven Äußerungen von dem Geruch des Verbots zu befreien, der dieser Selbstbehauptung anhaftet? Innerhalb der psychoanalytischen Behandlung ist der Weg dazu sicherlich vor allem der, die unbewußten Phantasien unserer Patientinnen im Zusammenhang mit Selbstbehauptung und Aggression bewußt zu machen und sie mit einer anders gearteten Realität zu konfrontieren. Zu dieser Realität sollte insbesondere auch die Überzeugung von einer Weiblichkeit gehören, in der sich mütterliche Zuwendung, Hingabe an den Partner und die Wahrnehmung eigenständiger Interessen nicht ausschließen, sondern gegenseitig bedingen. Vielleicht könnte es darüber hinaus manchmal wichtig sein, unsere Patientinnen eingehender noch als bisher zur Äußerung ihrer Aggression zu ermutigen und auch auf eine zornige Patientin manchmal ein wenig Stolz zu empfinden.

## LITERATUR:


ARCHER, John (Hg.) (1994): *Male Violence.* London/New York

BENJAMIN, Jessica (Erstveröff. 1988): *Die Fesseln der Liebe: Psychoanalyse, Feminismus und das Problem der Macht.* Frankfurt a. M. 1990

BJÖRQVIST, Kaj / NIEMELÄ, Pirkko (1992): *Of Mice and Women. Aspects of Female Aggression.* San Diego/Cal.

BJÖRQVIST, Kaj / ÖSTERMAN, Karin / KAUKIAINEN, Ari (1992): «The Development of Direct and Indirect Aggressive Strategies in Males and Females.» In: BJÖRQVIST, Kaj / NIEMELÄ, Pirkko (Hg.): *Of Mice and Women. Aspects of Female Aggression.* San Diego/Cal., S. 51–64

CHASSEGUET-SMIRGEL, Janine (Erstveröff. 1964): «Die weiblichen Schuldgefühle.» In: Dies.: *Psychoanalyse der weiblichen Sexualität.* Frankfurt a. M. 1974, S. 134– 191

CHASSEGUET-SMIRGEL, Janine (Erstveröff. 1976): «Freud und die Weiblichkeit. Einige blinde Flecken auf dem dunklen Kontinent.» In: Dies.: *Zwei Bäume im Garten. Zur psychischen Bedeutung der Vater- und Mutterbilder.* München/Wien 1988, S. 1–26

CHODOROW, Nancy (Erstveröff. 1978): *Das Erbe der Mütter. Psychoanalyse und Soziologie der Geschlechter.* München 1985

DOBASH, R.P. et al. (1992): «The Myth of Sexual Symmetry In Marital Violence.» In: Dies.: *Social Problems* 39, S. 71–91

EAGLY, Alice H. / STEFFEN, Valerie J. (Erstveröff. 1986): «Gender and Aggressive Behavior: A Meta-Analytic Review of the Social Psychological Literature.» In: JACKLIN, Carol Nagy (Hg.) (1992): *The Psychology of Gender.* Vol. III, Brookfield/Vermont, S. 280–301

ERON, Leonard D. (1992): «Gender Differences in Violence: Biology and/or Socialization?» In: BJÖRQVIST, Kaj / NIEMELÄ, Pirkko (Hg.): *Of Mice and Women. Aspects of Female Aggression.* Brookfield/Vermont, S. 89–97

FIBUSH, R. (1993): «Emotional content of parent child conversation about the past.» In: NELSON, Ch. E. (Hg.): *Memory and Affect in Development.* Hillsdale/NJ

FREUD, Sigmund (1900): «Die Traumdeutung.» *GW* Bd. II / III, Frankfurt a. M.

FREUD, Sigmund (1910): «Beiträge zur Psychologie des Liebeslebens. I. Über einen besonderen Typus der Objektwahl beim Manne.» *GW* Bd. VIII, Frankfurt a. M., S. 65–77.

FREUD, Sigmund (1930): «Das Unbehagen in der Kultur.» *GW* Bd. XI,. Frankfurt a. M., S. 419–506

HUESMANN, L. Rowelli / GUERRA, Nancy G. / ZELLI, Arnaldo / MILLER, Laurie (1992): «Differing Normative Beliefs about Aggression for Boys and Girls.» In: BJÖRQVIST, Kaj / NIEMELÄ, Pirkko (Hg.): *Of Mice and Women. Aspects of Female Aggression.* San Diego/Cal., S. 77–87

HYDE, J. S. (Erstveröff. 1984): «How Large Are Gender Differences in Aggression? A Developmental Meta-Analysis.» In: JACKLIN, C. N. (1992): *The Psychology of Gender.* Vol. III. Brookfield/Vermont 1992, S. 265–279

KERNBERG, Otto F. (Erstveröff. 1976): *Objektbeziehungen und Praxis der Psycho-*

*analyse*. Stuttgart 1981

KLEIN, Melanie (Erstveröff. 1946): «Bemerkungen über einige schizoide Mechanismen.» In: Dies.: *Das Seelenleben des Kleinkindes und andere Beiträge zur Psychoanalyse*. Reinbek bei Hamburg 1972, S. 101–125

KLEIN, Melanie (Erstveröff. 1960): «Über das Seelenleben des Kleinkindes.» In: Dies.: *Das Seelenleben des Kleinkindes und andere Beiträge zur Psychoanalyse*. Reinbek bei Hamburg 1972, S. 144–173

LICHTENBERG, Josef D. (Erstveröff. 1988): «Motivational-funktionale Systeme als psychische Strukturen. Eine Theorie.» In: Ders.: *Forum Psychoanal.* 7, 1991, S. 85–97

MILLER, Jean Baker / NADELSON, Carol C. / NOTMAN, Malkah T. / ZILBACH, Joan (1981): «Aggression in Women: A Reexamination.» In: KLEBANOW, Sheila (Hg.): *Changing Concepts in Psycho-Analysis*. New York, S. 157–168

MITSCHERLICH, Margarete (1985): *Die friedfertige Frau*. Frankfurt a. M.

MOELLER, Michael Lucas: (mündliche Mitteilung)

O'LEARY, K.D. / BARLING, J. / ARIAS, I. / ROSENBAUM, A. / MALONE, J. / TYREE, A. (1989): «Prevalence and Stability of Physical Aggression Between Spouses: A Longitudinal Analysis.» In: *Journal of Consulting and Clinical Psychology* 57, S. 263–268

REINKE-KÖBERER, Ellen (1987): «Psychoanalytische und sozialstrukturelle Bedeutungen der ‹altruistischen Abtretung›: Minni Tipp und Anna Freud gewidmet.» In: Dies.: *Facetten psychoanalytischer Theoriebildung*. Frankfurt a. M.

ROHDE-DACHSER, Christa (1990a): «Weiblichkeitsparadigmen in der Psychoanalyse.» In: *Psyche* 44, S. 30–52

ROHDE-DACHSER, Christa (1990b): «Über töchterliche Existenz. Offene Fragen zum weiblichen Ödipuskomplex.» In: *Zs. Psychsom. Med.* 36, S. 303–315

ROHDE-DACHSER, Christa (1991): *Expedition in den dunklen Kontinent. Weiblichkeit im Diskurs der Psychoanalyse*. Heidelberg/Berlin/New York

STRAUS, M. A. / GELLES, R. J. (1988): «Violence in American Families: how much is there and why does it occur?» In: NUNNALLY, E. W. / CHILMAN, C. S. / COX, F. M. (Hg.): *Troubled Relationships*. Newbury Park, CA, S. 141–162

TOROK, Maria (1964): «Die Bedeutung des ‹Penisneides› bei der Frau.» In: CHASSEGUET-SMIRGEL, Janine (Hg.): *Psychoanalyse der weiblichen Sexualität*. Frankfurt a. M. 1974, S. 192–232

TYSON, Phyllis (1994): «Bedrock and beyond: An examination of the clinical utility of contemporary theories of female psychology.» In: *Journal of the American Psychoanalytic Association* 42, S. 447–467

VIEMERÖ, Vappu (1992): «Changes in Patterns of Aggressiveness among Finish Girls over a Decade.» In: BJÖRQVIST, Kaj / NIEMELÄ, Pirkko (Hg.): *Of Mice and Women. Aspects of Female Aggression*. San Diego/Cal., S. 99–106

Jutta Heinrich

# MÖRDER-SELBST

## Eine Unterquerung

War es ein Schlag, ein Satz, ein Wort, das sie zurückwarf?

War es der ziehende Ton des Telefons aus der Muschel, die vor ihren Füßen lag?

War es ein unerhörtes Wort oder ein ganzer Satz, der die Falltür öffnete, sie aus der Versenkung entließ, herausschleuderte aus der Geborgenheit eines Enthobenseins in den Labyrinthen des Hirnes, die fernab ohne Signale, ohne jede Bewegung zum Körper ihr Eigenleben trieben?

Wielange lebte sie in diesem verschollenen Satz, ganz und gar entrückt, sprach- und gedankenlos? Die Finger waren eingeschlafen, die Beine taub und kalt, und sie fror. Zu sich gekommen, blickte sie hoch aus dem Fenster. War es später Abend oder Nacht? Ein samtschwarzer Himmel beugte sich mit einzelnen hell aufscheinenden Sternen über das schräg stehende Fenster.

Ohne jede Anteilnahme nahm sie die knisternde Stille wahr, die das Haus umstand. Das Zimmer war ein Ort geworden, aus der Gegenwart erhoben, vergessen am Rande des Bewußtseins und der Reglosigkeit, der sie in sich aufgenommen hatte, rettete und barg.

Wovor? Warum?

War da nicht ein Geräusch? Etwas Unheimliches, das sie ins Erwachen zwang?

Nur einmal konnte sie den linken Fuß bewegen, sie spürte nichts, aber eine Flasche fiel um und kullerte vom Mondlicht erhellt in tiefen Schatten. Sie schloß die Augen, um nichts zu sehen, beschützt zu bleiben von der inneren Dunkelheit.

Aber es sprach in ihr, es war fast so, als würde sie die Worte hören, die eine Stimme ihr aufzwang: Du hast getrunken, verdammt viel getrunken – und obwohl sie die Lippen zusammenpreßte, um die Stimme zum Schweigen zu bringen, wußte sie doch, daß ihr all die unterdrückten Trotzig- und Bockigkeiten zum Hals herausgekommen waren, bis sie von den Tiefen einer Verdrängung in dem Ansturm ihrer stummen Wut verschwunden waren.

Eine Ohnmacht, die den eisernen Vorhang vor dem Unerhörten, dem Unaushaltbaren herunterließ.

Wovor?

Da war wieder ein Geräusch, ein Schreck durchfuhr sie. Ihr Herz stolperte, ohne daß sie sich bewegte, sie spürte deutlich, wie das Herz sich zusammenzog, ein Krampf die linke Seite zucken ließ, sich ein lautes Pochen unter die Halsschlagader legte. Sie öffnete den Mund unter dem Überdruck, die Augen quollen heraus und wanderten fremd und erschreckt die Dunkelheit ab, in die sie gekrochen war.

Sie beugte sich nach vorn, um den Kopf in die Hände zu legen, während der Bewegung gab der Stuhl einen merkwürdig rostigen Ton von sich. In diesem Moment löste sich ein Wort aus diesem Satz, dieser Nacht: MÖRDER.

Schockartig und aufdringlich drang es in ihr Hirn und mitten in das Stille sprach es laut und deutlich: MÖRDER.

Und mit diesem Wort kehrte es wieder, das unerträgliche Bild, die verschlingende Wahrheit, mit diesem Wort MÖRDER erwachten die Sätze aus ihrer Betäubung und fielen über sie her. Und sie hörte ihr JA, dieses entsetzliche Wort, das wie eine Krankheit in ihr herrschte.

Dieses: JA; abgerungen, gedehnt, unbeteiligt, abwesend, verletzt und wütend, und noch einmal und immer wieder dieses JA, JA ... das sie kannte und sie selbst unkenntlich machte. Und wenn sie schon hundertmal hätte NEIN sagen müssen: dieses JA, dieses marode Wort, auf all die maroden Sätze, dieses JA auf die nervende, entmündigende Fürsorge, dieses JA, dieses JA, das sie in eine einzige Honigwabe verwandelt, in der sie gefangen und verklebt ist; dieses entsetzliche JA, JA, das sie in eine Grube stößt, so tief wie ihr Grab. NEIN, kein einziges klares, unumstößliches NEIN kommt über die Ränder, stattdessen rennt sie ins Bett, in die wärmende, schützende Hülle aus Federn, Geborgenheit und Kindheit, stürzt vornüber mit dem Kopf, kopflos in die Gedärme der Nacht, das weiße Bettzeug, das Weiß des Lebens, und sie krümmt sich vor Zorn, Wut und Kränkung, den Hörer neben dem Ohr – und wieder ihr JA, während sie der aufschießende, ertrinkende Zorn hochauf nimmt, den maßvollen Körper in eine Ohnmacht entläßt, der schwache Wille, der schwache Geist mit ihr irrlichternd auf und davon geht.

Sie versuchte sich daran zu erinnern, wie lange sie in diesen Abgründen der Wut, der Gewalt und Besinnungslosigkeit lag und wie sie auf den Stuhl gekommen war, in die Nacht, die Dunkelheit, in dieses Chaos, da schlich wieder etwas herum, Gegenstände zitterten, und ein Rascheln zog sich durch die Stille.

Bedrohte sie die eingebrochene Dunkelheit, hatte sich etwas eingeschlichen und sprang sie an?

Sie atmete laut, als wäre sie auf der Flucht, und sah ohne eine Bewegung des Kopfes um sich herum, mit einem Blick, der alles ins Monströse verwandelte und bedrohlich machte. Griff ihr Innerstes sie an?

Wie mit einem Hilferuf blickte sie wieder hoch aus dem Fenster, der Himmel immer noch schwarz und seidig mit Sternen, die spitz und hell aufleuchteten, und am unteren Ende des Fensters der Schein des Mondes, eine Gravur aus kaltem Licht, das scharfe Schatten setzte und die Möbel aus der Dunkelheit heraussägte, ihnen ein Eigenleben gab, das auf sie zukam.

Der kleine Tisch rückte näher, ein Glas übergroß, das umgeschüttet war; hingeworfen lag es inmitten einer schrill weißen Serviette, ein Stück Brot daneben, das klaffend einen Biß vorführte, dann sah sie auf den Teppich, der sich ihr entgegenwölbte, ihre Schuhe achtlos hingeworfen, in einer Pfütze, die hell glitzerte.

Unüberhörbar wieder ein Geräusch. Ganz deutlich wie ein Klingeln und Klirren der Gegenstände, eine flüchtende Bewegung, die unsichtbar blieb.

In der Panik, dem Schreck fielen endlich alle Erinnerungen, alle Bilder wieder heraus, nur das eine Wort löste sich wieder: MÖRDER. Und noch einmal.

Das Wort sprach sich, ohne daß sich die Lippen bewegten, es war ein Schub, ein Schuß – und Schweigen.

Es war das leiblichste Wort, das sich ausgebreitet hatte, das gewalttätigste aus einer langen ungeheuerlichen Satzkette, über die das Vergessen, die Stille, die Absence fiel. Das Wort barg den ganzen Schauder, die unaushaltbare Faszination, die Unterquerung und kapselte sie ein.

In dem Augenblick war es, als ob etwas umgestoßen worden wäre, eine Unheimlichkeit, die den Augenblick erzittern ließ. Ein kleiner Gegenstand vibrierte, ein Joghurtbecher fiel um.

Der Mond schien jetzt in die Küchenecke, und sie erkannte in erregender Klarheit, silbern und anziehend: das Messer.

Es lag auf sie gerichtet auf einem Teller mit Essensresten, die Spitze ragte über den Tellerrand und schien sich stählern und weiß nach vorn zu verlängern, auf sie zu. Sie mußte sich etwas zu essen gemacht haben, wann? Gleich darauf ein Huschen, ein Wieseln, ein irres Fliehen, dann wieder ein Zittern durch die Gegenstände und die Nacht.

Sie hielt die Luft an. Niemand war im Haus, schon Tage nicht mehr, das wußte sie. War jemand eingedrungen?

Der Schreck, der nun Gewißheit wurde, und Wachsamkeit, volle Aufmerksamkeit, ließ sie sich aufrichten, lauschen und den Raum absuchen, und nun sah sie unverkennbar, daß Papiere, die auf dem Boden lagen, sich bewegten, hin und her gezogen wurden.

Während sie gelähmt vor Achtsamkeit auf dem Stuhl saß, wieder das Wort: MÖRDER, dann folgte etwas Wirres, Worte, die unkontrolliert sprachen: Ein Schlag. Eine Gewalttat – und Stille endlich!

Und nun kippte der Papierkorb um, wie von unheimlicher Hand ausgeleert, und etwas rannte an die Heizungsrohre, daß sich kleine scheppernde Echos über die Wohnung breiteten. Entschlossen sprang sie auf, ihr wurde ganz schwindlig von der überirdischen Weiße des Mondscheins und den tiefen Schatten, die in die Wohnung flackernde Licht-Bilder setzten.

In der Hast riß sie alles um, was ihr in die Quere kam, das Messer fiel zu Boden, lag auf dem Teppich, nur die Klinge blitzte silbrig. Sie verfolgte es beim Fallen, eine dunkle Anziehung erfaßte sie, der ganze Körper schien in einen gefährlich lustvollen Alarm versetzt.

Und wieder: MÖRDER. Auf einmal sah sie es: Das Tier, es raste aus der Küchenecke, über das Messer auf die Heizung zu. Eine Ratte! Überdeutlich konnte sie sie jetzt ausmachen, sie lag hingedrückt an die Wand, sie erwartend, geschützt von den Rohren und der Heizung. Es blieb reglos.

War es krank, verletzt, war es eine Falle, eine Tücke?

Sie stand vor ihm und atmete wild, unfähig zu denken und zu handeln.

Ein unheimliches Vibrieren herrschte zwischen dem Tier und ihr, und für einen Bruchteil schien ihr, daß schon eine Verkehrung stattgefunden hatte und sie es war, die dort unten lag, gefesselt im Bann des Blicks.

Und doch ragte in einer Lichtsäule des Mondes, ohne daß sie davon wußte, ihre Faust in die Höhe und stürzte auf den Leib zu.

Ihre Faust ging daneben nieder; sie sah das Tier blitzschnell in eine Ecke zwischen zwei Wände springen. Aber nicht weiter. Warum nicht weiter? Warum floh es nicht und ließ sie mit ihrem Ungeschick, der Untat allein? Sie blitzten sich wieder an, mitten in das Weiß des Auges, und die Schauder versetzten sie in eine unbekannte, bodenlose Faszination.

Während sie immer noch schwer atmend vor dem Tier stand, sie sich wieder maßen, wußte sie: Die Ratte war Zeuge und wird Zeuge bleiben! War sie nicht im Auftrag da?

Wie von Sinnen warf sie jetzt die Stühle um, um dem Tier einen Ausweg oder eine Rettung zu bieten, aber da lag es wieder und immer noch unverändert in die Ecke gedrückt und wartete darauf, daß sie an einer tieferen Verstrickung versagen würde.

Die Ausgesetztheit untereinander verkehrte die gesamte Ungeheuerlichkeit in Absicht, und sie erkannte deutlich, wie das Tier ihr entgegenlauerte und im nackten Licht des Mondes ihr zuwuchs, sich vergrößerte. War es nicht unheimlich aufgetrieben, und hörte sie nicht ein angstvolles und lautes Fiepen? Oder war sie es?

Die dunkle Furcht, die über dem Geschehen lag, zwang sie, das Ungeheuer schnell zu erschlagen, ehe es zu monströs würde. Sie war also im Auftrag da, und dieser mußte ausgeführt werden, denn das Tier würde wachsen und wachsen.

In schauerlicher Klarheit erfaßte sie, daß sie in ein Ritual eingestiegen war, in das Ritual des Mordes, des Tötens, und wie auf eine andere Ebene gehoben, die ihre eigenen Signale und Gesetzmäßigkeiten besitzt, begriff sie, daß sich diese unumstößlichen Abfolgen nur denjenigen eröffnen, die den inneren Kreis bereits betreten hatten.

Und während sie schon wußte, was sie tun würde, erregt und aufs Äußerste angespannt auf das Tier, die Tat niederblickte, war ihr, als erlebe sie eine Art umgekehrter Geburt, lustvoll, wenn auch bedrohlich: aus Leben Tod zu machen und sich hinter dieser Überschreitung ungekannt auszudehnen.

Sie stürzte mit aller Konzentration und Wucht auf das Etwas zu, schlug auf es hin mit geöffneter, steinharter Hand und sah noch im Niederstürzen die winzigen, flinken Augen auf sich gebohrt, sie rasten als wild gewordene Kugeln über der spitzen Nase herum.

Zeigte das Tier nicht eben die langen, gefährlichen Zähne, die sich nur noch für Sekunden unter der Haut in Deckung halten würden?

Sprang es nicht hoch, stellte den ungeheuer gewachsenen Körper mit dem langen Schwanz bucklig in die Höhe? Und lag nicht jetzt ein rasselndes Fiepen, Fauchen oder gar Knurren in der Luft?

Im letzten Lichtflecken sauste ihre Hand zu Boden, nieder auf das Tier und ließ den Fußboden erdröhnen, mehr nicht. Sie spürte, wie sie über sich selbst hinauswuchs, und sie spürte, wie die Tat selbst jetzt die Tatschritte, die Mordabfolge leiten würde, unausweichlich, erleichternd und entlastend.

Durch ihre erregende Furcht wußte sie, daß die Dunkelheit das Tier auf der Stelle vergrößern würde, und sie schlug gleich noch ein zweites Mal zu, unspürbar gegen ihren eigenen Schmerz, und sie traf es auf dem Hinterteil, aus dem Blut auf den Teppich floß.

Das Tier richtete sich nun auf und kratzte mit unzähligen Krallen und Füßen an die Heizungsrohre, daß es überall schallte.

Aber plötzlich fiel es auf den Rücken, und sie wußte und sah die stechenden Augen auf sich gerichtet, sie irrten wie Blitze im winzigen Kopf hin und her; ein scheußlich weißer Lichtstrahl glitt über den behaarten Körper, den schlagenden Schwanz und die zappelnden Vorderläufe, die sie heftig abwehrten.

Noch einmal erhob sie die Hand, die Mordwaffe, verlor aber das Gleichgewicht und fiel der Länge nach neben das Tier hin.

Panik ergriff sie, daß jetzt, in diesem Augenblick des Versagens, die Verkehrung unabwendbar war, das Tier sich, riesig ausgewachsen und zu dem geworden, was es war, auf die Vorderläufe stellen müßte, um mit einem blitzschnellen Sprung in ihrem Auge zu verschwinden, in den zitternden Tiefen der Pupille.

Wie durch einen Peitschenschlag sprang sie in die Höhe und atmete ratlos auf die Ratte nieder, die so atemlos und todesfürchtig schien wie sie selbst.

Hatte sie nicht schon Blut verloren, ganz viel Blut, und war um sie herum nicht schon eine Lache aus Gedärm und Säften?

Würde die Ratte sie nicht, wenn sie nicht töten könnte, sie die ganze Nacht und jede Nacht erschrecken, in der Dunkelheit überall ihren Todessaft hinterlassen, eine schreckliche, schreiende Spur? Und würden sich die Ratten nicht vermehren, würden nicht andere verborgene Ratten des Nachts und des Tages aus dem Schutz heraushuschen – und sich über ihren Schlaf als Alp ausbreiten? Sie verzehren?

Das Tier hatte sich inzwischen vom Rücken auf den Bauch werfen können, die Beine kratzten heftig zwischen den beiden Wänden und der

Heizung, aber weiter konnte es nicht. Für einen Augenblick stand der geschundene Körper steil auf, sie sah die hellere Bauchseite aufstrahlen, dann fuhrwerkten wieder die Beine um den Körper und machten einen entsetzlichen Krach an den Rohren.

Und plötzlich lag das Ungeheuer über die Heizungsrohre hingestreckt, der aufgeschlagene Schwanz hing schwer und drohte, es herunterzuziehen. Deutlich konnte sie sehen, wie der Körper bebend atmete, und die Haare sich bösartig aufstellten.

Dann kroch ein Schatten auf dieses hin, und sie hörte von sich, wie sie mit dem Fuß wahllos gegen die Heizung trat. Das Tier floh und lag nun wieder auf dem Teppich, den Kopf in grausigen Zuckbewegungen.

Und während sie wie verrückt nach einem Gegenstand Ausschau hielt, der sie befreien würde, ihr helfen, die Tat zu vollbringen, einen Gegenstand, der ihr das Morden aus den Händen nehmen würde, der fern von ihr und doch gründlich und tödlich auf es einschlagen könnte, rief es wieder: MÖRDER. Wieder das Wort, das sich löste und über die Lippen sprang, doch diesmal, so verwoben mit der Tat, der Faszination, die aus einem Innersten kam, das ihr fremd war, entrang sich ihr noch ein anderes Wort – und sie rief: MUTTER, und während sie nicht begreifen wollte, was sie da rief, kam es noch einmal: MUTTER. Und mit diesem Wort bewaffnet, rannte sie auf den Küchenschrank zu, suchte nach einer Plastiktüte, die sie hinterrücks und flink über die Ratte stülpen würde, um sie dann nach draußen zu tragen.

Nach draußen in die Nacht, tief in die Erde, die alles in sich aufnähme, eine Bestattung, die ihr die Natur abnehmen würde.

Leise und heimtückisch öffnete sie die Plastiktüte, machte sie mordgerecht, sogar das Licht der Nacht kam ihr zugute, und mit aller Entschlossenheit warf sie sich über das fiepende Untier, griff zu, drückte, drehte und ließ dieses dann mit einem Aufschlagen auf die Stuhllehne in das Innere der Tüte verschwinden.

Das Untier sprang wild und wie verrückt an den Rändern herum, sie aber hielt das zappelnde Bündel fest in der Hand und rannte die Treppen hinunter, nach draußen in die Nacht.

In der Nacht stehend, die ihr nun wie eine Unterwelt vorkam, wurde ihr klar, daß sie das Ungeheuer, selbst wenn sie wollte, wenn sie noch Abstand nehmen würde, nicht freilassen könnte, denn es würde so verwundet zurückkriechen, zurück ins Haus, unter den Türen hindurch, durch jeden Spalt, der sich in den Balken und den Steinen auftat.

Ratlos und suchend lief sie auf dem Plattenweg vor dem Haus herum, in der Tüte zappelte es gefährlich. Der Mond stand über ihr, und er leuchtete in den Garten, dem sanfte Nebelschwaden entstiegen.

Sie spürte die Stille, in die sie als Mörderin trat, die sie verletzen würde, sie, unaufhaltsam als Mörderin, das Opfer in der rechten Hand, welches sich mit schrecklicher Fähigkeit ans Leben klammerte. Gerade weil das Opfer so heftig und sinnlos um sein Leben rang, überschwemmte sie für den Hauch eines Augenblicks das Gefühl: als allmächtige Rächerin aller Schädlinge ausgebildet zu sein und in dunkler Einsamkeit das Vernichtungswerk ausführen zu müssen. Schaute nicht die Mutter, das Auge der Welt, auf sie?

Sie war so irritiert über sich, daß sie das Bündel noch fester griff und die äußere Dunkelheit zu ihrer inneren machte.

Plötzlich fiel ihr ein, daß im hinteren Teil des Gartens, der meist im Schatten lag und selten benutzt wurde, ein Hackstock stand und daß um ihn herum lauter dicke Scheite lagerten, die für den Kamin bestimmt waren.

Keuchend bewegte sie sich, die zappelnde Tüte weit von sich gestreckt, in den großen Schatten des anderen Hauses, fiel über einige Scheite, blieb stecken in einem Haufen aufgeworfener Erde und so, hilflos vorwärtshastend, die Tüte in gräßlicher Körpernähe, war ihr, als hätte sich das Ungeheure befreit und krieche und springe mit spitzen Krallen und mit einer Blutspur an ihrem Arm in die Nähe des Herzens, und sie schrie einmal laut und kläglich auf, riß sich mit letzter Kraft aus den Scheiten und der Erde und taumelte nun, gefährlich balancierend, auf den Hackstock zu.

Sie erkannte nun ganz deutlich die Axt, die gerade und fest im Holz steckte, und sie wußte, daß sie angekommen war, daß dieses der Ort war, ihr Ort, dem das Töten ein für allemal eingeschrieben sein würde.

Und während sie laut vor sich hinsprechend, um sich Kraft zu geben, die Axt herauszuhauen suchte, bellte ein Hund, und ein Licht flammte auf: Zeugen!

Mit der Axt in der Hand stand sie schon, hochaufgerichtet, und in dem Moment, als die Axt von ihrer Hand wieder zurückgetrieben werden sollte, mit aller Wucht ins Holz geschlagen, erfaßte sie wieder die fremde Anziehung der Gewalt, und es rief in ihr: MUTTER! Es war ihr unmöglich, dieses Rufen, das sie beinahe wieder zum Kind machte, zu deuten, nur eine Gewißheit machte sich in ihr breit: Sie war angekommen, eingetreten und befand sich inmitten ihres einzig eigenen NEIN.

Sie hatte sich durchgeschlagen zu sich, hatte die zugestoßene Unterwelt betreten, die Erlebnismauer durchbrochen, die hoch aufgerichtet schien, um Lähmung und Gewalt einander fremd zu halten.

Und mit einem gezielten Hieb, der das Opfer schon fast vergaß, traf das Beil den Holzstock mit einer ihr unbekannten und unglaublichen Kraft, die ihr aus dieser Befreiung zugekommen war.

Ganz im Zentrum der Fähigkeit zur Tat war ihr, als spräche das Werkzeug, die Nacht, das Mondlicht über sie Hohn, als beweise die Axt die Feigheit eines Mordes, zu dem sie fähig sein würde, aber ihr war, als ob sie den Beweis vor sich nicht mehr auszuüben hätte. Der Schlag saß, der Hieb war perfekt, eine perfekte Gewalttat, die selbst in dem wackligen Licht des Mondes, der durch ein Kastaniengeäst strahlte, sie zur Herrscherin über Leben und Tod machte.

Konnte es möglich sein, daß sich die Tat, der Mord, ihr Schreck spaltete und löste, nur weil sie die Fähigkeit besaß, den Totschlag mittels eines Werkzeuges, das eigens dafür da zu sein schien, in einer solch geübten Weise handzuhaben?

Sie wiederholte den Schlag, die Tüte mit dem zappelnden Tier in beiden Händen am Griff. Während des Schlages wurde die Tüte hoch in die Luft geschleudert, und am Handgelenk fühlte sie das Weiche durch, das eben noch etwas Unheimliches war. Der Inhalt hatte den Schreck verloren, die Schauder der Faszination, und als hätte sie vergessen, warum sie die Axt in das Holz trieb, wieder heraus, wieder durch die Luft schwang und wieder hinein, kehrte ohne jede Anstrengung das Wort: MÖRDER wieder, und auf einmal kehrte der ganze Satz zurück, er sprach sich leicht und selbstverständlich, ganz entlassen und befreit aus der Verdrängung: MÖRDER-SEHNSUCHT DER FRAUEN.[1]

Dieser Satz hatte sie eingeschlossen, in seinen Tiefen ruhte sie Tage oder Nächte, gebannt und gefesselt, erschlagen durch den Neid, den Neid, der sich jetzt offen zeigte und durch nichts mehr in die Verdrängung zu verbannen war.

Mit einer tiefen Gelassenheit sah sie die Axt wohlgezielt und mächtig im Hackstock stecken, betrachtete fremd die Plastiktüte mit dem Tier, und wieder rumorte der Satz durch den Kopf. Sie stierte vor sich hin,

---

1 Der Titel eines Bildes von Beckmann.

ganz überwältigt von der Kraft des Satzes, der sich nun bedeutsam Wort für Wort ausbreitete, wie ein Netz über sie hinwarf und so in ihr steckte, wie das Beil, das sie traf und aufspaltete, die dunkle Verkrampfung mitten entzweischlug, und sie wußte auf einmal, ohne den Zusammenhang ganz herstellen zu können, daß sie nicht nur in ihrem NEIN angekommen war, daß auch die dichtesten Schichten ihres Unbewußten gespalten wurden, deren dumpfe Wut sie tagelang in stummer Umklammerung aushalten mußte.

Erstaunt hielt sie die Tüte vor ihre Augen, der Mond bekam etwas Seligmachendes, und ihr war, als würde die Helligkeit, das sanfte Licht, die unberührte Nacht als eine seltsam erhebende und aussöhnende Ruhe in sie eindringen. Langsam ließ sie einfach nur die Tüte auf den Boden fallen, nichts kroch heraus, kein Blut ergoß sich über die Schuhe, nur einmal noch hörte sie ein Rascheln, sie sah, wie sich einige Gräser bewegten, dann war es ganz still.

Schon in tiefer Nachdenklichkeit verschwunden, wandte sie sich behutsam ab, ihr war, als sei sie gerettet aus einem Sturm, einem Unwetter, das eben noch war und jetzt von den Schönheiten der Nacht überwältigt, und ging zurück ins Haus, machte wie zum ersten Mal in ihrem Leben Licht und nahm die Treppen nach oben in ihre Wohnung.

Der Raum lag immer noch in dichter Dunkelheit, eine Dunkelheit, die sie lange und rätselhaft umschlossen hatte. Überall roch es nach ihr, ihrem Kampf, der Schlaflosigkeit, ihrem Ringen mit den Extremen, weil sie nicht NEIN sagen konnte, die Grenzen zwischen sich und allem anderen immer wieder überrannte, so daß sie allmählich innen tot und starr wurde, erdrückt von einer Gefühlslast, die die Psyche in ein düsteres Bergwerk verwandelte, in dem sie sich abrackern mußte, die Befindlichkeitsbrocken zu bergen, zu verarbeiten, zu wiederholen, zu reflektieren, damit sie wieder absinken, um in den Gedärmen der Psyche, erstickt und geknebelt von ihrem ewigen JA, JA, erneut und unverändert zu gären und nach oben drängen, so daß sie schon froh wurde, wenn sie wirklich erkrankte, um endlich einen Grund zu haben, eine Erklärung, warum ihre Physis in ständiger Überforderung schon zu keinem einzigen wirklichen, tiefen NEIN mehr fähig war.

Sie setzte sich wieder auf den Stuhl, schaute wieder hinaus und sah mit einem Aufruhr des Glücks die Dämmerung nahen. Und plötzlich hörte sie sich weinen, ein lautes Schluchzen erfaßte sie, wie zum ersten Mal weinte sie in einer haltlosen Heftigkeit, schrie und brüllte, während der Satz vor ihrem Auge auftauchte, den sie vor Jahren einmal über sich geschrieben hatte: Statt des Beiles, nahm sie die Liebe.

Es war ihr, als müßte sie lächeln über sich, über ihre Klugheit, die sie auszudrücken in der Lage war, ohne für sich auch nur eine einzige Konsequenz zu ziehen.

Der Morgen kam, und die Helligkeit schien den Aufruhr der Nacht ins Vergessen zu nehmen, sie aber wußte, daß sie noch einen langen und gefährlichen Abstieg vor sich hatte. Sie sah sich um, erblickte das Messer, das noch unberührt auf dem Teppich lag und dessen Schneide jetzt von den ersten Sonnenstrahlen aufblitzte und den Satz aus der Nacht spiegelte: Ein Schlag. Eine Gewalttat – und Stille, endlich.

Marina Gambaroff

# PSYCHOANALYTISCHE ÜBERLEGUNGEN ZU EINEM VERSCHLOSSENEN BEREICH WEIBLICHER MACHT

## Frauen und Destruktivität

Ich betrachte Frauen nicht als das von Natur aus friedlichere, aggressionslosere Geschlecht. Möglicherweise sind sie im Verlauf der Menschheitsgeschichte die friedliebenderen gewesen. Dies weist jedoch nicht auf geringere Aggressivität hin, sondern eher auf eine größere Integrationsfähigkeit widerstreitender Impulse – und auch das hat möglicherweise mehr mit der ihnen zugeteilten Rolle zu tun, im wesentlichen für den Schutz der Kinder und deren Erziehung verantwortlich zu sein, als mit ihrer sogenannten «Natur».

Ich denke, wir sind uns hier alle im klaren darüber, daß es so gut wie unmöglich ist, über die «Natur» der Frau oder des Mannes zu sprechen. Wir wissen nicht genau, was Frau, was Mann ist. Wir befinden uns stets im Grenzbereich zwischen Natur und Kultur, also handelt es sich weder um natürliche Sachverhalte, noch um solche, die sich restlos in Kultur und Geschichte auflösen lassen. Freuds Feststellung, «Anatomie ist Schicksal», deren fatale Folgen die Psychoanalyse jahrzehntelang ein repressives Frauenbild transportieren ließ, nämlich das eines unvollständigen Knaben, das eines Mangelwesens, ist eben nicht durch den Satz: «Kultur ist Schicksal» vollständig abzulösen. Und zwar aus folgendem Grunde: Damit würde die Besonderheit des weiblichen Körpers völlig aus dem Blickfeld geraten. Unser Selbst ist zunächst ein ganz Körperliches. Von daher spielt es schon eine wesentliche Rolle, ob ich einen weiblichen oder einen männlichen Körper habe. Die Gefahr der ausschließlichen Betonung kultureller Bedingtheit liegt darin, daß uns unsere Körper noch mehr enteignet würden, als sie es ohnehin schon sind.

Die Frauenbewegung der letzten Jahrzehnte hat sehr viel dazu beigetragen, die vielfältigen Unterdrückungsmechanismen gegen Frauen herauszuarbeiten. Die Gefahr, die dabei jedoch immer deutlicher zutage tritt, scheint mir darin zu liegen, daß Frauen fast nur als Opfer der Verhältnisse begriffen werden. Natürlich sind sie Opfer. Aber sie sind es nicht ausschließlich. Die Situation der Frau lediglich über ihren Opferstatus zu konzeptualisieren, schreibt die Frau nämlich erneut als ein Mangelwesen fest: Ihr fehle die aggressive Potenz, ihr fehle die Macht zur Täterin. In einer Arbeit über die «Bosheit der Frau» (Becker/Stillke, 1987) betonen die Autorinnen, daß es sich bei der von den Männern so sehr gefürchteten Macht der Frau nicht lediglich um männliche Projektionen handeln muß, sondern sie betonen – und ich schließe mich dieser Ansicht vollkommen an –, daß die Anerkennung weiblicher Macht nicht bedeutet, die Unterdrückung der Frauen zu verleugnen, sondern daß die Verleugnung dieser Macht Teil der Unterdrückung ist. Arbeiten mit solchen Aussagen scheinen jedoch zumindest in der deutschen Frauenbewegung eher selten zu sein. Offensichtlich leistet die Betonung des Opferstatus eine wichtige Abwehrfunktion: Sie stellt eine wichtige Bastion dar gegen eine tiefere Erkenntnis der Möglichkeiten weiblicher Existenz in unserer Gesellschaft, vielleicht speziell in der deutschen.

Nun besteht in Teilen der Frauenbewegung die Tendenz, Frauen als die besseren Menschen zu feiern, so als prädestinierte ein jahrtausendealter Opferstatus zu Verfeinerung und zu Veredelung und Mutterschaft zu Sanftmut und Mitgefühl. Doch gerade auf die deutsche Geschichte bezogen, erscheint dies fatal. Selbst Margarete Mitscherlich-Nielsen (1985) diagnostiziert den Antisemitismus als «Männerkrankheit», der sich die deutschen Frauen auf Grund ihrer spezifischen Über-Ich-Bildung angepaßt haben. Sie greift dabei unkritisch Freuds umstrittenes Konzept der weiblichen Über-Ich-Bildung auf und betont, daß die Angst vor Liebesverlust Frauen dazu gebracht habe, sich ihren Männern und Vätern im Haß auf alles Jüdische bedingungslos anzuschließen.

Dazu läßt sich zumindest so viel sagen: Frauen genuine mörderische und verfolgende innere Impulse, Haß und Sadismus abzusprechen und diese bei den Männern zu lokalisieren, ist ebenso projektiv wie antisemitische Schuldzuschreibungen. «Statt im Juden ist nun das Böse im Mann lokalisiert», hält Karin Walser (1988) fest, eine von mir sehr geschätzte Autorin, vielleicht nicht umsonst Schweizerin, die in ihren kritischen Arbeiten klarmacht, wie von Frauen in der Bundesrepublik im Diskurs über Nationalsozialismus und Antisemitismus eine «Gnade der weiblichen Geburt» (1988) beansprucht wird als grandiose Exkulpierung des weiblichen Geschlechts, das gezwungen war, sich den Männern anzupassen. Daß dadurch Fragen nach möglichen genuinen weiblichen Wurzeln von Nationalsozialismus und Antisemitismus und damit nach genuin weiblicher Destruktivität blockiert sind, liegt auf der Hand. Frauen haben sich aktiv am nationalsozialistischen Terror beteiligt. Dies muß auch Gründe haben, die sich nicht allein durch Anpassung an das Tun der Männer erklären lassen.

Aber gehen wir ruhig zunächst der Frage nach, was es mit der Anpassung an männliche Normen auf sich hat. Frauen scheinen ja in der Tat Meisterinnen darin zu sein, ebenso wie sie es immer wieder verstehen, selbst dort autonome Positionen zu vermeiden, wo es zumindest keine äußere Notwendigkeit dafür gibt. Nur in diesem Zusammenhang scheint es mir erklärlich, wie einflußreiche Psychoanalytikerinnen der ersten Generation zu Formulierungen kommen konnten, die sie wohl vor allem als brave Töchter ihres Übervaters Sigmund Freud ausweisen, nicht jedoch als von ihm abgegrenzte erwachsene Frauen, die wissen, was es heißt, als Frau eine eigene Sexualität gefunden zu haben:

> Jeanne Lampl-de Groot (1933): «Zuerst halten wir uns noch einmal vor Augen, daß in der rein weiblichen Liebeseinstellung der Frau zum Mann für die Aktivität kein Platz ist. Die weibliche Frau liebt nicht, sondern sie läßt sich lieben; Frauen, die Männer aktiv lieben, sind männlich. Die Liebe, die sie in der Mutterrolle entfalten, ist aktiv und somit mit Männlichkeit verknüpft.»
>
> Helene Deutsch: «Der Orgasmus ist männlich. Die ‹weibliche› Frau kennt keinen orgastischen Höhepunkt» (vgl. Chasseguet- Smirgel, 1974).
>
> Marie Bonaparte (1951): «Die Frau verfügt über quantitativ weniger Libido als der Mann. Der Mann muß gegen die passive und masochistische Haltung im allgemeinen protestieren, da sie ihm biologisch nicht vorgeschrieben ist; die Frau dagegen muß sie akzeptieren.»

Zumindest eines wissen wir inzwischen genau: Die Frau verfügt nicht über quantitativ weniger Libido. Um uns zu überzeugen, brauchte es offenbar erst Sexologen wie Masters und Johnson, moderne Wissenschaftler, die sexuelle Reaktionen unter Laborbedingungen gemessen und damit der sexuellen Lust der Frauen ein offizielles Plazet gegeben haben.

Durften wir unseren eigenen Empfindungen und Reaktionen nicht vertrauen? Mußten wir unsere heftigeren Gefühle verstecken? Vor den Männern – und vor uns selbst? Oder sollte das weibliche Begehren, die weibliche Lust schon immer ein Geheimnis bleiben? Das läßt zumindest der Mythos vom Seher Tiresias vermuten, dem die Götter gestattet hatten, in Männer- und Frauengestalt auf Erden zu wandeln. Eines Tages beobachtete er zwei kopulierende Schlangen und erkannte, daß die weibliche Schlange neunmal mehr Lust empfand als die männliche, was er den Menschen verriet. Dadurch zog er sich den Zorn der Göttin Hera zu, die ihn für seinen Verrat mit Blindheit schlug.

Nun wissen wir ja, daß das Patriarchat die Frau nicht nur zur Beute und zum Besitz gemacht hat, sondern daß es darüber hinaus die Frau und ihre Sexualität mehr und mehr entwertet und zu etwas Unreinem und Bedrohlichem erklärt hat. Die ungeheure Vielfalt von Tabus im Umgang mit der Frau und ihrem Körper spricht in diesem Zusammenhang eine beredte Sprache. Fast alle Naturvölker verbieten es ihren Männern, vor wichtigen männlichen Aktivitäten wie Krieg, Jagd, Fischen etc. eine Frau zu berühren, mit ihr zu essen oder gar mit ihr zu schlafen. Oft genügt schon der Anblick einer Frau, um Unglück anzuziehen. So mußten die mittelalterlichen Hexen mit dem Rücken voran ihrem Richter vorgeführt werden, um zu verhindern, daß sie ihre Augen zuerst auf ihn richten konnten. Männer waren verloren, wenn der Hexenblick sie traf (vgl. Gambaroff, 1987).

Aber es waren eben nicht nur die Blicke, sondern vor allem der Körper der Frau, der Furcht und Ekel einflößte und zu ihrer Entwertung beitrug. Ich spreche im Imperfekt. Es fragt sich jedoch, ob heute nicht immer noch Tabus wirksam sind, die auch in der Psychoanalyse erst langsam aufgearbeitet werden.

Die besondere Tragik der Frau liegt meiner Meinung nach darin, daß die Frauen solche Projektionen nicht abweisen konnten, sondern – im Gegenteil – angenommen haben, was zu einer geradezu universellen masochistischen weiblichen Haltung, zur Ausbildung tiefer Schuldgefühle, zur Tendenz zur Selbstentwertung, zu Anpassung an männliche Normen und zu außerordentlichen Ängsten vor eigener Autonomie geführt hat. Nun könnte man vielleicht sagen, daß der negative gesellschaftliche Druck auf Frauen so groß ist, daß sie eben nicht anders können, als sich diesen Projektionen von Unwert und Unreinheit schuldhaft anzupassen. Aber ich vermute, daß dies keine ausreichende Erklärung für die erstaunliche Bereitwilligkeit vieler Frauen ist, die negative Rolle zu übernehmen. Es muß noch andere, tiefer liegende Gründe geben, welche die Frauen dazu bringen, sich selbst so negativ zu sehen.

Jede Frau, auch jene, die keine Kinder hat, ist potentiell Mutter; jede Frau ist im Besitz von Brüsten und einem Genital, das während eines langen Abschnitts ihres Lebens periodisch blutet und das zu einem unergründlichen Labyrinth werden kann für sie selbst und ihren Partner. Hier hängt es nun von den Umständen ihrer Entwicklung ab, wie sehr sie sich mit all diesen Bedingungen ihres Körpers identisch fühlen kann; wie sehr sie ihren Körper – verstanden auch als Matrix ihres seelischen Seins – in Besitz nehmen kann; wie sehr sie Mutterschaft als vereinbar mit ihrer Sexualität und Erotik empfindet oder nicht; wie weit sie die dadurch induzierten vielschichtigen, oft widersprüchlichen Gefühle in sich akzeptieren kann.

Meiner Meinung nach liegt die Wurzel des ubiquitären Selbsthasses von Frauen in der Verdrängung und Abspaltung des «matriarchalen Wesens» der Frau. Und gerade diese Verdrängungen und Abspaltungen führen dazu, daß die Frau zu wenig Möglichkeiten hat, sich auch mit ihren destruktiven Anteilen auf eine integrative Weise auseinanderzusetzen, wie sie etwa in den verschiedenen Aspekten der Mondgöttin noch mitrepräsentiert sind.

Wir können davon ausgehen, daß alle frühen Kulte Fruchtbarkeits- und Wiedergeburtskulte im Sinne eines zyklischen Stirb-und-Werde, daß alle frühen Göttinnen Mondgöttinnen waren. Die Kulte waren durch den Mondzyklus geprägt: durch die Phasen des zunehmenden oder abnehmenden Mondes, des vollen und des Neumondes, wenn dieser für drei Tage nicht am Himmel erscheint und sich auf seiner Fahrt durch die Unterwelt befindet. So steht auch entsprechend diesen drei Phasen (Sichel, Vollmond, Neumond) die Dreifaltigkeit der Mondgöttinnen in Verbindung mit ihren verschiedenen Erscheinungsformen als junges Mädchen, voll erblühte, fruchtbare Frau und weise Alte, die auch bedrohliche Züge annehmen und zur Todesgöttin werden können. So schildert etwa der Mythos der Demeter ihre dreifaltige Gestalt:

Als junges Mädchen ist sie ihre Tochter Kore, die Frühlingsgöttin, als Demeter die Fruchtbarkeitsgöttin und als Persephone die Göttin der Unterwelt.

Eine meiner liebsten Erscheinungen aus dieser weiblichen Welt ist die Venus von Laussel, die man auf 15 000 v. Chr. datiert. Sie ist eine dieser fettleibigen paläolithischen Göttinnen. In ihrer rechten Hand hält sie ein Widderhorn mit 14 Einkerbungen. In dieser Darstellung ist viel enthalten: ihre Fettleibigkeit, die Schwangerschaft bzw. Fruchtbarkeit bedeutet, ihre vollen Brüste, die Nahrung spenden. Wie wichtig das Nähren ist, zeigt sich noch heute bei bestimmten Initiationspraktiken des brasilianischen Candomblé, wenn die Initianden abgeschieden in einem Raum, der vielleicht den Uterus symbolisiert, von der «mae dos santos» (Mutter der Heiligen) gefüttert werden, um später durch die endgültige Initiation einen «Kopf gemacht» zu bekommen und neu geboren zu werden (de Hohenstein, 1991).

Ich sagte, das Widderhorn der Venus zeige 14 Einkerbungen. Diese Kerben sprechen von der 14-tägigen Mondphase, vom Neumond bis zum Vollmond, aber auch vom Wissen über Ovulation, Menstruation und Schwangerschaft.

Indem die Frauen Hüterinnen des Mondkalenders waren, Menstruationszyklen auf Knochenstäben aufzeichneten (Funde, die fälschlich-phallisch von Paläontologen als «baton de commandement» bezeichnet wurden) und die Hebammenkunst entwickelten, legten sie die Grundlagen menschlicher Wissenschaft bis hin zu astronomischen Berechnungen, auf denen ja auch Kultstätten wie das britische Stonehenge basieren.

Noch heute sind zum Beispiel die Yurok-Indianer im Besitz von Menstruationskalendern, mit deren Hilfe sie bis auf den Tag genau Geburten voraussagen können. Noch heute sagen die Papua, die erste Menstruation eines Mädchens hänge davon ab, daß der Mond sie besuche. Die Frau blutet, aber die Vulva ist eine Wunde, die sich selbst heilt (Shuttle/Redgrove, 1980). Diese wunderbare Natur der Vulva hat bereits die Imagination der paläolithischen Menschheit intensiv beschäftigt und ihren Niederschlag gefunden in den vielfältigsten Darstellungen auf Höhlenwänden, Knochenstäben, Werkzeugen und Figurinen wie der Venus von Laussel.

Zur matriarchalen Welt gehören auch der kultische (möglicherweise auch real stattfindende) Mutter-Sohn-Inzest, die Heilige Hochzeit, die

Opferung des Sohnes oder des Heros, seine Zerstückelung, seine Beweinung und Heilung und seine Wiederauferstehung. Als Beispiel unter vielen mögen die folgenden Mythen dienen: der ägyptische Mythos von Isis und Osiris, an dem interessant ist, daß Osiris in 14 Stücke zerrissen wird, die vermutlich die 14 Abschnitte der Mondphase vom Neumond zum Vollmond symbolisieren sollen (wie wir sehen, ist auch hier die Venus von Laussel mit ihrem Widderhorn präsent); der Mythos von Inanna-Ishtar und Dumuzi-Tammuz (Sumer/Babylon) (vgl. Göttner-Abendroth, 1980); und, wenn man bereit ist, die matriarchalen Wurzeln durchscheinen zu lassen, auch der von Maria und Jesus, denn selbst in unserem christlichen Mysterium von Kreuzigung, Beweinung in den Armen der Pietà und Auferstehung zeigen sich charakteristische Elemente. Auch die Festlegung des Osterfestes auf den Tag des vierten Vollmondes des Jahres und uralte Fruchtbarkeitssymbole wie Osterhase und Osterei weisen auf Mond- und Fruchtbarkeitskult hin.

Wir können wohl davon ausgehen, daß die Weltwahrnehmung des Menschen über einen unendlich langen Zeitraum weiblich-mütterlich geprägt war. Ob es Matriarchate im engeren Sinne von Herrschaft der Frauen über die Männer gegeben hat, ist noch immer nicht geklärt und soll hier auch nicht diskutiert werden. Doch scheint es zumindest erwiesen, daß es stark mutterrechtlich orientierte Gesellschaften gegeben hat, die von patriarchalen allmählich verdrängt wurden.

Man hat vielfach versucht, diesen Umschwung mit der Entdeckung der Bedeutung der Zeugung für die Entstehung eines Kindes zu erklären. Doch scheint es eher plausibel, daß dieses Wissen um die Zeugung vermutlich schon vorhanden war und erst ab einem bestimmten historischen Zeitpunkt als Argument bzw. «Ideologie» benutzt wurde, um Herrschaft über die Frauen zu gewinnen. Dieser historische Punkt ist die Zeit der Entstehung des Ackerbaus.

Die Ironie des historischen Prozesses besteht darin, daß es die Frauen waren, die mit dem Sammeln von wildem Getreide und dem Anlegen von Hortikultur allmählich, etwa zwischen 9000 und 6500 v. Chr., den Ackerbau entwickelten und somit als Ernährerinnen der Gesellschaft die Jagd vollkommen überflüssig machten, wodurch sie zunächst noch mehr soziales Prestige gewannen.

Doch Ackerbau macht Vorratslager erforderlich. Je mehr Vorräte gehortet werden, desto besser muß man sich vor Überfällen und Plünderung schützen. So entstand zum Schutze des angehäuften Reichtums an Nahrung das Militär, eine reine Männerkultur. Darüber hinaus entstanden durch den Ackerbau und die damit in Zusammenhang stehenden Städtegründungen immer mehr handwerkliche Spezialisierungen, etwa Wassergräben zu ziehen, die auch zunehmend zur Männersache wurden.

> «Archäologen haben diese Konstellation von künstlich bewässerter Landwirtschaft, Spezialisierung und Schrift Zivilisation genannt und dies den Sumerern zugeschrieben» (Thompson, 1985).

So ist es denn auch der sumerische Gott Enki, der in einem Mythos mit dem Titel *Enki und die Weltordnung* – «neue Weltordnung» müßte es richtiger heißen – ein Preislied auf seinen Phallus singt.

> «Nachdem Vater Enki ihn über den Euphrat gehoben hatte,
> stand er stolz wie ein wilder Stier,
> hebt er seinen Penis, ejakuliert,
> füllt den Tigris mit sprudelndem Wasser.
> ...
> Der Tigris ergab sich ihm, wie einem tobenden Stier.
> Er hob den Penis, brachte das Brautgeschenk,
> brachte Freude zum Tigris wie ein großer wilder Stier,
> preist ihn, weil er gebiert.
> Das Wasser, das er brachte, ist sprudelndes Wasser,
> sein «Wein» schmeckt süß.
> Das Korn, das er brachte, sein vielfältiges Getreide,
> die Leute essen es ...»
>
> (nach Thompson)

Die Göttin Inanna dagegen klagt:

> «Ich, die heilige Inanna – wo sind meine Hoheitsrechte?»
>
> (nach Thompson)

Ein weiterer Mythos zeigt, daß Enki sich auch die Geburtsmysterien anzueignen versucht und sogar – auf eine ihm nicht sehr zuträgliche

Art – schwanger wird, wobei er allerdings doch auf die Hilfe einer Göttin (Ninhursag, steiniger Boden) angewiesen ist, die ihn in ihre Vagina aufnimmt, wo er acht Göttinnen gebären kann (Gambaroff/Walker, 1994).

Die Mythen vieler Kulturen berichten vom Zusammenprall matriarchaler und patriarchaler Strukturen. So handelt im Grunde die gesamte Orestie des Aischylos von nichts anderem. Und hier tritt denn auch Apollon als Chefideologe auf und behauptet:

> «Nicht die Frau, die Mutter heißt, erzeugt das Kind:
> Den frischgesäten Keim ernährt sie nur.
> Erzeuger ist, wer sie befruchtet;
> sie, fremd für den Fremden, birgt den Sproß,
> soweit kein Gott sie hindert.
> Für die Behauptung will ich den Beweis dir nennen:
> Auch ohne Mutter kann man Vater werden.
> Das bezeugt die Tochter des Olympiers Zeus …»

Ist also Athene, dem Kopf des Zeus entsprungen, die erste Kopfgeburt?

Nun ging die patriarchale Revolte ja wesentlich weiter, als daß nur männliche Gottheiten an den Anfang allen Seins gestellt worden wären. Im Laufe der Jahrtausende wurden die Frauen nicht nur als die Vertreterinnen des schöpferischen Prinzips verdrängt, sondern darüber hinaus entrechtet, zum Besitz des Mannes gemacht und vor allem auch verteufelt.

Alles Böse wurde ihnen zugeschrieben. Eine unrühmliche Tradition, wie sie sich vor allem im Juden- und Christentum und im Islam entwickelte, übrigens alles monotheistische Religionen.

Mary Jane Sherfey (1974) vermutet aufgrund von prähistorischen Studien, daß es etwa 5000 Jahren gedauert haben muß, bis die Frau unterworfen war. Die zeitweise äußerst grausame und tyrannische Unterdrückung der weiblichen Sexualität allerdings sieht sie als Ergebnis der Stärke des zu unterdrückenden Triebes, der allein das Maß der unterdrückenden Kraft bestimme, die ein unerbittliches Gesetz kultureller Evolution erfülle. Für mich stellt sich hier jedoch die Frage, ob Sherfey, die sozio-biologisch argumentiert, nicht bereits patriarchalen Denkmustern folgt.

Aus dem bisher Gesagten läßt sich schließen, daß zum einen die starke Sexualität der Frau und zum anderen ihre Fähigkeit, auf geheimnisvolle Weise – die mit dem Mondzyklus in Verbindung gebracht wurde – Blut zu vergießen, sowie Kinder in sich wachsen zu lassen, zu gebären und zu stillen, diejenigen Faktoren waren, durch die sich die Macht der Frauen über einen sehr langen Zeitraum der Menschheitsgeschichte etablierte. Genau diese Fähigkeiten jedoch führten seit der patriarchalen Revolte gerade auch zu ihrer Unterdrückung.

Die mütterlichen und sexuellen Potenzen einer Frau sind durchaus dazu geeignet, unbewußte Größenphantasien über die eigenen Möglichkeiten zu produzieren, die jedoch abgewehrt werden müssen, da sie allzugroße Schuldgefühle induzieren.

Eine junge Patientin teilte mir unter größten Schuldängsten die zentrale Masturbationsphantasie ihrer Adoleszenz mit: wie sie mit entblößten Brüsten in einem Triumphwagen durch eine jubelnde Menge gefahren wird und sich am Ziel den schönsten und mächtigsten Mann erwählt. Ihre Schilderung kam mir vor wie der Triumphzug einer Aphrodite. Interessant war, daß diese Frau sich selbst als eine gefährliche Messalina sah, deren sexuelle Wünsche für die Männer tödlich sind. Schuldängste wegen einer allzu freizügigen Sexualität mögen sie zu diesen Selbstanklagen gebracht haben, aber es könnte auch – zumindest partiell – eine genuine Lust am zerstörerischen Aspekt der Sexualität mit enthalten gewesen sein in dieser geradezu archetypisch anmutenden Masturbationsphantasie einer Heiligen Hochzeit.

Ich erinnere mich an eine andere berufstätige junge Frau, die sich von ihrem Mann mehr und mehr ein Kind wünschte. Eines Abends im Theater hatte sie plötzlich die überwältigende Vorstellung, daß alle im Saal anwesenden Menschen von Frauen geboren waren. Diese Idee versetzte sie in eine so große innere Erregung, daß sie das Theater verlassen mußte. In der Therapie begriff sie, wie überwältigend sie die Macht der Mutterschaft erlebt hatte und wie total sie sich selbst gleichzeitig mit diesem überpersönlichen Prinzip identifiziert hatte. Dadurch war ihr Größenselbst so stark mobilisiert worden, daß sie diese manisch-narzißtische Erregung nicht aushalten konnte und fliehen mußte. Diese Frau floh, doch hat es auch einen ganz anderen kollektiven Umgang mit diesem regressiven Größenselbst-Aspekt der Frau als Großer Mutter gegeben.

Ich komme an dieser Stelle noch einmal auf die deutsche Geschichte zurück: Im Nationalsozialismus erfuhren die deutschen Frauen durch die Fortpflanzungsideologie der Nazis eine narzißtische, in meinen Augen geradezu wahnhaft-narzißtische Überhöhung als Produzentinnen «werten» Lebens, als die sie im Kult um die «arische Mutter» immer wieder gefeiert wurden. Damit wurde der Frau implizit wie explizit die Herrschaft über Leben und Tod zugesprochen. Ich möchte in diesem Zusammenhang auf ein Phänomen zu sprechen kommen, das ich vorläufig «infantile Mütterlichkeit» nennen will. Das mag sich zunächst wie ein Paradox anhören: Was ist an Mütterlichkeit infantil? Mir scheint es gerade im Zusammenhang mit dem Kult um die arische Mutter um eine besondere Form weiblicher Unreife zu gehen. Es ist sicher immer problematisch, den Begriff der Reife einzuführen, ohne zu reflektieren, um welche Werte es dabei geht. Ich will es hier dennoch einmal – vorläufig – tun. Der Kult um die arische Mutter als Produzentin «werten» Lebens bedeutet, wie ich schon sagte, die Mobilisierung geradezu wahnhafter Größenphantasien, deren Kehrseite jedoch Vernichtungsgefühle sind. Insofern bedeutet die manische Erregung des Größenselbst eine Abhängigkeit von demjenigen, der dieses Größenselbst fördert, und wer war dies anderes als der «Größte Führer aller Zeiten», Hitler, der die Frauen über ihre regressiv-narzißtischen Größengefühle zu manipulieren verstand. Ihre Kinder schenkten sie dem Führer, dem Vaterland. Für eine unendlich idealisierte und überhöhte Vaterfigur wurde empfangen, getragen und geboren. Durch die enge Verschmelzung mit dem Führer waren die Frauen selber groß – ein regressiver Prozeß, der alle Aspekte des Allmachts-Ohnmachts-Kontinuums spiegelt. Die Frauen waren psychisch einerseits hilflos-abhängige, sich aufopfernde Töchter eines geradezu göttlichen Vaters, andererseits waren sie gleichzeitig über Leben und Tod, Wert oder Unwert anderer Menschen befindende Göttinnen, die ohne jede Mitleidsregung andere zertraten. Einer Realitätsprüfung hätte dieses Größenselbst natürlich nicht standgehalten. Die Position der Frau war im Nationalsozialismus im wesentlichen die einer Betrogenen. Sie wurde gezielt ausgeschlossen aus höher qualifizierter Arbeit, generell aber als «Arbeitspferd oder Zuchtstute» mißbraucht. Doch der Schein war grandios. Mutterkult und Fortpflanzungsideologie waren eine Falle, unendlich verführerisch in ihrer Ausweglosigkeit, weil sie in den Frauen Größenphantasien auslösten und ihnen in illusionärer Weise gesellschaftliche Aufwertung versprachen. Es gab für die Frau keinen anderen angesehenen sozialen Ort als die Mutterschaft, über die der Fortbestand der Nation gesichert werden sollte. Mutterschaft war fast der einzig mögliche weibliche Lebensentwurf. Und gerade darin besteht die Infantilisierung der Frau durch Mutterschaft: Gebären fürs Vaterland, für den Führer, für den Vater, in inzestuösen Phantasien auch: vom Vater. Das heißt, nie verläßt eine Mutter in diesen Konstellationen die töchterliche Position, wenn man so will, auch als Urgroßmutter nicht (vgl. Gambaroff/Walker, 1994).

Wir können vielleicht auch sagen, eine derartig gelebte Mutterschaft ist nichts anderes als eine Anpassung an patriarchalische Erwartungen. Dagegen ließe sich der unangepaßte, selbstbestimmte Wunsch nach einem Kind setzen, und zwar nicht als Nachweis weiblicher Daseinsberechtigung, sondern als Ausdruck eines vitalen Wunsches nach Realisierung einer wesentlichen, aber nicht alles bestimmenden weiblichen Möglichkeit.

Es gibt einen anderen Aspekt, auf den Karin Walser hinweist mit der Frage, was das weibliche Gegenbild von Verdinglichung, von instrumenteller Verfügung über innere und äußere Natur sei. Dieses Gegenstück sei eben nicht Liebe, Empathie, Humanität, sondern es bestehe in der weiblichen «Bemächtigungshaltung gegenüber der nachfolgenden Generation» und sei «eine muttermächtige Logik, die sich mit der patriarchalen zu einer Einheit verband» (Walser, 1988).

Daß Männer überwiegend das Töten ausführten, schließt für Walser also nicht aus, daß sie das auch im Dienste einer von Müttern/Frauen beanspruchten Macht über Leben und Tod taten.

Gerade im Zusammenhang mit dem Thema Fehlgeburt und Abtreibung wird deutlich, was für eine primäre, durch und durch körperlich-sinnliche Nähe Frauen zu Leben-geben und Leben-nehmen haben. Ich denke, nicht umsonst werden die Debatten über Abtreibung mit einer solchen Heftigkeit geführt, oft ja im wesentlichen von Männern, die die Gesetze machen und bezeichnenderweise meist die strikteren Gegner von Abtreibung sind. Denn hier liegt tatsächlich genau der Punkt, an dem die Frau über Leben und Tod entscheidet, von dem aus sie wieder anknüpft an eine vom Patriarchat verdrängte Tradition (archaischer) weiblicher Macht, als die Frau noch die Verfügungsgewalt hatte, Leben zu gewähren und Leben auszulöschen.

Ich will hier keinen Vortrag zum Problem der Abtreibung halten, sondern zeigen, wie sehr für uns alle Schwangerschaft auch mit Tod verbunden ist und wie sehr die entsprechenden Phantasien wirksam werden oder sogar eine Verführung darstellen können.

So haben z. B. Frauen, die während der Schwangerschaft oder nach der Geburt eine Psychose entwickeln, oft Ängste, vom Kind zerstört oder aufgefressen zu werden bzw. selbst das Kind zu zerstören oder es sich kannibalistisch einzuverleiben. Eine Erklärung für die Einverleibungswünsche ist sicher der oral-regressive Versuch, die Trennung vom Kind, die gewaltsame Sprengung der Symbiose mit dem Fötus durch die Geburt wieder rückgängig zu machen.

Aber vielleicht könnte man auch sagen, daß in einem sehr regressiven seelischen Zustand wie dem der Psychose ubiquitäre, zur conditio der Frau gehörende Impulse überhand gewinnen und zu einer äußerst bedrohlichen inneren Realität werden. Anscheinend zollen manche Tabus bei Naturvölkern dieser spezifisch weiblichen Gefährdung und/oder Gefahr Tribut, wenn sie der jungen Mutter verbieten, für einen bestimmten Zeitraum nach der Geburt Fleisch zu essen, wie es etwa die Mohave-Indianer tun.

Meine Hypothese ist also nach all diesen Ausführungen, daß es vor allem die geheimen kannibalistischen Impulse sind, die Frauen so vor sich selbst zurückschrecken lassen und die so tiefe Schuldgefühle auslösen, daß Frauen immer wieder bereit sind, dem Druck der negativen männlichen Projektionen nachzugeben und sich dem von ihnen entworfenen Bild entwerteter Weiblichkeit masochistisch anzupassen. Der nordamerikanische Analytiker N.C. Sarlin (1963) spricht von der bei Frauen besonders deutlichen Verlötung von oralen und genitalen Anteilen auf Grund ihrer Fähigkeit, in ihren Brüsten Milch zu produzieren und die für beide Beteiligten körperlich wie seelisch hochintensive Stilleinheit mit dem Säugling herzustellen. Ich teile diese Ansicht und will in diesem Zusammenhang noch an die orale Trias Lewins erinnern – verschlingen, verschlungen werden, einschlafen – ein seelischer Vorgang, der vermutlich auch die Mutter affiziert.

Dieselbe Frau, die mir ihre Phantasien vom Triumphzug von ihr als Aphrodite mitteilte, berichtete mir, wie sehr sie erschrocken ist, als sie zum ersten Mal ihr Genitale austastete und die Cervix (im Deutschen sicher nicht von ungefähr «Muttermund») berührte. Sie fühlte sich bewohnt von einem gefährlichen, womöglich menschenfressenden, ihr völlig unbekannten Monster, von dem sie nicht wußte, mit welcher Methode es zu beschwichtigen sei. Vielleicht ist dies tatsächlich der Bereich, wo die archaischsten weiblichen Aggressionen zu finden sind (vgl. Gambaroff/Walker, 1994; Gambaroff, 1995).

Eine Fülle mythologischen und anthropologischen Materials belegt die Ubiquität kannibalistischer Phantasien und Handlungen. Ich will nur einiges exemplarisch nennen, was nicht nur als Projektion männlicher Phantasien über das gefürchtete Weiblich-Mütterliche zu verstehen ist:

Die grandioseste Form der blutdürstigen schrecklichen Großen Mutter dürfte die indische Göttin Kali in ihrer Manifestation als schwarze Kali Durga sein. Sie ist geschmückt mit den bluttriefenden Köpfen und Gliedmaßen ihrer Opfer und trinkt Blut aus einem menschlichen Schädel. Ihr Körper ist geschmeidig und schön, die Brüste prall von Milch. Sie ist die Gottheit im Hindu-Kult, deren Verehrung am weitesten verbreitet ist. Noch heute wird ihr im berühmten Kali-Tempel in Kalkutta täglich geopfert: zu ihrem großen Fest im Herbst bis zu 800 Ziegen in drei Tagen; bis zum Verbot durch die britischen Kolonialherren 1835 wurde ihr jeden Freitag ein männliches Kind geopfert (Gambaroff, 1995).

Auch Haumea, die polynesische Göttin der Fruchtbarkeit und Geburt, frißt gelegentlich ihre Kinder. Man vermutet Kinderopfer im Kult der Großen Göttin in Kanaan, Malta, Britannien seit etwa 8000 v. Chr. (Lederer, 1968).

Geza Roheim (1932) berichtet von australischen Aborigines zu Beginn dieses Jahrhunderts, die das rituelle Verspeisen von Neugeborenen durch Frauen und Männer kennen (wahrscheinlich auch aus Gründen der Geburtenkontrolle in einer vom Hunger heimgesuchten Region). Allerdings geschehe es bei diesen Stämmen – und dies sehr zum Unwillen der Männer – gelegentlich während längerer Hungerperioden, daß schwangere Frauen sich den Fötus herausholten und ihn verspeisten. Eine Praktik, die mit unserem Bild von Mütterlichkeit nicht übereinstimmen will.

Marie Langer (1987) berichtet von einem Gerücht aus dem Buenos Aires des Jahres 1947, das in neun verschiedenen Versionen durch alle gesellschaftlichen Schichten hindurch die Menschen aufs Intensivste beschäftige und faszinierte: das Gerücht vom «gebratenen Kind», eine kannibalistische Mär, deren Wahrheitsgehalt nur wenige bezweifelten.

Wie ich vor kurzem von einer Gynäkologin hörte, entsteht in einigen alternativen Frauenkreisen die Sitte, mit Freundinnen die Geburt eines Kindes zu feiern, indem die gebackene Plazenta gemeinsam verzehrt wird. Hier könnte es sich um einen kollektiven Versuch handeln, kannibalistische Impulse mit Hilfe eines neu erschaffenen

Rituals zu kanalisieren, was über die Begründung, besonders kostbare Nährstoffe zu sich zu nehmen, doch hinausgeht.

Denn der sogenannte «mütterliche Instinkt» braucht offenbar eine gewisse Zeit, um sich zu entwickeln. Auf seine Brüchigkeit hat Elisabeth Badinter (1981) überzeugend hingewiesen.

Aus der Mythologie kennen wir die dionysischen Mänaden, die während ihrer Rasereien Zicklein, aber auch Säuglinge zerrissen und verschlangen. Leukippe, eine griechische Königstochter, verspürte, als sie von bacchantischem Rasen ergriffen wurde, den Wunsch, menschliches Fleisch zu verspeisen. Sie gab dafür ihren Sohn Hippasus her. Pentheus, der König von Theben, wurde ebenfalls von Bacchantinnen und seiner rasenden Mutter Agaue zerrissen und verspeist. Auf Naxos fraßen Rasende ihre eigenen Säuglinge. Bei den Dionysien war es den Frauen vorbehalten, in rituelle Raserei zu verfallen. Vermutlich speist sich die Kraft zu dieser Raserei nicht allein aus männlichen Zuschreibungen, d.h. Projektionen, sondern sie entspricht auch den Fähigkeiten der Frau.

Meine Überzeugung ist auf Grund der genannten Beispiele folgende: Weil sich Frauen potentiell, und zwar in ganz konkret körperlicher Weise, so unmittelbar als Leben-Gebende und Leben-Nehmende fühlen können, sind sie diesen Kräften besonders ausgeliefert, wenn es dafür keinen, wie auch immer gearteten, sozial wie psychisch integrierenden Rahmen gibt. Durch den Ritus bekam die weibliche Gewalt einen sozialen Ort zugewiesen und wurde damit sogar zur Erhaltung der Gemeinschaft eingesetzt.

Der französische Soziologe Maffesoli (1986) sagt: Dionysos «hetzt die Bacchen und Mänaden auf, damit sie dem Tod die Stirn bieten und ihn zuweilen auch austeilen: auf daß das Leben überdauere, im Namen ‹Rheas, der Großen Mutter›.»

Für Maffesoli sind diese Frauen «die Hüterinnen der Gemeinschaft, zu deren Verjüngung sie durch ihre Gewaltopfertaten beitrugen.» Mir geht es natürlich nicht darum, für eine Partei der «Rasenden Mänaden» zu plädieren, sondern darum, daran zu erinnern, daß es Zeiten gab, in denen ein klareres Gespür für die genuine Gefährlichkeit von Frauen, für die Präsenz ihrer Unfriedlichkeit, ihrer Aggressivität und Destruktivität und ihrer Macht existierte.

Darum erscheint mir das von Feministinnen eher blockierte Studium weiblicher Destruktivität (weil sie per se angeblich nicht existent sei) eminent wichtig, und zwar im Sinne der Reintegration und damit auch der Nutzung dieser Destruktivität als befreiende Kraft für die eigene Emanzipation. Denn das Wiedererinnern dieses Potentials im Sinne einer Wiederaneignung dürfte zu einer erheblichen Erweiterung weiblicher Kraft in der Gegenwart führen.

Der Weg dorthin ist jedoch sicher auch ein Weg des Erschreckens und Entsetzens vor sich selbst. Da mag es so manche Frau doch vorziehen, vor sich selbst die Augen zu verschließen und sich weiterhin exklusiv als Opfer anzubieten. Schließlich war «ein gutes Gewissen» schon immer «das beste Ruhekissen». Aber vielleicht haben wir genug geruht.[1]

---

1 Dieser Beitrag basiert auf mehreren Publikationen der Autorin.

## Literatur:


Badinter, Elisabeth (1981): *Die Mutterliebe. Geschichte eines Gefühls vom 17. Jahrhundert bis heute.* München

Becker, Sophinette/Stillke, Cordelia (1987): *Von der Bosheit der Frau.* Frankfurt a.M.

Bonaparte, Marie (1951): *De la Sexualité de la Femme.* Paris

Chasseguet-Smirgel, Janine (Hg.) (1974): *Psychoanalyse der weiblichen Sexualität.* Frankfurt a.M.

Gambaroff, Marina (1984): *Utopie der Treue.* Reinbek bei Hamburg

Gambaroff, Marina (1987): *Sag mir, wie sehr liebst du mich. Frauen über Männer.* Reinbek bei Hamburg

Gambaroff, Marina (1995): *Angst und Macht im Dialog der Geschlechter.* In: Rohde-Dachser, Christa (Hg.): *Über Liebe und Krieg. Psychoanalytische Zeitdiagnosen.* Göttingen/Zürich

Gambaroff, Marina/Walker, Martin (1994): *AngstLust. Das furchtbar Weibliche.* Hamburg

Göttner-Abendroth, Heide (1980): *Die Göttin und ihr Heros.* München

Hohenstein, Erica Jane de (1991): *Das Reich der magischen Mütter.* Frankfurt a.M.

Lampl-de Groot, Jeanne (1933): *Zu den Problemen der Weiblichkeit*

Langer, Marie (1987): *Das gebratene Kind und andere Mythen.* Freiburg

Lederer, Wolfgang (1968): *The Fear of Women.* New York/London

Maffesoli, Michel (1986): *Der Schatten des Dionysos. Zu einer Soziologie des Orgiasmus.* Frankfurt a.M.

Mitscherlich, Margarete (1985): *Die friedfertige Frau.* Frankfurt a.M.

Roheim, Geza (1932): *The Psychoanalysis of Primitive Culture Types*

Sherfey, Mary Jane (1974): *Die Potenz der Frau.* Köln

Shuttle, Penelope/Redgrove, Peter (1980): *Die weise Wunde Menstruation.* Frankfurt a.M.

Thompson, William Irwin (1985): *Der Fall in die Zeit. Mythologie, Sexualität und der Ursprung der Kultur.* Stuttgart

Windaus-Walser, Karin (1988): «Gnade der weiblichen Geburt? Zum Umgang der Frauenforschung mit Nationalsozialismus und Antisemitismus.» In: *Feministische Studien* 6, Nr. 1, S. 102–105

Martina Christlieb

# DAMENRINGKÄMPFE IM BEHANDLUNGSZIMMER

## Zur Beziehungsdynamik zwischen der aggressiven Patientin und ihrer Analytikerin

«In der Psychoanalyse von Frauen spielt viel häufiger als bei Männern eine primitive Wut mit: Während in der Phantasie des Analysanden einer von beiden überleben wird, fürchtet die Analysandin, daß die böse Mutter, die ihre Absichten vermutet, sich an ihr rächen und sie zerstören wird, oder sie phantasiert im Gegenteil, daß der Analytikerin etwas Fürchterliches zustoßen wird, und fühlt sich deshalb schuldig.»

(Halberstadt-Freud, 1987, S. 145)

### 1. Einleitung und Überblick

Bislang existiert keine positive Tradition weiblicher Aggressivität. Die wütend-erregte, angreifende, aggressive Frau begegnet privat wie öffentlich drei gleichermaßen unangenehmen interaktionellen Konsequenzen:

– Sie sieht sich konfrontiert mit massiven Angst-, Ablehnungs- und Rückzugs-Reaktionen anderer, weil sie als so machtvoll-bedrohlich erlebt wird.

– Sie wird zur lächerlichen Figur à la «Wenn du wütend bist, bist du ja so niedlich!»

– Ihre Aggressivität wird schlicht und ergreifend völlig ignoriert.

Dies alles geschieht automatisch und kollektiv-unbewußt zwischen der Frau und den Menschen ihrer Umgebung. Aber es geschieht auch nochmal in der Frau selbst: Nicht allein äußere Barrieren verhindern die weibliche Aggressivität. Gerade die intrapsychischen Abwehrmechanismen stehen oft wie eine unüberwindliche Mauer zwischen der Frau und ihren Wünschen nach der Integration auch ihrer wilden, zugreifenden, aggressiven Persönlichkeitsanteile.

In der Übertragungsbeziehung zwischen der aggressiven Patientin und ihrer Psychoanalytikerin doppelt sich das Problem noch einmal:

Es kommt unausweichlich zu ganz spezifischen Übertragungs- Gegenübertragungs-Schwierigkeiten. Vor dem Hintergrund einer fehlenden positiven Streitkultur zwischen Frauen sowie gedoppelten intrapsychischen Barrieren wird beiden am analytischen Dialog Beteiligten viel Mut, Geduld und zähes Durcharbeiten der ängstigenden Wiederbegegnung mit der archaischen Mutterimago abverlangt – besonders in den Phasen überwiegend negativ getönter Übertragungsprozesse. In der Behandlung kommt es zu existentiellen Begegnungen voller Haß, aber auch voller Liebe: Es wird umso turbulenter, je tiefer die Patientin in ihrer Vor- und Frühgeschichte seelisch verwundet wurde.

Doch gerade damit die Problematik verstanden, aufgearbeitet und schließlich überwunden werden kann, muß es in der Übertragungsbeziehung manches Mal genau so dramatisch bis an den Rand des Abgrunds kommen. Bereits Freud (1912b, S. 167f.) betonte:

> «Dieser Kampf zwischen Arzt und Patienten, zwischen Intellekt und Triebleben, zwischen Erkennen und Agierenwollen spielt sich fast ausschließlich an den Übertragungsphänomenen ab. Auf diesem Feld muß der Sieg gewonnen werden, dessen Ausdruck die dauernde Genesung von der Neurose ist. Es ist unleugbar, daß die Bezwingung der Übertragungsphänomene dem Psychoanalytiker die größten Schwierigkeiten bereitet, aber man darf nicht vergessen, daß gerade sie uns den unschätzbaren Dienst erweisen, die verborgenen und vergessenen Liebesregungen der Kranken aktuell und manifest zu machen, denn schließlich kann niemand in absentia oder in effigie erschlagen werden.»

Die Alternative wäre das, was heute in den Verfahren der «Humanistischen Psychologie» leider so üblich ist: Die Patientin arbeitet unter Vermeidung der negativen Übertragung mit der von ihr idealisierten Therapeutin an Konflikten mit bösen Dritten. Sie baut ihr Seelenhaus ohne Drainage neu auf und bleibt mit ihren auf diese Weise zwangsläufig abgespaltenen mörderischen Seelen-Anteilen weiter unverstanden und mit diffusen Schuldgefühlen belastet allein zurück. Die subjektive Wahrheit der Patientin ist ja gerade, daß sie tief im Innern wirklich böse, wild, neidisch, destruktiv und haßerfüllt ist! Beschwichtigende Worte, unaufgelöste Projektionen des Bösen auf andere sind insofern keine Lösung.

Nur das Wiedererleben und Durcharbeiten des eigenen weiblichen Bösen in der Übertragungsbeziehung, verknüpft mit dem erinnernden Verstehen der eigenen Geschichte, kann starre neurotische Strukturen wirklich so verändern, daß an eine «Befreiung des weiblichen Begehrens» überhaupt gedacht werden kann. Gerade in diesem Sinne stellt die analytische Frau-Frau-Beziehung eine enorme Chance dar. Benjamin (1993, S. 33) schreibt dazu:

> «In der Übertragungsliebe zu weiblichen Analytikern können Patientinnen identifikatorische Liebe zum begehrten Vater der Wiederannäherungsphase neben das Sehnen nach einer Mutteridentifikation, die ein weibliches Subjekt des Begehrens ist, und neben die Beziehung zur Analytikerin als ‹neuem› gleichem Subjekt stellen.»

Gelingt es Patientin und Analytikerin, sich der intimen Behandlungs-Beziehung mitsamt ihren Chancen und Bedrohungen aufrichtig zu stellen, entsteht ein Übergangsraum (vgl. Winnicott, 1987, S. 121ff.). Hier wird es möglich, erste Konturen einer neuen, positiv-weiblichen Identität zu entwerfen, die mit starren Rollen bricht und auch der weiblichen Aggressivität ein legitimes Zuhause bietet.

Die Psychoanalyse besitzt als Theorie und auch als behandlungstechnisches Werkzeug eine solide Grundlage, Frauen bei der Errichtung eines solchen Zuhauses zu unterstützen. Die Entdeckung und Entwicklung der Psychoanalyse durch Freud (1895d, 1900a, 1905d, 1905e) geschah im intensiven Dialog mit seinen hysterischen Patientinnen und war von der Entstehungsgeschichte her eigentlich sogar eine Art «Seelen-Gynäkologie». In diesem Sinne verlieh Freud der weiblichen Triebhaftigkeit sprachlich Ausdruck. Die befremdlichen Körpersymptome und Seelen-Phänomene der Frauen konnten als Symbolisierungen geronnener Lebensgeschichte und vergangener Affekte verstehbar werden. Gleichzeitig begann Freud (1908d, 1912/13, 1921c, 1927c, 1930a, 1939a) mit seinem psychoanalytischen Instrumentarium auch, Kulturkritik zu üben und die schädigenden Auswirkungen gesellschaftlicher Mißstände auf das Individuum dingfest zu machen.

Mit zunehmender Institutionalisierung sowie der Erringung gesellschaftlicher Gratifikationen verblaßte der kulturkritische Blick der «mainstream-Psychoanalyse» (vgl. Parin, 1978). Auch das psychoanalytische Verständnis der weiblichen Seele wurde von diesem Anpassungsprozeß unglücklich beeinflußt (vgl. Rohde-Dachser, 1991). Gleichwohl ermöglicht es die vielkritisierte Psychoanalyse aber auch, daß heute zwei Frauen über 300 Stunden einen krankenkassenfinanzierten analytischen Dialog führen können. Das psychoanalytische Setting mit seiner Verbindlichkeit und Ernsthaftigkeit bietet einen stabilen Rahmen für das Wahrnehmen, Verstehen und Für-Voll-Nehmen einer Frau durch eine andere: Trotz gesellschaftlicher und seelischer Barrieren sind dies ausgezeichnete Arbeitsbedingungen für die Frau-Frau-Analyse.

Was meine theoretische Position bezüglich der weiblichen Aggressivität betrifft, so teile ich die These nicht, daß die Frau im Vergleich zum Mann das friedfertigere Wesen sei (vgl. Mitscherlich, 1985). Meines Erachtens beraubt eine solche Vorstellung die Frau eines zentralen Inhalts ihres Mensch-Seins. Gambaroff (1995) und Heyne (1993) beschreiben eindrücklich, wie weit sich weibliche Aggressivität entfalten kann, wenn nur die Machtmöglichkeiten entsprechend groß sind. Auch meine bisherigen psychoanalytischen Erfahrungen geben wenig Anlaß zu der Vermutung, daß gerade Frauen einen speziellen Hang zu Sanftmut hätten. Die sehr weit verbreitete These, die Frau sei nur reaktiv aggressiv und niemals originär auch aus sich selbst heraus, halte ich schlicht für eine naiv-humanistische Illusion. Ich stimme vielmehr Kohut zu, der (1973, S. 531) schreibt:

> «Die Hypothese, daß eine Tendenz zu töten tief in der psychobiologischen Anlage des Menschen verwurzelt ist, die aus seiner tierischen Vergangenheit stammt, die Annahme einer angeborenen Neigung des Menschen zur Aggression – und die ihr beigeordnete Auffassung der Aggression als eines Triebes – schützt uns vor der Verlockung, Trost in der illusionären Zuversicht zu finden, daß menschliche Streit- und Kampfsucht leicht aus der Welt geschafft werden könnten, sobald nur einmal die materiellen Bedürfnisse des Menschen befriedigt sind.»

Wie Becker/Stillke (1987) bin ich der Ansicht, daß nur die aufrichtige Konfrontation mit den eigenen mörderischen Anteilen, nur die Zurücknahme projektiver Prozesse des eigenen Bösen letztlich eine (Wieder-) Herstellung umfassender weiblicher Lebendigkeit, Kreativität und

Liebesfähigkeit ermöglicht. Mit der Anerkennung weiblicher Boshaftigkeit bleibt eine für produktive Entwicklungen notwendige emotionale Spannung aufrechterhalten. Auch die berechtigten Anlässe und Inhalte des weiblichen Zorns können so im analytischen Übergangsraum ihren Ort finden, damit sich im analytischen Dialog klären läßt, inwieweit Konfliktsituationen durch die Patientinnen selbst mitverursacht wurden – und wie sie auch wieder verändernd beeinflußt werden können.

Ich berichte über mehrere Patientinnen, die bei mir in psychoanalytischer Einzel-Behandlung waren und trotz ihrer biographischen Einmaligkeit eine Reihe recht interessanter psychologischer Gemeinsamkeiten aufwiesen: Alle litten an ihrer als fremd und böse erlebten Aggressivität, die speziell in Abhängigkeits-Situationen explosionsartig aus ihnen hervorbrach. Meines Erachtens sind sie recht typische Repräsentantinnen des neurotischen Elends vieler Frauen heute.

Das persönliche Motiv, gleich mehrere dieser als schwierig bekannten Patientinnen analytisch zu behandeln, entstammt sicher zum einen meiner tiefen Sympathie für weibliches Rebellentum. Ich selbst bin, wie unschwer zu erraten ist, ebenfalls eine solche Rebellin: Etliche Arrangements der geschlechtsspezifischen gesellschaftlichen Verkehrsordnung bereiten mir großes Unbehagen. So war mir die Wut meiner Patientinnen oft recht gut nachvollziehbar. Da ich auch sehr neugierig bin, wollte ich mich durch die analytische Arbeit mit diesen sehr komplizierten, aber auch klugen und hochmotivierten Patientinnen professionell herausfordern lassen und dabei möglichst viel lernen. Nicht zuletzt reizte es mich, produktivere Ausdrucksformen für berechtigte weibliche Aggressivität zu entwickeln – sowohl im Sinne der Patientinnen, als auch für mich selbst.

Insofern existieren zwei parallele Entwicklungsprozesse, denen ich in Aufbau und Inhalt dieser Arbeit zu entsprechen versuche: Ich beschreibe die Patientinnen, ihre Problematik, ihre biographische Umwelt, ihre Objektbeziehungsmuster sowie ihr Erleben und Verhalten in der analytischen Situation. Außerdem schildere ich die spezifische Übertragungs-Gegenübertragungsdynamik aggressiver Konflikte in der Frau-Frau-Behandlung sowie die damit verknüpften Gegenübertragungsprobleme. Ich versuche schließlich, herauszuarbeiten, wie notwendig und entwicklungsförderlich das kontinuierliche und bisweilen sehr aggressive Durcharbeiten der negativen Mutterübertragungsfiguren ist. So kann die jeweilige Patientin über die allmähliche Identifikation mit akzeptablen Ich-Anteilen der Analytikerin den eigenen Vater aus der Idealisierung entlassen. Erst dann ist eine Rehabilitation der Mutter und eine Identifikation mit ihren positiven Anteilen möglich – was bekanntlich die Voraussetzung einer positiven weiblichen Identität darstellt, die auch den Frauenkörper einbezieht – und nunmehr die Bearbeitung und Auflösung des ödipalen Konfliktes erlaubt.

## 2. «Ich bin so ungeheuer aggressiv!» – Die Patientinnen

Auslöser des Behandlungswunsches war in der Regel ein dramatischer Partnerschaftskonflikt, bei dem die Patientinnen ihre Selbstkontrolle nicht mehr aufrechterhalten konnten. Im Streit hatten sie völlig die Fassung verloren, den Partner angebrüllt, ihn mit Fäusten attackiert oder mit Gegenständen beworfen. Für Momente sei es zu regelrechten «Blackouts» gekommen. Der eigene Kontrollverlust wurde als erdrutschartige Bedrohung der Selbstachtung beschrieben. Darüber hinaus empfanden es die Patientinnen als ausgesprochen beschämend, gerade im Moment des Konflikts so irrational, enthemmt, unattraktiv, «ja fast nackt» dagestanden zu haben. Die ganze Situation wurde als nicht wiedergutzumachende, höchstpeinliche Niederlage erlebt. Plötzlich sei ihnen die eigene Abhängigkeit «so unglaublich tief fühlbar» geworden! «Eine schreckliche Demütigung!» Manche Patientinnen brachen nach solchen aggressiven «Entgleisungen» bisweilen dermaßen zusammen, daß nur noch ein Suizid oder «einfach Verrücktwerden» adäquate Lösungen zu sein schienen. Die Beschämung war wie ein Tiefschlag gegen das eigene Idealbild: Die Patientinnen wollten vor allem souverän, rational, sachbezogen, autonom und unabhängig sein – niemals so schwach wie die Mütter!

Nun saßen sie da vor mir: blaß, ängstlich, mädchenhaft, verschrocken. Ihr brüllender Zorn schien vollends dahin. Sterbenselend, schwer verwundet, aber tapfer berichteten sie mir von ihren tierhaft anmutenden wilden Ausbrüchen mit dem immer gleichen Ausgang: Heulend, einsam, zerschunden, hoffnungslos und voller Scham waren sie erneut am Ende der bereits so traurig-vertrauten Sackgasse angelangt: «Wissen Sie, es ist ja nicht das erste Mal, daß ich so ausgerastet bin!»

Die Patientinnen waren vitale, attraktive, gebildete Frauen zwischen Ende zwanzig und Anfang vierzig. Sie hatten teilweise studiert, waren psychologisch belesen, feministisch aktiv und beruflich relativ erfolgreich. Zumeist unauffällig, aber liebevoll frisiert und gekleidet blieben sie als Frauen deutlich unter ihren Möglichkeiten. Alle gingen entweder sozialen Berufen nach oder waren wenigstens in ihren privaten Bezügen «die Mutti vom Dienst». Ehrenamtlich in Bürgerinitiativen engagiert, sich um Kinder alleinerziehender Freundinnen kümmernd, machten sie sich nützlich, wo sie es nur konnten. Nach außen hielten sie die Fassade der autarken Frau aufrecht. Nach innen fühlten sie sich jedoch wie ein zitterndes kleines Mädchen im Sturmregen: «Ausgebrannt, überfordert, alles zuviel, kann keine Grenzen ziehen, muß immer alles machen, ich kann nicht mehr, es ist alles leer in mir, so sinnlos!»

Die emotionalen und sexuellen Beziehungen der Patientinnen waren unbefriedigend. Es fehlte an Gegenseitigkeit, Tiefe, Nähe und Vertrautheit. In den Partnerschaften herrschte eine gnadenlose Kampfstimmung vor. Die Beziehungen waren unsicher, wirkten wie kurzfristige Verträge mit Widerrufsrecht zu jeder Zeit. Die Patientinnen bevorzugten schwierige, bindungsunwillige und häufig schwächere Männer, aus denen sie angemessene Partner machen wollten. Dies diente ihrem ausgeprägten Kontrollbedürfnis und half ihnen auch, vor der verführerischen Auseinandersetzung mit einem wirklich adäquaten Mann zu fliehen. Die Konzentration auf den so offensichtlich komplizierten Partner erleichterte die Verdrängung der eigenen Konflikte. Sicher drückte die Wahl eines «minderwertigen» Liebesobjektes aber auch die massive Selbstwertproblematik dieser Frauen sowie deren Neigung zu Selbstbestrafungen aufgrund unbewußter Schuldgefühle aus: Einen liebevolleren, potenteren Mann trauten sie sich offenbar nicht zu oder meinten, keinen solchen verdient zu haben.

Die tiefe Sehnsucht der Frauen – und ihrer Partner – nach gegenseitigem Halten, Verstehen, Liebhaben und grundsätzlicher, nicht ständig in Frage stehender Loyalität wurde teils schamhaft, teils resignativ verheimlicht. Kam es wider Erwarten doch einmal zu einer innigeren Begegnung, reagierten sie mit Panik und distanzschaffenden Inszenierungen. Sicher ist es kein Zufall, daß den Streits, die zur behandlungsauslösenden Krise führten, stets berufliche Erfolge oder emotionale Wunscherfüllungen vorausgingen, auf die die Patientinnen eigentlich über lange Zeit gewartet und hingelebt hatten.

## 3. Zur Vorgeschichte der Patientinnen

Die Patientinnen waren stets entweder das erste Kind oder das älteste Mädchen ihrer Familien und hatten unglückliche, psychisch kranke Mütter: Einige Mütter litten an Depressionen – bis hin zu Suizidversuchen, andere waren wegen ihrer unberechenbaren Stimmungsschwankungen und mangelnder Verläßlichkeit für die Tochter ausgesprochen ängstigend. Fast alle Mütter neigten zu Alkohol- oder Medikamentenabhängigkeit, und viele hatten psychosomatische Erkrankungen mit vorwurfsvollem Aufforderungs-Charakter. Entsprechend unbefriedigend verlief die frühe Mutter-Kind-Beziehung: Die Mütter waren nicht in der Lage, ihren Töchtern gelassen ein gutes weibliches Körpergefühl zu vermitteln, mit dem eine positive Identifikation möglich gewesen wäre. Vielmehr erlebten die Mütter die kindlich-abhängigen, bedürftigen Körperäußerungen ihrer Töchter als bedrohlich. Dies hatte zur Folge, daß die Patientinnen das symbiotische Körpererleben nicht genießen konnten, sondern es negativ abwehren, in einem abgespaltenen Bereich festhalten und durch das Ich-Ideal der Autonomie ersetzen mußten. Verzweifelt versuchten die Mädchen, ihre Mütter stabil und so sich selbst ein Lebensrecht zu erhalten. Bei allen Patientinnen kam es zu einer Flucht aus der Symbiose in die Autarkie. Das Ich spaltete sich auf in einen nach außen dargestellten seelisch frühreifen, autonomen Anteil und in einen verheimlichten, nach mütterlicher Symbiose und archaischer Abhängigkeit hungernden Anteil. Konkret führte das zu einer Über-Idealisierung von Autonomie, Trennung und Bedürfnislosigkeit, sowie einer heftigen Verachtung gegenüber allen Formen von Abhängigkeit, Bindungswilligkeit und Begehren überhaupt. Grundsätzlich gelang es den Patientinnen nicht, den eigenen weiblichen Körper positiv ins Körper-Selbst zu integrieren.

Regelmäßig erlebten sich die Töchter als Verursacherinnen des mütterlichen Leids: Sie seien bereits extrem problematische Babies gewesen, die den Müttern das Leben zur Hölle gemacht hätten. Ohne die Tochter wäre das mütterliche Leben in glücklicheren Bahnen verlaufen! Die Identifikation der Patientinnen mit dieser unseligen Zuschreibung ließ sie sich sowohl schuldig als auch negativ-allmächtig fühlen. Sie versuchten schon früh, «sich leicht zu machen». In der Funktion eines Selbstobjekts der Mütter versuchten sie wie Seismographen, vorauseilend deren Bedürfnisse zu erahnen und nach Möglichkeit auch zu erfüllen. Als Beraterinnen, Haushälterinnen und letztlich Mütter ihrer Mütter versuchten sie, die traurige Mama aufzuheitern, deren tristem Leben einen Sinn zu verleihen. Unter der Wahrung der Illusion eigener Autarkie traten die Patientinnen ihre Abhängigkeitswünsche altruistisch ab (vgl. Anna Freud, 1936): Im «Mutter-Schützling» konnte das eigene Sehnen nach oralem Versorgt- und Gehalten-Werden stellvertretend befriedigt und gleichzeitig heimlich verachtet werden. Da es den Patientinnen jedoch letztlich nicht gelang, die Mutter zu retten, verfestigte sich ihre Überzeugung, im Grunde jämmerlich versagt zu haben und schuld am schrecklichen Zustand der Mutter zu sein.

Die Väter hingegen waren zumeist im Familien-Alltag wenig präsent. Sie arbeiteten außer Haus und gingen darüber hinaus zeitintensiv persönlichen Interessen nach. Ihren ältesten Töchtern gegenüber waren sie jedoch stets ausgesprochen positiv eingestellt. Sie nahmen «die Kleine» mit zur Arbeit, bastelten mit ihr, lasen ihr vor, brachten sie bei Krankheiten zum Arzt und bauten sie teilweise regelrecht zu ihrem «kleinen Kumpel» auf. «Wir zwei!» sagten die Väter oft – oder «Du bist wie ich!». Entsprechend stark idealisierten die Töchter ihre Väter und identifizierten sich mit deren Lebenszielen und -einstellungen. Letztlich erhielten sie von ihm viel mehr Anerkennung und auch Mütterlichkeit als von der Mutter – und zudem noch Visionen und Perspektiven vom erregenden «Leben da draußen». Die Verwendung der Töchter als narzißtische Plombe und Selbstobjekt der Väter ist in den Biographien aller Patientinnen zu finden. Ob rein narzißtisch oder auch sexuell getönt, stets erlebten die Töchter ihre Väter als ausgesprochen verführerisch ihnen gegenüber, was Anlaß gab zu der töchterlichen Größenphantasie, im Grunde die angemessenere, bessere Partnerin des Vaters zu sein: als heimliche Geliebte, ernstzunehmende Gesprächspartnerin oder Hobbykumpel. Diese offene Bevorzugung durch den Vater schürte die sowieso schon intensiven Loyalitätskonflikte und Schuldgefühle der Töchter gegenüber ihren bedauernswerten, aber ja auch geliebten Müttern.

So vollführten die Patientinnen zwischen den unterschwellig verfeindeten Eltern sowie deren konträren Bedürftigkeiten einen ständigen «Eiertanz». Die Mütter werteten ihre Männer vor den Töchtern ab, warnten sie vor Ehe und Mutterschaft: «Laß du dir bloß nie ein Kind anhängen!» Die Väter entwerteten die Ehefrauen zwar nur selten explizit verbal, vermittelten jedoch ihr Desinteresse deutlich durch defensiven Rückzug sowie ständige Abwesenheit.

In der Beziehung zu ihren Geschwistern waren die Patientinnen «die Große» mit einer exklusiven Beziehung zu Mutter und Vater. Ihnen gelang scheinbar alles. Sie waren als die «Vorzeige-Kinder» oft traurig und neidisch auf ihre jüngeren, bzw. männlichen Geschwister, die viel ungetrübter einfach Kind sein und sich Inseln der Regression im Alltag besser erlauben konnten.

In der Pubertät kam es regelmäßig zu einer Irritation im Vater-Tochter-Verhältnis, wenn sich der Vater plötzlich und radikal körperlich von der Tochter zurückzog: «Als wenn ich die Pocken gehabt hätte!» Nicht selten nahmen sich die Väter kurz darauf eine Geliebte, über die sich dann Mütter und Töchter gemeinsam empörten: Die Mutter-Tochter-Beziehung wurde enttäuschungsbedingt wieder enger. Die Beziehung zum Vater reduzierte sich auf Sachfragen und intellektuelle Themen.

In der späteren Adoleszenz ließen sich dann einige der Patientinnen auf reale inzestuöse sexuelle Beziehungen zu älteren männlichen Verwandten, Lehrern oder Bekannten ein. Die Erfahrungen waren traumatisch und desillusionierend, wurden jedoch schamhaft verheimlicht und schuldhaft der eigenen Person zugeschrieben. Die erneute Erfahrung, von einer idealisierten Elternfigur als Selbstobjekt verwendet worden zu sein, führte zu der bedrückenden Einsicht, als Eigen-Wesen im Grunde völlig bedeutungslos zu sein und nur durch Befriedigungs-Leistungen zum Nutzen des Gegenübers eine Existenzberechtigung zu haben. Andererseits empfanden die Patientinnen auch ein verwirrendes Gefühlsgemisch aus ödipalem Triumph, Schuldgefühlen, Enttäuschung und bedrohlicher eigener Allmächtigkeit: Es war ihnen gelungen, einen so viel älteren, reiferen Mann sexuell dermaßen zu erregen, daß er fast den Verstand verlor und bereit schien, seine Ehe oder Karriere zu gefährden, daß er soweit ging, die Kind-Patientin nach den Treffen wimmernd anzuflehen, über das Geschehene doch bitte zu schweigen. Die betroffenen Patientinnen fühlten sich geschmeichelt, aber gleichzeitig auch um ihre Idealisierung des jeweiligen Mannes betrogen, den sie nun entgegen ihrem ursprünglichen Wunsch traurig verachteten. Die frühe Sexualisierung der kindlichen Bedürftigkeit der Patientinnen im Kontext der Mißbrauchserfahrungen mit den idealisierten Vaterfiguren trug ein Weiteres dazu bei, daß sie sich in ihrem Körper nicht zu Hause fühlten und ihn vor allem als Befriedigungsorgan für die Selbstobjekte empfanden. In diesem Zusammenhang identifizierten sie sich dann haltsuchend mit dem soldatischen Vater-Körper, der mehr Sicherheit zu bieten schien als der bedrohliche, bedrohte Mutter-Körper. Trotzdem identifizierten sich die Patientinnen auf einer sehr tiefen Ebene unbewußt stets auch mit dem traurigen Lebens- und Körpergefühl ihrer Mütter.

In Schule und Beruf behielten die Patientinnen die Rolle des «Vorzeigekindes» zumeist erfolgreich bei. Besonders wenn sie als «Tochter-Adjutantin» eines wohlwollenden Lehrers, Professors oder Chefs, der die Inzestgrenzen einzuhalten wußte, gefördert wurden, erbrachten sie für die Dauer dieser Beziehung zum Teil atemberaubende Leistungen. Auch imponierten sie mit ihrem Engagement für die Rechte unterdrückter, benachteiligter Menschen. Dabei war es ihnen möglich – weil sie sich ja nicht für sich, sondern für andere einsetzten – sehr selbstbewußt, effektiv fordernd, souverän und auch ohne Schuldgefühle angemessen aggressiv aufzutreten. Die Patientinnen schienen sich irgendwie selbst dazu verdammt zu haben, immer stark zu sein, in allen Beziehungen die Kontrolle haben zu müssen. Sie waren nicht frei, sich den Vergnügungen der Hingabe überlassen zu können. Vielmehr schilderten sie Gefühle von Panik und Todesangst, wenn ihnen die Kontrolle über die Situation zu entgleiten drohte. Die Patientinnen weisen sowohl archaische Über-Ich- als auch Ich-Ideal-Strukturen auf. Fatalerweise bestehen zwischen Ich-Ideal- und Über-Ich-Inhalten markante Divergenzen: Das am idealisierten Vater orientierte Ich-Ideal fordert von den Patientinnen, autonom, stark, siegreich, intelligent, perfekt, leistungsstark zu sein. Dem stehen die an der entwerteten Mutter orientierten Über-Ich-Inhalte der klassischen Weiblichkeit im Sinne von Demut, Passivität, Bescheidenheit und selbstaufopferndem Altruismus diametral entgegen. Diese Unvereinbarkeit der Ich-Ideal- und Über-Ich-Anforderungen ist um so schwieriger zu bewältigen, als die Patientinnen nur schwache Ich-Strukturen besitzen. Im Konfliktfall mit einem konkreten Gegenüber und bei andrängenden Es-Impulsen ist die Angst- und Frustrationstoleranz der Patientinnen entsprechend gering. Die Affektdifferenzierung ebenso wie die realistische Einschätzung von Selbst und Objekt fällt ihnen enorm schwer.

Interessant ist die bei fast allen Patientinnen anzutreffende Kombination des Ich-Ideals mit den Ideen der Frauenbewegung: So wird es nämlich möglich, dem eigentlich männlich eingefärbten Ich-Ideal doch noch einen weiblichen Anstrich zu geben: Die Vision der beruflich wie menschlich potenten, unabhängigen und selbstbewußten Frau erlaubt eine partielle Rehabilitation des entwerteten Mütterlich-Weiblichen.

Darüber hinaus ermöglicht die feministische Idee prinzipiell eine Projektion allen Übels auf männliche Missetäter. Damit lassen sich Racheimpulse gegenüber dem verführerisch-verräterischen Vater befriedigen, und es kann sich eine beruhigende Wirkung insofern einstellen, als die Schuldgefühle der Mutter gegenüber ein Stück weit wiedergutgemacht und dadurch abgemildert werden können.

In ihren Liebesbeziehungen erlebten die Patientinnen eine Katastrophe nach der anderen: Immer wieder wurden sie von zunächst idealisierten Partnern, denen sie sich kindlich-offen und voller Vertrauen vorschnell «in die Arme geworfen hatten», bitter enttäuscht, verletzt und verlassen. Mit keinem klappte es. Mißtrauisch, resigniert und ganz auf die Vermeidung von Kränkungen konzentriert, hatten sich die Patientinnen schließlich in genau die Problempartnerschaft hineinmanövriert, deren Krisen den Anlaß zur Behandlung darstellten. Aber der jeweilige Beziehungspartner, auf welchen sie zentrale Selbst-Anteile projiziert hatten, wurde zur Aufrechterhaltung der eigenen Stabilität zumeist existentiell benötigt. Der «unmögliche» Partner war manchmal als «Container» unerträglicher Selbst-Anteile für die Patientinnen solange geradezu überlebenswichtig, bis der innere Konflikt intrapsychisch erträglich wurde und nicht mehr interpersonell ausagiert werden mußte.

Differentialdiagnostisch betrachtet handelt es sich bei den Patientinnen um narzißtisch strukturierte Frauen, die in schweren Krisen teilweise Borderline-Niveau erreichten. In stabileren Phasen, besonders gegen Ende, waren sie eher neurotisch-depressiv strukturiert. Gleichwohl möchte ich es nicht versäumen, die Tatsache, in unserer heutigen Kultur als Frau geboren zu werden und aufzuwachsen, als schwere narzißtische Kränkung zu bezeichnen.

## 4. Die idealisierende Anfangs-Übertragung

«Ich möchte unbedingt zu einer Frau!» Die Patientinnen, über die ich hier berichte, kamen bis auf eine Ausnahme mit diesem Wunsch zu mir in die analytische Behandlung. Die dem Bewußtsein zugänglichen Begründungen waren vielfältig: «Ich habe entsetzliche Probleme mit mir, vor allem mit mir als Frau. Deswegen will ich auch mit einer Frau arbeiten, weil die meine Probleme besser nachempfinden kann!» – «Bei einem männlichen Analytiker hätte ich Angst, sexuell mißbraucht zu werden!» – «Meine Probleme sind mir unglaublich peinlich. Vor einer Frau beschämt es mich irgendwie weniger, über so heikle Themen wie meine Sexualität zu reden.»

Die Patientinnen begegneten mir mit einer liebevoll-idealisierenden Anfangs-Übertragung, die mit dem Verführungs-Angebot einer «feministischen Allianz» (Reinke, 1987) verknüpft war. Die Furcht, vielleicht einmal zu werden wie die eigene Mutter, und die Hoffnung, nun in mir eine Frau gefunden zu haben, «die anders ist», mit der eine positive Identifikation möglich sein könnte, wurde sowohl als bewußte als auch als unbewußte Erwartung vehement zum Ausdruck gebracht. Ich wurde von den Patientinnen als eine gesehen, «die es geschafft hat», und damit als Personifikation des feministisch-emanzipatorischen Ich-Ideals. Auch die Tatsache, daß ich verheiratet bin und meinen Geburtsnamen weiterführe, erkennbar an Ehering und Klingel-Schild, inspirierte die Hoffnung meiner zukünftigen Analysandinnen, mit Hilfe der geplanten Behandlung in die Lage versetzt zu werden, auch sich selbst künftig befriedigendere, selbstbestimmtere Liebesbeziehungen und berufliche Zusammenhänge herstellen, all das bislang so Unvereinbare endlich gut zusammenfügen zu können. Ich sollte die Analytikerin sein, die nicht nur die Mutter, sondern auch die sexuelle Frau und den Vater repräsentiert. Damit projizierten die Patientinnen ein androgynes Vollkommenheits-Ideal auf mich – und somit auch auf die postanalytische Analysandin – wie es durch das Bild des Engels symbolisiert wird, den Benjamin (1993, S. 115–139) als so faszinierend beschreibt, weil er so allumfassend männliche wie weibliche Anteile integriere.

Entsprechend verstand ich die Sehnsucht nach mir als idealer Analytikerin zum einen als Ausdruck der legitimen Ur-Sehnsucht der Patientinnen nach der Rückkehr zur «... alten Heimat des Menschenkindes ...» (Freud, 1919h), dem Mutterschoß. Nur Mama und Baby, Symbiose, Schutz, Geborgenheit, Verstehen, Intimität in der analytischen Beziehung ... Aber parallel existiert ja auch die Imago des bedrohlichen Uterus als «blutender Wunde», leerem Schlauch oder gierigem Schlund: Entsprechend waren die Patientinnen gleichzeitig von einer tiefen Sehnsucht nach Macht, Erfolg, Autonomie, Selbstverwirklichung, interessanten Kontakten zu anderen Menschen und Abenteuern erfüllt und suchten folglich in mir den erregenden Vater der Wiederannäherungsphase (vgl. Benjamin, 1990), der ihnen helfen sollte, sich auch von der

Mutter abzugrenzen und die engen Grenzen der weiblichen Geschlechtsrolle zu sprengen. Sie planten ein «wildes und skandalöses Leben», wollten endlich das Unmögliche erreichen, nicht mehr vorrangig nur anderen helfen und gefallen.

Die gezielte Wahl einer Psychoanalytikerin kann insofern als eine Art von inszenierter Programmatik für die Analyse angesehen werden: Gerade vor dem Hintergrund der Zerrissenheit zwischen ihrer öffentlich demonstrierten Identifikation mit dem idealisierten Vater und der heimlichen, aber in ihren Liebes- und Alltagsbeziehungen durchaus weiter gelebten Identifikation mit der entwerteten Mutter strebten die Patientinnen nun über die Verknüpfung des männlich eingefärbten Ich-Ideals mit feministischen Inhalten über die analytische Behandlung die Herstellung einer akzeptablen, lustvollen weiblichen Identität an, die selbstbewußt praktizierte Sexualität mit einem geliebten Partner genauso erlaubt wie Kinderkriegen oder berufliche Erfolge.

Bekanntlich (Volkan/Ast, 1994, S. 184ff.) ist es konstituierend für eine produktive analytische Behandlung, diese Anfangs-Idealisierung zunächst liebevoll-bezogen anzunehmen: Sie stellt eine wesentliche Quelle des basalen Arbeitsbündnisses dar, welches solide und tragfähig genug sein muß, um den späteren Turbulenzen der Übertragungs-Gegenübertragungsprozesse wirkungsvoll standhalten zu können.

## 5. Die Abwehr der Übertragungsliebe durch die Patientinnen

Die Faszination, die der Mutterschoß repräsentiert, löst gleichzeitig stets auch heftige Kontrollverlust-Ängste und Vernichtungs-Phantasien im Sinne des Verschlungenwerdens aus. Entsprechend bedrohlich ist das Sich-Einlassen auf die analytische Beziehung für die Patientin – und dies besonders gegenüber einer Analytikerin: Sehnsüchte wie Ängste liegen hier ganz nah beieinander, wie es auch Winnicott (1956, neu 1983, S. 163) beschreibt, zumal beide sich in Frauenkörpern begegnen: Haß, Wut und Enttäuschung gegenüber dem eigenen Geschlecht sowie alle Ebenen der Affekte gegenüber der eigenen Mutter zeigen sich in der Frau-Frau-Analyse besonders intensiv.

Noch einmal heftiger ist diese Bedrohung durch Analyse für die von mir beschriebenen narzißtisch strukturierten Patientinnen, deren

Subjekt-Objekt-Differenzierungsfähigkeit defizitär ist: Sie benötigen besonders massive Abwehrstrategien gegen die Übertragungsliebe zu ihrer Analytikerin – jedenfalls so lange, bis sie sich auf stabile Ich-Grenzen verlassen können und keine solche Angst mehr haben müssen, durch das Zulassen von Nähe, Hingabe und Vertrauen völlig zerstört zu werden. Immerhin hatten sich die Patientinnen bis zum Analyse-Beginn vorrangig über eine maximale Kontrolle von Personen und Situationen definiert und stabilisiert. Verständlicherweise waren sie nicht dazu bereit, das vertraute und sichere Terrain «kampflos» zu räumen. Vielmehr wurde die Illusion der eigenen Autonomie und Unverletzbarkeit «mit Zähnen und Klauen verteidigt». Folgerichtig bemühten sich meine Patientinnen sehr darum, «das Heft in der Hand zu behalten». Sie begegneten mir «kumpelig», machten Witzchen, dissimulierten oder versuchten, mich in interessante Sachdiskussionen zu verwickeln. Sie weigerten sich zunächst, sich als «Leidende» zu definieren. Vor dem Hintergrund ihres am Vater orientierten Ich-Ideals der Autonomie und Perfektion wurde der verzweifelte Wunsch, nicht schwach und hilfsbedürftig zu sein, jedoch verstehbarer: Allein das Behandlungsbegehren stellt ja in diesem Kontext eine dramatische Niederlage dar, ist quasi der definitive Beweis des eigenen Gescheitertseins. Genau dafür haßten sich die Patientinnen. Und sie haßten auch mich, ihre Analytikerin, die ich ja nun Zeugin der erlebten Demütigungssituation geworden war.

Da jede psychoanalytische Behandlung stets eine unausweichliche Konfrontation mit der eigenen Abhängigkeit darstellt und die Aufrechterhaltung der Autonomie-Illusion unmöglich macht, wurde das Behandlungsklima sehr bald aggressiver. Ich möchte fünf zentrale Abwehr-Strategien der Patientinnen formulieren:

### *I. Massive Entwertungen der Psychoanalyse und der Analytikerin*

Die Patientinnen attackierten die Psychoanalyse als reaktionäres, unzeitgemäßes Verfahren. Wütend schimpften sie auf den Unsinn vom Penisneid, die angebliche Frauenfeindlichkeit von Freud. «Eigentlich wollte ich ja viel lieber eine Körpertherapie machen, denn gelabert habe ich genug in meinem Leben. Aber das zahlt ja die Kasse nicht!» – «Also, bevor ich hier noch mehr von mir erzähle, möchte ich doch erst mal gerne von Ihnen ein paar Takte über Ihre theoretische Ausrichtung hören!» – «So gut wie Sie möchte ich es auch mal haben! Sie hocken da 50 Minuten auf Ihrem Sessel, tun nichts und kriegen dafür auch noch eine Menge Geld!»

Nebenübertragungsfiguren wurden postiert und bei passender Gelegenheit zur argumentativen Unterstützung herangezogen. «Wir sind mehr, die das so sehen, also haben wir recht!» In der analytischen Beziehung erfüllten die Entwertungen den Zweck einer Distanzierung qua Depotenzierung der Analytikerin. Eine weitere Funktion bestand darin, die gemeinsame Aufmerksamkeit ganz auf meine Person umzulenken: Ich sollte die sein, die das Problem hatte. Vor allem sollte ich mit den Attacken gegen mich so beschäftigt sein, daß ich meine bedrohliche analytische Aufmerksamkeit nicht mehr ungeteilt auf die Patientinnen richten konnte.

### *II. Weigerung der Patientinnen, das Setting anzuerkennen*

Regelmäßig begannen die Patientinnen einen erbitterten Kampf um die Einhaltung des analytischen Settings. Sie wollten plötzlich nicht mehr liegen, nicht dreimal pro Woche kommen, zu anderen Zeiten Ferien machen als ich. Sie fragten ständig nach Terminverlegungen und weigerten sich, versäumte Stunden zu bezahlen. Intellektualisierend, soziologisierend – und das äußerst brilliant – fuhren sie kluge Argumente wie Geschütze auf. Tränenreich beklagten sie ihre entwürdigende Machtlosigkeit mir gegenüber. Wütend drohten sie mir immer wieder mit dem Abbruch der Behandlung, sollte ich die «Dreistigkeit» besitzen, auf der Einhaltung des analytischen Rahmens zu bestehen. Ließ ich mich vereinzelt auf Setting-Variationen ein, um der Patientin meine Bereitschaft des Eingehens auf sie auch real zu signalisieren, schien die Patientin meist nur kurzfristig beruhigt. Schon kurze Zeit später warf sie mir mißtrauisch vor, mein Entgegenkommen sei ja doch nur ein Trick gewesen, eine Verschleierung der brutalen Machtverhältnisse in der Analyse. Ich hätte mich als «liberalistisches Weichei» gezeigt, im Grunde aber sei ich eine knallharte Person.

Widersetzte ich mich Setting-Variationen und deutete das Rütteln der Patientinnen am Setting als spezifisches Abwehrverhalten, wurde ich zur rigiden, brutalen, patientenquälenden «Monster-Analytikerin». Das

Streiten mit mir löste einerseits stets massive und sehr ängstigende Schuldgefühle bei den Patientinnen aus. Es gewährte ihnen aber auch die Möglichkeit der Unterbringung diverser Projektionen und projektiver Identifikationen. Ich wurde zum Container all der unangenehmen Eigenschaften, Gefühle und Neigungen, die die Patientinnen bei sich selbst (noch) nicht ertragen konnten. Darüber hinaus ermöglichte das Streiten den Patientinnen das Gefühl, die Kontrolle über die ungewohnte, neue Beziehung wiederzuerlangen. So konnten sie mich auf Distanz halten, die Zuneigung zu mir auf «low level» einfrieren und der Gefahr entgegenwirken, eigenen Abhängigkeitswünschen gegenüber der so bekämpften, heimlich ja aber durchaus geliebten Analytikerin doch noch zu «erliegen». Zudem ermöglichte die jeweils spezifische Art des Umgangs mit dem Setting die Reinszenierung individualtypischer Konflikte der Patientinnen. Es kam zu genau den Situationen in der Behandlung, die ehemals mit dem Freund – und früher mit der Mutter – stattgefunden hatten.

Manches Mal genügten ganz winzige Anlässe oder Bemerkungen von mir, daß die Patientinnen regelrecht «abstürzten»: Verzweifelt, depressiv, stinksauer und innerlich bebend, zum Abbruch der Behandlung bereit, machten sie mir richtige «Szenen». Auffällig oft passierte dies vor oder nach Ferienunterbrechungen oder im Kontext anderer Situationen, die meine Andersartigkeit, meine persönliche Begrenztheit und die Tatsache, daß ich nicht immer verfügbar bin, zum Ausdruck brachten. Faktisch ist die Analytikerin eben nicht die gute, allmächtige, umfassend befriedigende Mutter, deren Interesse allein der Patientin gilt. Die Erschütterung der verleugneten, weil so beschämenden «symbiotischen Illusion» (Halberstadt-Freud, 1987) war um so bedrohlicher für die Patientinnen. Sie griffen zu reaktionsbildenden Maßnahmen, die sich als Beharren auf ihrer Pseudo-Autonomie äußerten. Im Erleben der Patientinnen stellte mein Festhalten am Setting eine Provokation durch Triangulierung dar, der an das verräterische Treiben der Mutter mit dem Vater erinnerte: «Ihre blöden Regeln sind Ihnen doch viel wichtiger als ich! Was mit mir ist, das ist Ihnen doch völlig egal!»

Besonders wegen der so massiven Widerstände der Patientinnen gegen mich und die Analyse habe ich das analytische Setting in seiner schützenden und Sicherheit spendenden Grenzsetzungsfunktion sehr schätzen gelernt: Es symbolisiert sowohl das «Gesetz des Vaters» (Chasseguet-Smirgel, 1988) als auch die Inzestschranke, sowie einen intrauterinen Schutzraum für beide Protagonistinnen des analytischen Dialogs. Stets ist es eine dritte Größe, die erst Triangulierung ermöglicht: Nur dadurch kann sich die analytische Beziehung im Sinne der Überwindung illusionärer dyadischer Strukturen entfalten und der Patientin aus ihren Sackgassen herausfinden helfen. Meine Beharrlichkeit und «Härte» war so gesehen auch das Angebot einer Identifizierungsmöglichkeit für die Patientinnen, die ja genau daran litten, für sich weder Regeln aufstellen, noch sie einhalten zu können.

## *III. Vorwürfe, die Analytikerin sei unweiblich und verrate die Sache der Frauen*

Von den Patientinnen ging ein enormer «Gleichrangigkeits-Druck» aus. Ich sollte mich auf keinen Fall von ihnen unterscheiden. Dieses Differenzierungs-Verbot ist ja aus alternativen Frauenprojekten gut bekannt. Verhielt ich mich den Patientinnen gegenüber professionell-abgegrenzt, etwa indem ich die Stunde pünktlich beendete, ergoß sich ein Schwall von Vorwürfen über mich: Ich sei kalt, herzlos, abweisend, an menschlichem Leid desinteressiert, nur am Geld und meiner Karriere orientiert, enttäuschend, «wie ein Kerl». Ich sei eigentlich gar keine richtige Frau mehr! Eine Frau sei auf andere Menschen bezogen, nicht so selbstgefällig und rigide psychoanalytisch- abgedreht wie ich!

Die Patientinnen stutzten mich zurecht, schrien mich an, pöbelten regelrecht herum, rannten vor der Zeit türenknallend aus dem Analysezimmer. Sie ließen manchmal fast eine «Verhöratmosphäre» entstehen, in der all meine «Fehler» aufgezählt wurden. Als besonders schwerwiegend wurde meine «Machtgeilheit» betrachtet, d.h. meine Weigerung, die Hierarchie und die Unterschiede in der analytischen Beziehung, etwa in Form des Duzens (was ja viele Vertreterinnen und Vertreter der «Humanistischen Verfahren» in konfliktvermeidender Manier praktizieren), zu leugnen.

Verzweifelte Appelle wurden an mich gerichtet, mich zu meiner Frauennatur zu bekennen und mich endlich «normal» zu verhalten, nicht wie ein «Mannweib»! Gemeinsam mit der Patientin sollte ich das Böse und Trennende in den Mann verlagern und es in Ruhe gemeinsam mit ihr dort bekämpfen. Dann endlich wäre zwischen uns alles gut. Mit aller Kraft wurde versucht, einer Differenzierung zwischen den Patientinnen und mir auszuweichen. Mir wurde wiederholt die Rolle der netten, harmlosen Freundin angetragen. «Wir sollten zusammen ein Eis essen gehen!» Die Themen der Rivalität, des Unterschiedes, des Neides, der Schuldgefühle, des Hasses, der Destruktion u.v.m. sollten zwischen uns vermieden und somit geleugnet werden.

Das Setting und seine Einhaltung wurden von den Patientinnen übrigens vielfältig männlich konnotiert: Es seien Männer gewesen, die sich diesen starren Quatsch mit den analytischen Regeln hätten einfallen lassen! «Frauen würden so etwas doch niemals tun! Frauen sind großzügig, fließend! Ich würde meiner Freundin doch nicht nach 50 Minuten sagen, daß wir jetzt aufhören müssen! Lächerlich! Wir sitzen oft bis nachts um drei! – Und wir sitzen beide!» Gerade die Patientinnen, die mir meine angebliche Unweiblichkeit so vehement vorwarfen, hatten andererseits besondere Mühe, sich von besagten Freundinnen angemessen abzugrenzen. Schuldgefühle, Wünsche, die andere nicht zu verletzen, machten es ihnen bislang nahezu unmöglich, der Freundin bereits um Mitternacht zu sagen: «Ich geh' jetzt mal!» Das Gebundensein an ein von der entwerteten Mutter geprägtes sadistisches Über-Ich im Sinne der Selbstlosigkeit erlaubte es den Patientinnen kaum, ihr Leben auch mal gegen die Interessen anderer Menschen, besonders Frauen, zu gestalten. Daß ich mich nun nicht an die mir angetragenen Regeln des weiblichen Über-Bezogenseins hielt, wurde als bedrohliche Provokation des vertrauten weiblichen Opfer-Status erlebt: Ich wurde als «Täterin» dingfest gemacht. Aber da die Patientinnen Frauen zunächst als grundsätzlich gut und stets in der Opferrolle idealisierten, gab es nur den Kunstgriff, mir kurzerhand eine Geschlechtsumwandlung zu verpassen: Als Täterin wurde ich einfach zum Mann erklärt. Gleichwohl war die Realisierung abgegrenzter, männlich konnotierter Umgangsformen und Haltungen meinerseits – unter Beibehaltung einer positiv- weiblichen Geschlechtsidentität – letztlich genau das, was es für die Patientinnen galt, sich auch für die eigene Person anzueignen.

## *IV. Vorwürfe, die Analytikerin sei zu weiblich, schwach und inkompetent*

«Ach, wäre ich doch zu einem Mann gegangen! In den hätte ich mich wenigstens verlieben können!» So lautete eine häufige Klage der

Patientinnen mir gegenüber. Meist wurde sie formuliert, wenn sich die Patientinnen von mir enttäuscht fühlten und in mir ihre entwertete Mutter wiedererlebten, die angeblich so schwach, depressiv, inkompetent, inkonsequent, strukturlos – eben weiblich – gewesen sei. Diese negative Mutter-Übertragung entsprach dem Selbstbild der Patientinnen. Sie konnten sich nur wenig wertschätzen und hatten Mühe, die eigene Weiblichkeit – auch im Sinne der Integration ihrer weiblichen Genitalien ins Körperschema – anzunehmen.

Oft machte sich die Thematik daran fest, daß der Tag 24 Stunden, die Woche sieben Tage hat – und doch nur drei Stunden Analyse die Woche stattfinden konnten: Die Patientinnen warfen mir vor, ich hielte sie nicht fest, sei unsicher, würde sie ja doch fallenlassen. Garantiert sei ich auch fachlich nicht kompetent genug! Wäre ich hingegen ein Mann (= idealisierbar), gäbe es viel bessere Chancen zur Heilung durch die Analyse!

Die Patientinnen monierten, ich sei ihnen zu jung, sie könnten mich als Autorität einfach nicht ernstnehmen: «Wenn Sie eine reife Frau wären – oder eine wirkliche Persönlichkeit (= Mann), aber so …» Sie wollten sich nichts sagen lassen von einer wie mir und betonten immer wieder meine Minderwertigkeit. «Ich sage nur: Frau am Steuer!» Dahinter verbargen sich Selbsthaß, Selbstentwertung sowie alle anderen Elemente des Unglücks der Patientinnen mit der eigenen Weiblichkeit, die sie so bei mir zu deponieren suchten. Überzog ich etwa mal die Zeit, wurde sofort der Verdacht geäußert, ich wolle die Patientinnen süchtig machen. «Das ist hier ja echt wie in einer Sekte!» Eine Patientin sprang demonstrativ nach exakt fünfzig Minuten von der Couch in die Schuhe, um mir deutlich zu demonstrieren, wie strukturlos sie mich finde und wie viel besser es «draußen» bei anderen Menschen sei. Was ich in solchen Fällen auch tat oder unterließ: Es war alles falsch. So rekonstellierte sich die bedrückende Stimmung der jeweiligen Mutter-Tochter-Beziehung der Patientinnen innerhalb der analytischen Situation: Ich wurde von den Patientinnen genauso behandelt, wie sie sich früher von der eigenen Mutter behandelt fühlten: Auf diesem Wege konnte ich sehr tief nachempfinden, wie entsetzlich es der jeweiligen Patientin mit ihrer Mutter gegangen sein mußte. Sie konnte es mir zwar nicht verbal mitteilen, aber in der Übertragung inszenierte sie es «live» – oft sogar ausgesprochen eindrücklich.

Immer wieder kam es im Verlauf der Behandlung zu «finalen Rettungssprüngen» hin zu idealisierten Männern: «Der ist vielleicht toll!

Wenn Sie auch nur einen Hauch seiner Liebenswürdigkeit und ... hätten!» Diese «Prinzen» wurden wie ein Bollwerk zwischen mir und der Patientin hingepflanzt. Die Attacken gegen meine Weiblichkeit wurden aber auch über das exzessive Loben von Nebenübertragungs-Freundinnen betrieben, denen genau all jene Qualitäten zugeschrieben wurden, die mir aus Sicht der Patientinnen so bedrückend fehlten: Wärme, Lebendigkeit, erotische Ausstrahlung, Intelligenz, Kompetenz, Loyalität, usw. Die enorme Wut über die als widerlich erlebte Abhängigkeit von mir und von der Analyse, der ganze Haß auf die eigene Biographie ergossen sich bisweilen massiv über mich, und zwar vor allem in bezug auf meine Weiblichkeit.

### *V. Verbannung der Übertragungsliebe in die Heimlichkeit*

Nach der relativ kurzen Phase der anfänglichen idealisierenden Übertragung unterblieben manifeste positive Übertragungsäußerungen mir gegenüber schon bald. Besonders intime Themen wurden sorgfältig vermieden, wobei es die Patientinnen nicht versäumten, mir mitzuteilen, daß sie mit der Freundin X gerade ein ausgesprochen produktives Gespräch über ihre Sexualität geführt hätten ...

Es kam zu einer Libido-Entleerung in der analytischen Beziehung. Die Patientinnen intellektualisierten und soziologisierten. Vehement und recht aggressiv wehrten sie ihre Übertragungsliebe zu mir ab. Keinesfalls durfte deutlich werden, daß ich irgendeine tiefergehende Bedeutung für sie besaß. Die Patientinnen stichelten, provozierten und wiesen mich immer wieder zurück, oft über eine sehr lange Zeit. Sie benötigten diese Abwehr als Regulativ gegen ihre heftigen, aber noch verbotenen Verschmelzungs-, Regressions- und Abhängigkeitswünsche mir gegenüber. So entsprachen sie ihrem Ideal der autonomen, emanzipierten, kritischen Frau und vermieden die traurige Konfrontation mit ihren bislang ängstlich tabuisierten zarten Selbstanteilen.

Aber natürlich – und das muß deutlich betont werden – existierte die gesamte Zeit der analytischen Behandlung über sogar eine ausgesprochen positive Liebes-Übertragung der Patientinnen mir gegenüber. Das habe ich eigentlich immer deutlich spüren können. Es war lediglich – aus mir sehr nachvollziehbaren Gründen – für die Patientinnen lange überlebenswichtig, ihre Übertragungsliebe vor sich selbst, vor allem aber vor mir zu verheimlichen. Es schien, als hätten die Patientinnen all ihre positiven Empfindungen mir gegenüber wie in einen «Kokon» (vgl. Modell, 1976; Zwiebel, 1992) eingesponnen, den sie ganz festhielten und niemandem zeigen wollten. Nur selten erhielten die guten Gefühle für die Analytikerin einmal «Ausgang». Häufig war es den Patientinnen erst ganz am Ende der Behandlung angstfrei möglich, ihre positive Liebes-Übertragung allmählich aus der Sphäre der Heimlichkeit zu entlassen. In diesen Kontext gehört auch meine Beobachtung, daß mich fast alle Patientinnen zu Hause oder gegenüber Freundinnen und Freunden heimlich bei meinem Vornamen oder mit einem zärtlichen Kosenamen nannten. Ich selbst erfuhr dies meist per Zufall – oder erst lange nach der Behandlung.

Ich verstand diesen Aspekt der Übertragung vor allem als Schutz vor der Wiederkehr der Enttäuschung über die Mutter: Wo kein Begehren auftaucht, kann es auch nicht verletzt werden. Die Patientinnen weigerten sich aufgrund ihrer traurigen Vorerfahrungen mit der Mutter, nochmal Hoffnung zu wagen und sich dem Risiko zu stellen, das durch das Zeigen des eigenen Begehrens ja stets gegeben ist. Eine Patientin sagte beispielsweise: «Wissen Sie, wenn mich ein Mann enttäuscht, dann überrascht es mich eigentlich nicht besonders. Aber wenn Sie das täten, dann könnte ich das nicht ertragen!»

Es rührte mich an, wie die Patientinnen letztlich doch auch immer wieder Möglichkeiten fanden, mir ihre Liebe indirekt mitzuteilen: Sie bezogen sich anerkennend auf meinen Analyse-Raum als angenehme Örtlichkeit, lobten die Pflanzen, den Garten, die Einrichtung der Praxis, manchmal sogar meine Kleidung, mein Aussehen, mein Parfüm oder meine Frisur. Sie machten rauhe, aber herzliche Scherzchen, bezogen sich auf meinen Hund, redeten über Pflanzen, Tiere und Kinder, versuchten so, mit mir eine Ebene der zärtlich-weiblichen Gemeinsamkeit herzustellen. Zumeist geschah dies beim Hereinkommen oder Weggehen, also im sehr viel weniger ängstigenden Übergangsraum zwischen Alltag und Analyse. Hier schienen wir einfach nur zwei Frauen zu sein, die jede ihre Alltags-Probleme hat. Hier wurde es körperlicher – aber damit keinesfalls in der analytischen Situation selbst. Sprach ich derartige Ereignisse an, reagierten die Patientinnen zunächst oft mit Beschämung, Verleugnung oder Verhöhnen meiner Deutungen durch exzessives Übertreiben. Das diente dazu, die versprachlichte und dadurch öffentlich gewordene Zuneigung wieder in den «Kokon» zurückzuholen und mir deutlich zu machen, daß ich – wieder einmal – zu weit gegangen war. Später, wenn die Patientinnen mal Feuer gefangen und den Gewinn des Deutens ihrer unbewußten «Nebenbei-Äußerungen» erfahren hatten, wurde es dann zunehmend möglich, mit diesen kleinen «Türszenen» sehr produktiv analytisch zu arbeiten.

## 6. Die Psychoanalytikerin und ihre Gegenübertragung in der Frau-Frau-Analyse

In den Analysen, über die ich berichte, war die Handhabung der Gegenübertragung teilweise sehr schwierig. Ein hoher Grad der Involviertheit meiner Person in das analytische Geschehen war unumgänglich. Die Patientinnen verfügten mit ihrer Sensibilität über ausgezeichnete Antennen, mit denen sie meine «persönliche Gleichung» aufspürten und in den Abwehrkampf integrierten. Geschickt wurde ich genau dort in Frage gestellt, wo ich selbst nicht «sattelfest» war. Insofern war die ständige Gegenübertragungs-Analyse bei diesen turbulenten Behandlungen geradezu eine Überlebensnotwendigkeit. Die im Gift der Projektionen gelösten Wahrheiten verfehlten ihre Wirkung zumeist nicht.

In der Tat ist es wenig angenehm, der vollen Wucht einer ausgeprägten, in der Regel negativ getönten, entwertenden Mutter-Übertragung ausgesetzt zu sein. Es war sicher kein Zufall, daß bereits Freud sich in der idealisierten Vater-Übertragung sehr viel wohler fühlte und gegenüber Hilda Doolittle, einer seiner Patientinnen, einmal freimütig äußerte: «Ich bin nicht gern die Mutter in der Übertragung – es überrascht und schockiert mich immer ein wenig. Ich fühle mich so sehr als Mann!» (Doolittle, 1974, S. 163).

Das kollektiv unbewußte Bild der bedrohlichen, archaischen, sogar ihre Kinder verschlingenden Ur-Mutter prägt ja nicht nur den gesamtgesellschaftlichen Umgang mit der Frau. Es prägt ebenso das Theoriegebäude der Psychoanalyse sowie die Psychoanalytikerinnen und Psychoanalytiker (vgl. Rohde-Dachser, 1991): Mir sind bei mir selbst und anderen Psychoanalytikerinnen zwei spannungsreduzierende und daher verführerische Tendenzen der geschlechtstypischen Abwehr gegen die «mère mortifière» aufgefallen. Beide Haltungen können der Analytikerin vorübergehenden Schutz davor bieten, mit der bösen Mutter identifiziert zu werden. Jeweils für sich gesehen handelt es sich um wertvolle und notwendige Elemente des analytischen Wirkens. Lediglich, wenn eine der Haltungen extrem praktiziert wird und keine Kombination mit anderen Haltungen mehr zuläßt, muß von einer problematischen Gegenübertragungs- Abwehr gesprochen werden.

I. Die gütige Mutter: Die Analytikerin schlüpft in die Rolle der zugewandten, liebevollen, netten Behandlerin. Sie hat Angst, aggressiv, fordernd oder gar konfrontierend zu sein, und möchte es vermeiden, schuldig zu werden oder gar Haß-, Wut- und Racheimpulse ihrer Patientinnen auf sich zu ziehen. Nicht selten wird ja in der Patientin auch die wiedergekehrte eigene Mutter gefürchtet und in Schach gehalten. Aus den Spannungen und Bedrohlichkeiten einer auch aggressiv gelebten Beziehung zu ihren Analysandinnen flüchtet sie derart, daß sie diese zu ihren «Analysekindern» macht. Diese werden gefüttert, gehalten, genährt, getröstet, bemuttert, rundum verstanden und geliebt. Die Konflikte jedoch werden vermieden. Auch die Einhaltung des Settings wird vernachlässigt, weil die Analytikerin ihre vom Leben betrogenen Patientinnen nicht noch weiter mit Anforderungen belasten und sich selbst Konflikte ersparen möchte. Sie ist nur im regressiven Bereich präsent, als mütterliche Instanz. Sie selbst als Person und professionelle Analytikerin mit klaren Konzepten scheint nicht mehr zu existieren.

II. Der abgegrenzte Vater: Die Analytikerin wird, meist aus einer Vater-Identifikation heraus, zu einer «Hardlinerin». Betont klar, konfrontierend, fast karg setzt sie ihre Patientinnen «auf den Topf». Sie tut sich schwer damit, herzlich zu sein – und wenn sie es mal ist, hat sie rasch Schuldgefühle und Angst, sie könnte agiert und damit das analytische Ziel aus den Augen verloren haben. Professionalität und Freundlichkeit scheinen sich für sie zu beißen. Sie hat, oft weit mehr als ihre männlichen Kollegen, Mühe damit, Herzlichkeit und Wärme in den analytischen Dialog souverän zu integrieren. Ständig fürchtet sie, Aspekte negativer Übertragung übersehen zu haben. Manchmal übersieht sie dabei jedoch eher die zärtlichen, liebevollen und werbenden Übertragungsangebote ihrer Patientinnen, die sich dann von ihr genauso abgewiesen fühlen wie ehemals vom sich letztlich immer wieder entziehenden Vater. Sie hat eine männliche Grundhaltung idealisiert und verinnerlicht (stringentes Denken, konsequentes Handeln, keine Gefühlsduseleien) und verharrt als Vater-Tochter in dieser Position.

Die Einnahme des eigenen psychoanalytischen Standortes stellt gerade vor dem Hintergrund der Geschlechtsrollen-Problematik für Frauen eine enorme Herausforderung dar. Viele Gratifikationen des «unmöglichen Berufs», etwa die narzißtische Bestätigung durch berufspolitische Aktivitäten in den bekannten analytischen Gruppierungen oder auch in Wissenschaft, Lehre und Forschung, werden bislang von den Analytikerinnen nur in recht geringem Ausmaß beansprucht (vgl. Rohde-Dachser, 1985). Frauen als handelnde, ihrer selbst bewußte Subjekte stehen kollektiv wie individuell noch ziemlich am Anfang. Sie beginnen erst damit, sich ein «Ich» (von Braun, 1988) anzueignen. Dabei begegnen sie nicht nur ihren inneren, sondern auch immer noch vielen äußeren Widerständen.

So fällt es etwa Frauen im analytischen Beruf alles andere als leicht, die eigene Person lustvoll und selbstbewußt von ihren Patientinnen idealisieren zu lassen. Die Neigung, sich kleinzumachen, schamhaft Relativierungen anzubringen, «das brave Mädchen» zu spielen, das ja selbstlos bloß helfen möchte, ist nicht selten recht ausgeprägt. Moulton (1992) spricht von der Angst vieler Analytikerinnen vor positiv ausgeübter Professionalität, weil damit die Phantasie verknüpft ist, die eigene sexuelle Anziehungskraft auf Männer zu verlieren und die Neid- und Racheimpulse anderer Frauen auf sich zu ziehen. Die Angst-Phantasie – die sich sicher nicht auf eine Phantasie reduzieren läßt, aber eben doch zumindest auf ihren Wahrheitsgehalt hin zu überprüfen ist – endet jedenfalls mit totaler sozialer Vereinsamung und Ablehnung der beruflich erfolgreichen Frau. Auch Schachtel (1992) spricht von einer Gegenübertragungsregression als konstantem Faktor bei Analytikerinnen, weil die weibliche Geschlechtsrolle und die Berufsrolle wegen ihrer divergierenden Anforderungen so schwer in Einklang zu bringen sind. Spieler (1992) führt die Unfähigkeit vieler Analytikerinnen, sich idealisieren zu lassen, auf deren Überidentifikation mit idealisierter Männlichkeit zurück. Diese Aussage korrespondiert auch mit der bekannten These, daß die Psychoanalyse insgesamt Männlichkeit idealisiert und Weiblichkeit entwertet – mit entsprechenden Konsequenzen für das Selbstwertgefühl der Analytiker einerseits und der Analytikerinnen andererseits. Insofern ist es sehr wichtig, daß sich die Analytikerin mit diesen Problemkreisen auseinandersetzt und versucht, einen Standort einzunehmen, der es ihr erlaubt, die eigene Arbeit wertzuschätzen und trotz widriger Realitäten den Mut aufzubringen, eine positiv-weibliche Professionalität zu entwickeln.

Ich halte es auch für unerläßlich, sich als Analytikerin mit dem eigenen «lesbischen Komplex» (Poluda-Korte, 1993), also der individuell wie kollektiv abgewehrten Liebe zur eigenen Mutter sowie zu anderen Frauen – und nicht zuletzt zur eigenen weiblichen Körperlichkeit – sorgfältig zu befassen. Die Analytikerin kann es dann eher riskieren, die Liebe, das Vertrauen und die Hoffnungen ihrer Patientinnen ehrlich in sich aufzunehmen, ohne dabei süßlich werden zu müssen oder die Patientinnen an sich abprallen zu lassen. Das Zugewandte, Liebevoll-Professionelle hindert sie ja keinesfalls, ihren Analysandinnen klar abgegrenzt und kritisch-professionell überall dort zu begegnen, wo diese ihre neurotischen Konflikte reinszenierend zum Ausdruck bringen.

Die Tatsache, daß die analytische Rolle mit ihren angenehm- mütterlichen Aspekten vor allem der klassischen Frauenrolle entspricht, ist für die Analytikerin eher ein Nachteil: Arbeitet sie nämlich mütterlich, wird es rasch so wahrgenommen, als sei dies selbstverständlich, als könne dies sowieso jede Frau. Zeigt sie sich hingegen männlich, löst sie damit zunächst Befremden, Ablehnung und jede Menge anderer negativer Affekte aus. Verhält sich ein männlicher Kollege mütterlich, wird er dafür geliebt und bewundert. Allenfalls hat er mit flapsigen, entwertenden Kommentaren solcher Mitmenschen zu rechnen, die einer pathologischen Über-Männlichkeit huldigen. Doch auch seine männlichen Anteile werden ihm weniger vorgeworfen, weil sie bei ihm sowieso erwartet werden und gesellschaftlich anerkannt sind. Insofern führt die analytische Tätigkeit für Frauen und Männer zu unterschiedlichen Erfahrungen damit, wie sie in der eigenen Berufsrolle durch die Patientinnen und Patienten erlebt werden: Beim Mann sind zunächst alle positiv überrascht, weil er so «lieb» ist, während es bei der Frau zu einer negativ getönten Überraschung kommt, weil sie so «böse» ist. Litwin (1992) spricht in diesem Kontext von Analytikerinnen als «doppelten Verliererinnen».

Klöss-Rotmann (1993) hat in ihrer Untersuchung der Sprachgewohnheiten von Analytikerinnen und Analytikern die bedrückende Neigung der Kolleginnen aufgezeigt, die reale gesellschaftliche Entwertung von Frauen auch intrapsychisch nachzuvollziehen – und zwar als umfassende Selbstentwertung. Indem die Analytikerinnen sich selbst die Anerkennung verweigern, werden sie noch leichter angreifbar als ihre männlichen Kollegen. Da die Attacken der Patientinnen gegen ihre Analytikerinnen oft heftiger und negativer ausfallen als gegen männliche

Analytiker – und das bei insgesamt geringerem Selbstwertgefühl sowie größerer Verletzbarkeit der Analytikerinnen – impliziert die analytische Tätigkeit – jedenfalls bislang – für Frauen größere Belastungen als für Männer.

Folgt man der psychoanalytischen These von der konstitutionellen Bisexualität des Menschen (Freud, 1905d; 1925j), können Patienten beiderlei Geschlechts sowohl Aspekte der Mutter- als auch der Vater-Imago auf Psychoanalytiker beiderlei Geschlechts übertragen. Diese Möglichkeit der «Kreuzidentifizierung» (Winnicott, 1987, S. 85ff. und S. 136–155) impliziert ebenso die prinzipielle Einfühlungsfähigkeit von Analytikerinnen in Männliches und von Analytikern in Weibliches. Der «unmögliche Beruf» erlaubt es, die engen Grenzen der eigenen Geschlechtlichkeit zu überwinden und in den Domänen des anderen Geschlechts zu «wildern». Chasseguet-Smirgel (1988, S. 43) betont in diesem Zusammenhang: «... daß die Bisexualität des Analytikers gut integriert sein muß, damit das Baby sich entwickeln kann, das Analytiker und Analysand in ihrer gemeinsamen Arbeit schaffen ...» Sie teilt jedoch auch die inzwischen unstrittige Ansicht, daß auch noch so gut analysierte Analytiker und Analytikerinnen sich selbst – entlang den herrschenden Geschlechtsrollen-Stereotypien – durchaus recht unterschiedlich wahrnehmen und auch von ihren PatientInnen unterschiedlich wahrgenommen werden: So lösen etwa Analytiker stärkere ödipale und Analytikerinnen ausgeprägtere präödipale Übertragungen aus (vgl. Schachtel, 1992), um nur einen der vielen überindividuellen, geschlechtsbedingten Einflüsse auf die analytische Behandlung zu nennen.

Die gesellschaftliche Entwertung und das «In-Schach-Halten» der Frau wird wohl noch so lange andauern, wie allein Mütter die Kinder großziehen. Genau diese Tatsache identifizierte Chodorow (1985) als zentrale Quelle kollektiver Ressentiments gegenüber Frauen. Gilligan (1984) hat beschrieben, daß weibliche Existenz sich eher in der Beziehung verwirklicht – und nicht in der Autonomie, wie es bei Männern eher der Fall ist. Sie stellt die gängige gesellschaftliche Vergötzung der Autonomie in Frage und schlägt vor, das Denken und Erleben in Beziehungen zukünftig mehr zur Grundlage von Entscheidungen zu machen. Analytikerinnen können durch solche Gedanken dazu ermutigt werden, gute weibliche Werte zu rehabilitieren und die eigene Weiblichkeit insgesamt aufzuwerten. Nur so wird es ihnen auch leichter, sich mit ihren «Müttern des Feminismus» kritisch-entidealisierend auseinanderzusetzen und eine differenzierte eigene Position zu Frauenfragen einzunehmen.

Ebenso ist es notwendig, daß Analytikerinnen sich aus der Idealisierung männlicher Vaterfiguren lösen, um ihnen auf der Ebene der Gleichrangigkeit und Freiwilligkeit wiederbegegnen zu können. Selbstbewußte Analytikerinnen, die ihre «Väter der Psychoanalyse» erfolgreich entidealisieren konnten, haben erfahrungsgemäß eine deutlich positivere und unverkrampftere Einstellung gegenüber dem männlichen Geschlecht (das ist auch ganz körperlich zu verstehen) als ihre in der Vater-Idealisierung verharrenden, sich selbst als Frauen mißachtenden Kolleginnen.

Es bleibt ein Balance-Akt für jede Analytikerin, ihren Ort zu finden zwischen notwendiger und möglicher Geschlechtsumwandlung im Sinne eines guten Sich-Aneignens von Qualitäten des anderen Geschlechts und selbstbewußtem Beibehalten, bzw. Rückgewinnen weiblicher Qualitäten im Sinne einer vor allem körperlich-sinnlich zu begreifenden positiven Weiblichkeit, die sich dem Status des Opfers endgültig verweigert, ohne dabei ihr kritisches Unrechts-Bewußtsein zu verlieren. Das ist lohnend, benötigt jedoch einiges an produktiv-aggressiver Energie.

## 7. Die zentralen Übertragungsthemen und ihre Reihenfolge

In den von mir beschriebenen Analysen existierten – eng verbunden mit den oben genannten Abwehrmodi – vier zentrale und kompliziert ineinander verschlungene Übertragungsfiguren: An diesen mußten die Patientinnen mit mir arbeiten, wenn sie ihre narzißtischen Erlebens- und Verhaltensstrukturen überwinden und eine angemessene Integration ihrer bislang entwerteten, abgespaltenen Ich- Anteile erreichen wollten:

I. Sie benötigten mich als Übertragungsfigur der entwerteten, kastrierten Mutter, als Container für alles Regressive, Gefühlshafte, Bedürftige, Anhängliche, Begrenzte, Vertrauensselige, was sie bei sich selbst (noch) nicht wahrhaben und ertragen mochten, wonach sie sich aber unendlich sehnten. Sie verharrten mir gegenüber manchmal über lange Zeit in einer Grandiositäts-Position, aus der heraus sie mich verachteten. Sie projizierten auf mich, ich wolle sie lesbisch, süchtig, asexuell, als klammernde Mutter so bewegungsunfähig machen, daß der erregende fremde Mann der Leidenschaft für sie nie zu haben sei und lebendige Sexualität für immer unerreichbar wäre. Mir wurde insofern zwar durchaus ein Begehren zugeschrieben, aber eines der Kastration, nicht eines der Freiheit und Lebendigkeit. Gleichzeitig war die grandiose Abwehr der Patientinnen sehr fragil und drohte ständig, in Jämmerlichkeit und Verzweiflung umzukippen. Es dauerte oft lange, bis sie die eigenen Regressionswünsche nicht mehr auf mich projizieren und dort wütend bekämpfen mußten.

II. Die Patientinnen erlebten mich als eine, die es besser hat als sie. Das führte zu Gefühlen des Neides, der Gier und manchmal kaum zu kontrollierender Wut sowie Wünschen, mich all des Guten zu berauben, was ich hatte. Dies entsprach der Übertragungsfigur der bedrohlichen Rivalinnen- und Rache-Mutter, die mächtig, im Besitz des väterlichen Phallus und potentiell zerstörerisch ist. Um dem ängstigenden Rivalitäts-Konflikt mit mir auszuweichen, machten sie mich zur Täterin. Sie beschworen den eigenen Opferstatus sowie die prinzipielle Gleichrangigkeit zwischen uns und versuchten, mich zum allgemeinen weiblichen Leid und Elend «zurückzupfeifen»: Ich sollte es nicht besser haben, genau wie sie selbst im «Chor der Opfer» unscheinbar mitsingen. Das ersparte ihnen sowohl die Konflikte des Rivalisierens als auch die Kränkungen eventueller Niederlagen. Darüber hinaus konnte ich in der Phantasie der Patientinnen keine Rache an ihnen nehmen oder sie ihrer neu errungenen Schätze oder Beziehungen berauben. Solange sie sich vorwurfsvoll in der eigenen Jämmerlichkeit verkrochen und lediglich schuldbewußt-defensiv zeterten und tobten, wurde ich zu keiner wirklichen Bedrohung. Aber: Es änderte sich damit auch nichts am Gefühl der Patientinnen, ständig zu kurz zu kommen, sich für andere sinnlos zu verschleißen und letztlich überhaupt nicht das Leben zu führen, das sie, ihrer Wunschwelt entsprechend, eigentlich gern so wild, lustvoll und skandalös geführt hätten. Solange sie in mir projektiv das eigene Begehren als inakzeptabel, böse und einer Frau nicht zustehend bekämpften, mußte es für sie unerreichbar und weiterhin guter Grund aggressiver Affekte bleiben.

III. Die dritte Übertragungsfigur bezog sich auf den Vater der Patientinnen: In der Angst, von ihm fallengelassen zu werden und seinen Schutz zu verlieren, wenn sie sich ihm widersetzten und nicht mehr als seine narzißtische Plombe fungierten, erlebten sie den eigenen Trennungswunsch «weg von ihm» als aggressiv. Sie fürchteten sich vor seiner Rache, seiner Enttäuschungswut sowie seinem Neid, wenn sie, wie sie es eigentlich wünschten, mit einem attraktiven anderen Mann eine Bindung eingingen, um mit ihm Sexualität, vielleicht Kinder zu haben, in jedem Fall aber ein befriedigendes Leben als erwachsene Frau zu führen.

Der Sog, die brave Vater-Tochter zu bleiben, war sehr heftig: Sich den drohenden Risiken des Alltags allein, ohne den Vater, stellen zu müssen, löste Angst aus. Der hiermit verknüpfte Übertragungswiderstand gegen mich als Frau im Sinne eines Festhaltens am idealisierten Vater-Mann war, so mein Eindruck, der hartnäckigste. Eckart (1988) hat diese pathologische Fixierung von Frauen auf den Vater mit all ihren tragischen Konsequenzen sehr gut herausgearbeitet und vor allem die Anstrengung betont, die das Auflösen einer solchen Idealisierung für die jeweilige Frau bedeutet. So fiel es den Patientinnen schwer, in mir eine männlich-väterliche Übertragungsfigur zu sehen. Die sowieso schon ängstigenden, konfliktuösen Seiten der Beziehung zum Vater nun auch noch mit einer Frau austragen zu müssen, erschien als Zumutung. Chasseguet-Smirgel (1988, S. 73f.) schreibt dazu:

> «Wie mir scheint, sind es die tief regredierten, ihrer Sexualität wenig sicheren Kranken, die am stärksten dazu neigen, sich verzweifelt an die Realität des Geschlechts des Analytikers zu klammern, sich am stärksten dagegen wehren, den Analytiker als Übertragungsobjekt zu benutzen, ...»

Erst mit der Zeit konnten die Patientinnen es sich und mir, einer «minderwertigen Frau», zugestehen, auch die Enttäuschungsgefühle und den Haß auf den Vater in der Übertragungsbeziehung direkt zuzulassen und nicht mehr den bisherigen tragischen Umweg über das «Eindreschen auf die Mütter» zu nehmen.

IV. Die Patientinnen brauchten mich nicht zuletzt auch als ein gutes, bewundertes, geliebtes, positiv-weibliches Subjekt des Begehrens, als eine Übertragungsfigur der Anderen, der «neuen Frau», die gute mütterliche und väterliche Anteile angemessen integriert hat – ebenso wie ihren weiblichen Körper samt dessen Bedürfnissen sexueller wie reproduktiver Art. Diese Ebene der Übertragung blühte meist lange im Verborgenen und konnte erst gegen Ende der jeweiligen Behandlung relativ angstfrei Gegenstand des analytischen Dialoges werden.

Die Bearbeitung der eben beschriebenen vier Übertragungsfiguren erfolgte in allen Analysen meiner aggressiven Patientinnen in recht ähnlicher Reihenfolge: Stets war die Auseinandersetzung mit der entwerteten, bösen, defizitären, bedrohlichen, negativen Mutter- Imago über lange Zeit das zentrale Thema der Behandlung. Fast die Gesamtheit aller negativen Übertragungsreaktionen mir gegenüber sowie auch meine problematischsten Gegenübertragungsaffekte möchte ich dieser so wichtigen Bearbeitung der Mutter-Thematik zuordnen. Dabei wurde mir auch das von Chasseguet-Smirgel bereits 1964 (deutsch 1974) beschriebene Phänomen der Mutter-Kontamination sehr nachvollziehbar: Es handelt sich dabei um das inhaltlich nicht gerechtfertigte Projizieren all jener negativen Affekte auf die Mütter, die eigentlich den Vätern gelten müßten. Da die idealisierten Väter jedoch zur Stabilisierung der Töchter benötigt werden (Identifikation mit dem väterlichen Ich-Ideal), müssen sie sie vor jedweder Kritik schützen. Statt dessen kommt es zur Opferung der Mütter – was gleichbedeutend ist mit dem Opfern auch des eigenen weiblichen Lebensglücks. Entsprechend viel Kraft, Zeit und Geduld war von den Patientinnen und mir aufzubringen, bis die so ängstigende Auseinandersetzung mit dem dritten Übertragungsthema, der Entidealisierung des Vaters, in der Analyse möglich wurde. Konnte diese so schwer erreichbare innere Konfliktthematik jedoch einmal in den analytischen Dialog Eingang finden, war das Durcharbeiten der vierten Übertragungsfigur samt den damit verknüpften Internalisierungen meist kein so großes Problem mehr.

## 8. Erbitterte Schlachten. Behandlungstechnische Erwägungen zum Narzissmus und zur Rolle der Aggression in der Frau-Frau-Analyse

Mein Verständnis des Narzißmus und seiner Behandlung entspricht weitgehend dem von Volkan/Ast (1994, S. 174ff.) formulierten Ansatz, der das moderate Kohut'sche Konzept erweiternd mit dem Konfliktbegriff verknüpft, welcher das Einbeziehen von Aggression in den analytischen Prozeß als sinnvoll und konstituierend für seelische Entwicklungen betrachtet. Volkan und Ast betonen die Notwendigkeit des Durcharbeitens sowohl der libidinösen als auch der aggressiven Themen in der Übertragungsbeziehung (a.a.O., S. 189).

> «Bei der Arbeit mit Patienten, die Objektbeziehungskonflikte haben, reicht das Sich-Erinnern an und Sprechen über zuvor verleugnete, abgespaltene oder verdrängte Konflikte nicht aus. Die Psychoanalyse muß den Prozeß der Entwicklung und Inszenierung ‹therapeutischer Geschichten› (ausagierendes Sich-Erinnern an einen Mangel oder an einen Konflikt des Patienten mit dem Wunsch, das Problem so zu meistern) bei der Restrukturierung der intrapsychischen Welt dieser Patienten zulassen» (a.a.O., S. 190 f.).

> «Wenn der Patient allmählich mit seiner Grandiosität konfrontiert wird, [...] erscheint die Wut gegen die äußere Welt, repräsentiert durch den Analytiker, und kann nun systematisch interpretiert werden» (a.a.O., S. 205). «Der Patient muß dann manchmal den Analytiker bis zur Verleugnung von dessen Existenz entwerten» (a.a.O., S. 206).

Ich legte in den Analysen der aggressiven Frauen großen Wert auf die Einhaltung des Settings. Beim Auftauchen narzißtischer Wut, wie sie für diese Patientinnen charakteristisch ist, war die Sicherheit eines zuverlässigen Rahmens wichtig:

> «Narzißtische Wut [...] darf [...] nicht mit der Aggression des reifen Menschen verwechselt werden. Narzißtische Wut versklavt das Ich und erlaubt ihm nur, als ihr Handwerkszeug und Rationalisierer tätig zu werden», schreibt Kohut (1973, S. 542).

Die dahinterliegenden Gefühle der Trauer, Leere und Einsamkeit waren für die Patientinnen so ängstigend, daß sie zunächst alles taten, um sich und mich vom «Erinnern, Wiederholen und Durcharbeiten» (Freud, 1914g) derselben fernzuhalten.

Die Patientinnen zogen es vor, sowohl ärgerlich als auch lustvoll meine diversen «Verfehlungen» zu benennen sowie eigene, ungeliebte

Ich-Anteile auf mich zu projizieren. Ich wurde zum «Container» (vgl. Bion, 1990).

> «Den Analytiker zu deprimieren ist die einzige Möglichkeit des schizophrenen Patienten, sich näherungsweise seiner eigenen projizierten Verzweiflung im Objekt / Analytiker zu vergewissern. Mit ihren objektorientierten Antennen bekommen schizophrene Menschen selbstverständlich ihren deprimierenden ‹Erfolg› mit», schreibt Rothaupt (1992, S. 217).

Immer wieder verführten mich die Patientinnen dazu, im komplizierten Mechanismus der «projektiven Identifikation» (Ogden, 1988) meinen Part zu spielen. Rothaupt betont, daß der Prozeß der depressiven Verarbeitung der containten Gefühle der Patientin in der containenden Analytikerin sogar absolut zwingend notwendig ist: Gefühle der Trauer, Ohnmacht, Wirkungslosigkeit, Inkompetenz und Schlechtigkeit müssen ganz real und ehrlich durcherlebt und sorfältig von der Analytikerin verarbeitet werden. Sie muß berührt/getroffen worden sein von den Attacken – sonst funktioniert die projektive Identifikation nicht. Nur so können sich die Patientinnen das sinnlich erlebbare Ergebnis dieser Gefühlsarbeit anschließend identifizierend einverleiben. Genau die Erkenntnis der Nicht-Vollkommenheit der Analytikerin ermöglicht es ihnen über die Identifikation, die eigene Begrenztheit auszuhalten und von kindlichen Allmachts-Phantasien Abschied zu nehmen. Eine Patientin formulierte ihr Verlassen der «narzißtischen Position» und das Erreichthaben der «depressiven Position» (vgl. Klein, 1972) mit folgenden nachdenklichen Worten:

> «Das war immer meine Angst: daß der Berg, also ich, kreißt – und dann doch bloß eine Maus gebiert! Andererseits – von einer Maus wird auch nicht so viel verlangt. – Und sie ist ein kluges, flinkes Tier, das zubeißen kann. Sie kann 'ne Menge bewirken. Also, Maus, das ist irgendwie gar nicht so übel!»

Die von mir behandelten Patientinnen waren zwar nicht psychotisch, aber durchaus vergleichbar sensibel. Mit Hilfe von Schriften aus der psychoanalytischen Psychose-Forschung (Searles, 1974; Mentzos, 1992; Rosenfeld, 1981 und 1990; Bock et al., 1992) sowie psychoanalytischen

Behandlungsberichten über Extrem-Traumatisierte (Ehlert/Lorke, 1988; Becker, 1990) wurden mir wie durch ein Vergrößerungsglas die quälenden, anstrengenden Reaktionen meiner Patientinnen verständlicher und nachvollziehbarer als angemessene Bewältigungsformen ihrer Vor- und Frühgeschichte. In diesem Sinne ging ich, so gut ich es konnte, empathisch auf die Patientinnen ein und scheute nicht davor zurück, ein ihnen real zugefügtes Unrecht auch Unrecht zu nennen.

Die sprachliche Symbolisierung von Gefühlen, Stimmungen, Körperreaktionen dient bekanntlich der Affektdifferenzierung und konnte gerade in diesen ängstigenden Negativ-Bereichen dazu beitragen, daß sich die Patientinnen in Kontakt zu ihren inneren Abläufen begeben konnten. Eine Ausdifferenzierung von bislang diffusen, schier unerträglichen Erregungszuständen konnte beginnen, so daß Gefühle und Körperreaktionen, die in der Geschichte der Patientinnen ein heimliches, abgespaltenes Schatten-Dasein führen mußten, nun vorsichtig ihre Namen erhielten.

Dieses dann gemeinsam betriebene Vokalisieren, Ausprobieren und Spielen mit Worten für Inneres sowie Körperliches im intersubjektiven, weiblichen Übergangsraum war bisweilen sehr lustvoll: Die Patientin hatte «angebissen», weil sie realisierte, daß sie für große Areale ihres Erlebens keine Sprache besaß und das ändern mußte, wenn sich etwas für sie ändern sollte.

Interessanterweise fehlte zumeist nicht die Sprache für die Welt der aggressiven, sondern eher für die der regressiven Affekte. Eine Patientin, die als «Schlüsselkind» mit einer jungen, überforderten Mutter und mehreren kleinen Geschwistern im Arbeitermilieu aufwuchs, besaß alle Arten der Verbalisierung im aggressiv-kämpferischen Bereich. Sie verfügte jedoch kaum über ein Vokabular für alles, was zum Bereich der zarten, bedürftigen, liebevollen Gefühle gehörte. Sie holte in ihrer Analyse ein Riesenstück der eigenen Sprachentwicklung nach und erlernte die genaue verbale Symbolisierung von verschiedenen Gefühlen wie Trauer, Kränkung, Enttäuschung, Empörung, aber auch Sehnsucht und Liebe – auf die sie früher stets unterschiedslos mit Wutäußerungen reagiert hatte. Das führte zu einer verbesserten Affektdifferenzierung – mit entsprechend ausdifferenzierteren Reaktionen auch in ihrem Verhalten gegenüber anderen Menschen.

Die sprachliche Symbolisierung von Körperreaktionen, Gefühlen, Personen und Gegenständen durch den Dialog mit einer guten, elterlichen

Instanz kann zu einer seelischen Existenz des Benannten führen und Abspaltungsprozesse rückgängig machen. Gelang es im Dialog mit meinen Patientinnen, die sprachlichen Symbolisierungen der Affekte mit spezifischen biographischen Erfahrungen verstehend zu verknüpfen, kam es oft zu beeindruckenden Entwicklungsschritten: Erneut war ein Stück der Wieder-Aneignung ihrer Geschichte gelungen. So schrecklich das Erinnern wegen der damit unentrinnbar verknüpften Trauer- und Verzweiflungsgefühle manchmal auch war, so viele Energien wurden auch frei, wenn die Patientinnen es sich erlaubten «loszulegen». Die Positiv-Erlebnisse purzelten dann manchmal nur so, selbst wenn Selbstbestrafungs- und Selbstbehinderungstendenzen in den Patientinnen weiter nach Verwirklichung drängten. Aber gespürt, benannt und relativiert verloren diese Mechanismen ihre Macht bzw. konnten, so sie sich doch mal wieder durchgesetzt hatten, im Dialog verstehend hinsichtlich ihrer aktuellen Funktion für die Patientinnen eingeordnet werden.

Typisch für die Patientinnen war nicht nur ihre ausgeprägte Aggressivität zu Abwehr- und Widerstandszwecken. Genauso typisch war es auch, daß sie mutig und redlich dazu bereit waren, sich ihren problematischen Mechanismen zu stellen. Geradezu lustvoll setzten sie die einmal gewonnenen analytischen Erkenntnisse auch praktisch um. Für das Gelingen der analytischen Expedition brachten sie ihre Intelligenz, Sensibilität und viel Humor immer dann in die Arbeit ein, wenn es einmal «Klick» zwischen ihnen und mir gemacht hatte. Die Patientinnen gingen dann ihren Weg der Selbst-Erkenntnis bis zum für sie richtigen Punkt weiter. Dieses «Klick» wurde nach meiner Beobachtung vor allem durch die gründliche Austragung des Hasses zwischen den Patientinnen und mir ausgelöst.

Das Spektrum der Übertragungsabwehr der Patientinnen umfaßte keineswegs nur verbale Aggressionen, das prototypische Feld weiblicher Aggressivität. Sehr kreativ setzten die Patientinnen auch die Waffe des Schweigens ein: Wo nichts geredet wurde, konnte schlechter gedeutet werden. Dies traf auch zu auf die Technik des Dauerredens: Ich kam kaum zu Wort. Eine Patientin brillierte als Meisterin dieser Kunst. Es dauerte lange, bis sie mir, als ich sie darauf ansprach, prustend recht gab und vergnügt zum Ausdruck brachte, wieviel Spaß es ihr gemacht hätte, mich mit dieser Technik so erfolgreich lange von der Arbeit abzuhalten – und wie lustig sie meine ängstliche Art des Nachfragens finde. Eine andere log, «daß sich die Balken bogen». Nicht nur verheimlichte sie mir sämtliche Erfolge, die mit der Analyse verbunden waren. Sie übertrieb auch die negativen Ereignisse ihres Lebens in unzulässiger Weise und erfand herzergreifende Geschichten, um mich von der Beschäftigung mit ihren Gefühlen der Leere und Traurigkeit fernzuhalten. Andere Patientinnen induzierten mir Schuldgefühle: Mit Gesten der Körpersprache, von todtraurigem Seufzen bis zu hoffnungslosem Achselzucken und trotzigem Weinen wurde das gesamte Register erpresserischer Vorwürflichkeit in der analytischen Beziehung wirkungsvoll zum Einsatz gebracht.

Immer wieder reagierte ich nicht nur depressiv, verzweifelt und resigniert, sondern auch sehr ärgerlich. Ich haßte die jeweilige Patientin für das, was sie mir da antat: Bei allem Verständnis für die Biographie und das real erlebte Leid der Patientinnen war mir natürlich auch an mir selbst und der Aufrechterhaltung eines gewissen Wohlgefühls gelegen.

Winnicotts Arbeit über den «Haß in der Gegenübertragung» (1947, neu 1983), hat mir sehr geholfen. Er betont, wie notwendig der Haß des Analytikers für den Patienten manchmal sein kann, daß manche Patienten sogar erst dann ans Geliebtwerden glauben können, nachdem es ihnen gelungen ist, vom Analytiker gehaßt zu werden. Was die Vermittlung des Hasses betrifft, so rät Winnicott, dem Patienten zwar respektvoll, aber doch ehrlich zu begegnen und ihm gegenüber den eigenen Haß einzugestehen. «[...] ich sagte, was geschehen sei, habe Haß in mir gegen ihn erzeugt. Das war leicht, weil es so wahr war» (a.a.O., S. 86).

Entsprechend wirkte gerade die Erfahrung meiner Patientinnen, daß ich letztlich keinen wirklich ernsthaften Schaden durch ihre Attacken davontrug, äußerst beruhigend – und korrigierte negative Größenvorstellungen: Mein Überleben war der klare Beweis, daß ihre bisweilen mörderisch getönten Träume oder Wunschphantasien nicht die Macht hatten, mich real zu beschädigen.

Aber auch mein partielles Getroffen- und Beschädigtsein durch die destruktiven Attacken der Patientinnen war von Bedeutung. An mir, an meiner Reaktion, erlebten sie die Tatsache ihrer Existenz und ihrer Wirksamkeit. Wie Winnicott (1969, neu 1987, S. 101ff.) es in seiner Arbeit über «Objektverwendung und Identifizierung» beschreibt, kann die destruktive Zerstörung des Objekts Analytikerin durch das Subjekt Patientin ein wichtiger, sogar notwendiger Schritt zur Ich-Reifung sein: Um die Analytikerin verwenden zu können, muß diese erst von der Patientin zerstört werden. Überlebt das Analytiker-Objekt, sagt das Subjekt:

> «Hallo Objekt! Ich habe dich zerstört! Ich liebe dich! Du bist für mich wertvoll, weil du überlebt hast, obwohl ich dich zerstört habe!» ... «Weil das Objekt überlebt, kann das Subjekt ein Leben in der Objektwelt beginnen und dadurch unermeßlich viel für sich gewinnen ...» (a.a.O., S. 105). «So entsteht eine Welt erlebter Realität, die das Subjekt verwenden kann und aus der es seine ‹Nicht-ich›-Substanz beziehen kann» (a.a.O., S. 110).

Erst über die Destruktion wird die Andere sichtbar, existent und muß so vom Subjekt als Eigenwesen anerkannt werden. Insofern dient der destruktive Akt, der keine Rache des überlebenden Anderen impliziert, der Subjekt-Objekt-Differenzierung.

Sprach ich das Zerstörerische, was von den Patientinnen ausging, mit der dazu gehörenden Unerträglichkeit für mich aus, war das Böse im analytischen Übergangsraum gelandet. Es mußte nicht länger abgespalten werden. Das entzog paranoiden Phantasien den Boden: Die Patientinnen brauchten nicht mehr, ängstlich und von pathologischen Schuldgefühlen geplagt, Spekulationen anzustellen, daß ich sie ablehne. Gerade weil ich mir keinesfalls alles gefallen ließ, mich wehrhaft und selbstbewußt zeigte, mich den Rollen sowohl der «guten Mutter» als auch der «Rache-Mutter» immer wieder entzog, reagierten die Patientinnen zunächst empört. Gleichzeitig spürte ich ihre Anerkennung für meine Verweigerung. Es kam zu einer Identifikation der Patientinnen mit meiner Fähigkeit zum «Nein». In ihren Alltagskontakten behandelten sie andere nun ähnlich, wie sie von mir behandelt wurden. Sie wunderten sich anschließend, wieso das so gut funktionierte – und wieso sie selbst diese anderen «plötzlich so richtig mögen konnten». Durch das Auftauchen der mörderischen Anteile der Patientinnen und auch des «notwendigen Hasses» der Analytikerin sowie der gemeinsamen Rehabilitation und Integration angemessener Aggressivität wie etwa der Abgrenzung, des Äußerns von Kritik oder Wünschen oder des Eigensinns im analytischen Dialog kam es zu einer Subjekt-Objekt-Differenzierung: Die Patientinnen konnten zwischen der Eigenen und der Anderen unterscheiden und im Schutz des intersubjektiven analytischen Übergangsraumes in Ruhe ihr «Ich-Baby» zur Welt bringen.

## Literatur:


Alpert, Judith (Hg.) (1992): *Psychoanalyse der Frau jenseits von Freud.* Berlin/Heidelberg/New York

Alves, Eva Maria (Hg.) (1993): *Stumme Liebe – Der ‹lesbische Komplex› in der Psychoanalyse.* Freiburg

Becker, David (1990): «Ohne Haß keine Versöhnung – aus der therapeutischen Arbeit mit Extraumatisierten in Chile.» In: Herdieckerhoff, Eberhard et al. (Hg.): *Hassen und Versöhnen.* Göttingen, S. 107–120

Becker, Sophinette / Stillke, Cordelia (1987): «Von der Bosheit der Frau.» In: Brede, Karola et al. (Hg.): *Befreiung zum Widerstand.* Frankfurt a. M., S. 12–23

Benjamin, Jessica (1990): *Die Fesseln der Liebe. Psychoanalyse, Feminismus und das Problem der Macht.* Basel/Frankfurt a. M.

Benjamin, Jessica (1993): *Phantasie und Geschlecht. Studien über Idealisierung, Anerkennung und Geschlecht.* Basel/Frankfurt a. M.

Bion, Wilfred R. (1990): *Lernen durch Erfahrung.* Frankfurt a. M.

Bock, Thomas et al. (Hg.) (1992): *Stimmenreich. Mitteilungen über den Wahnsinn.* Bonn

Braun, Christina von (1988): *Nicht ich. Logik, Lüge, Libido.* Frankfurt a. M.

Chasseguet-Smirgel, Janine (Hg.) (1974): *Psychoanalyse der weiblichen Sexualität.* Frankfurt a. M.

Chasseguet-Smirgel, Janine (1988): *Zwei Bäume im Garten – Zur psychischen Bedeutung der Vater- und Mutterbilder.* München/Wien

Chodorow, Nancy (1985): *Das Erbe der Mütter. Psychoanalyse und Soziologie der Geschlechter.* München

Doolittle, Hilda (1975): *Huldigung an Freud.* Frankfurt a. M./Berlin/Wien.

Eckart, Christel (1988): «Töchter in der ‹vaterlosen Gesellschaft›. Das Vorbild des Vaters als Sackgasse zur Autonomie.» In: Hagemann-White, Carol / Rerrich, Maria S. (Hg.): *Frauen Männer Bilder. Männer und Männlichkeit in der feministischen Diskussion.* Bielefeld, S. 170–192

Ehlert, Martin / Lorke, Beate (1988): «Zur Psychodynamik der traumatischen Reaktion.» In: *Psyche* 1988, S. 502–532

Freud, Anna (1936; neu 1975): *Das Ich und die Abwehrmechanismen.* München

Freud, Sigmund (1895d; neu 1970): *Studien über Hysterie* (gemeinsam mit Breuer, Josef). Frankfurt a. M.

Freud, Sigmund (1900a): «Die Traumdeutung.» *Studienausgabe.* Bd. II. Frankfurt a. M. 1972

Freud, Sigmund (1905d): «Drei Abhandlungen zur Sexualtheorie.» *Studienausgabe.* Bd. V, Frankfurt a. M. 1982, S. 37–145

Freud, Sigmund (1905e): «Bruchstück einer Hysterie-Analyse.» *Studienausgabe.* Bd. VI, Frankfurt a. M. 1982, S. 83–186

Freud, Sigmund (1908d): «Die kulturelle Sexualmoral und die moderne Nervosität.» *Studienausgabe.* Bd. IX, Frankfurt a. M. 1982, S. 9–32

FREUD, Sigmund (1912b): «Zur Dynamik der Übertragung.» *Studienausgabe.* Ergänzungsband, Frankfurt a. M. 1982,S. 157–168

FREUD, Sigmund (1912/13): «Totem und Tabu.» *Studienausgabe.* Bd. IX, Frankfurt a. M. 1982, S. 287–444

FREUD, Sigmund (1914g): «Erinnern, Wiederholen und Durcharbeiten. Weitere Ratschläge zur Technik der Psychoanalyse II. » *Studienausgabe.* Ergänzungsband, Frankfurt a. M. 1982, S. 205–215

FREUD, Sigmund (1919h): «Das Unheimliche.» *Studienausgabe.* Bd. IV, Frankfurt a. M. 1982, S. 241–274

FREUD, Sigmund (1921c): »Massenpsychologie und Ich-Analyse.» *Studienausgabe.* Bd. IX, Frankfurt a. M. 1982, S. 61–134

FREUD, (1925j): «Einige psychische Folgen des anatomischen Geschlechtsunterschieds.» *Studienausgabe.* Bd. V, Frankfurt a. M. 1982, S. 253–266

FREUD, Sigmund (1927c): «Die Zukunft einer Illusion.» *Studienausgabe.* Bd. IV, Frankfurt a. M. 1982, S. 135–189

FREUD, Sigmund (1930a): «Das Unbehagen in der Kultur.» *Studienausgabe.* Bd. IV, Frankfurt a. M. 1982, S. 191–270

FREUD, Sigmund (1939a): «Der Mann Moses und die monotheistische Religion.» *Studienausgabe.* Bd. IX, Frankfurt a. M., S. 455–581

GAMBAROFF, Marina (1995): «Psychoanalytische Überlegungen zu einem verschlossenen Bereich weiblicher Macht – Frauen und Destruktivität.» In diesem Band

GILLIGAN, Carol (1984): *Die andere Stimme. Lebenskonflikte und Moral.* München/Zürich

HALBERSTADT-FREUD, Hendrika C. (1987): «Die symbiotische Illusion in der Mutter-Tochter-Beziehung.» In: PSYCHOANALYTISCHES SEMINAR ZÜRICH (Hg.): *Bei Lichte betrachtet wird es finster – Frauensichten.* Frankfurt a. M., S. 139–165

HEYNE, Claudia (1993): *TSigmund äterinnen. Offene und versteckte Aggressionen von Frauen.* Zürich

KLEIN, Melanie (1958; neu 1983): «Neid und Dankbarkeit.» In: KLEIN, Melanie: *Das Seelenleben des Kleinkindes und andere Beiträge zur Psychoanalyse.* Stuttgart, S. 225–242

KLÖSS-ROTMANN, Lisbeth (1993): «Wie lautlos ist die Sprache der Frauen?» In: ALVES, Eva-Maria (Hg.): *Stumme Liebe.* Freiburg, S. 189–222

KOHUT, Heinz (1973): «Überlegungen zum Narzißmus und zur narzißtischen Wut.» In: *Psyche* 6/1973, S. 513–554

LITWIN, Dorothy (1992): «Autonomie: Ein Konflikt für Frauen.» In: ALPERT, Judith (Hg.): *Psychoanalyse der Frau jeseits von Freud.* Berlin/Heidelberg/New York, S. 194–225

MENTZOS, Stavros (1992): *Psychose und Konflikt.* Göttingen

MITSCHERLICH, Margarete (1975): *Die friedfertige Frau.* Frankfurt a. M.

MODELL, A. H. (1976): «The ‹holding environment› and the therapeutic action of psychoanalysis.» In: *Journal of the American Psychoanalytic Association* 24: S. 285–307

MOULTON, Ruth (1992): «Beruflicher Erfolg: Ein Konflikt für Frauen.» In: ALPERT, Judith (Hg.): *Psychoanalyse der Frau jenseits von Freud.* Berlin/Heidelberg/New York, S. 171–193

OGDEN, Thomas (1988): «Die projektive Identifikation.» In: *Forum der Psychoanalyse* 4, S. 1–21

PARIN, Paul (1978): «Warum Psychoanalytiker so ungern zu brennenden Zeitproblemen Stellung nehmen. Eine ethnopsychologische Betrachtung.» In: *Psyche* 5/6, S. 385–399

POLUDA-KORTE, Eva S. (1993): «Der ‹lesbische Komplex›. Das homosexuelle Tabu und die Weiblichkeit.» In: ALVES, Eva-Maria (Hg.): *Stumme Liebe*. Freiburg, S. 45–72

REINKE, Ellen (1987): «Frühe Ich-Entwicklung und weibliche Selbstentwertung – eine moderne Variante weiblicher Emanzipation.» In: BREDE, Karola et al.(Hg.): *Befreiung zum Widerstand*. Frankfurt a. M., S. 204–212

ROHDE-DACHSER, Christa (1985): «Frauen als Psychotherapeuten – Das Janusgesicht der Emanzipation im Helfer-Milieu.» In: FRÜHMANN, Renate (Hg.): *Frauen und Therapie*. Paderborn, S. 53–69

ROHDE-DACHSER, Christa (1991): *Expedition in den dunklen Kontinent. Weiblichkeit im Diskurs der Psychoanalyse*. Berlin/Heidelberg/New York

ROTHAUPT, Joachim (1992): «Der notwendige Versuch des Psychotikers, den Analytiker zu deprimieren. Zur Projektion psychotischer Verzweiflung.» In: MENTZOS, Stavros (Hg.): *Psychose und Konflikt*. Göttingen, S. 212–223

ROSENFELD, Herbert (1981): Zur Psychoanalyse psychotischer Zustände. Frankfurt a. M.

ROSENFELD, Herbert (1990): *Sackgassen und Deutungen*. München/Wien

SCHACHTEL, Zeborah (1992): «Der ‹unmögliche Beruf› aus einer Geschlechtsperspektive betrachtet.» In: ALPERT, Judith (Hg.): *Psychoanalyse der Frau jenseits von Freud*. Berlin/Heidelberg/New York, S. 249–268

SEARLES, H. F. (1974): *Der psychoanalytische Beitrag zur Schizophrenieforschung*. München

SPIELER, Susan (1992): «Das Selbst, das nicht geschlechtslos ist: Ein verlorenes mütterliches Erbe.» In: ALPERT, Judith (Hg.): *Psychoanalyse der Frau jenseits von Freud*. Berlin/Heidelberg/New York, S. 41–65

VOLKAN, Vamik D. / AST, Gabriele (1994): *Spektrum des Narzißmus*. Göttingen, Zürich

WINNICOTT, Donald W. (1983): *Von der Kinderheilkunde zur Psychoanalyse*. Frankfurt a. M. Darin: «Haß in der Gegenübertragung.» (Erstveröff. 1947), S. 77–90; «Die Beziehung zwischen Aggression und Gefühlsentwicklung.» (Erstveröff. 1950), S. 91–112; «Primäre Mütterlichkeit.» (Erstveröff. 1956), S. 157–164

WINNICOTT, Donald W. (1987): *Vom Spiel zur Kreativität*. Stuttgart. Darin: «Objektverwendung und Identifizierung», S. 101–110; «Der Ort, an dem wir leben», S. 121–127; «Kreuzidentifizierung und zwischenmenschliche Beziehungen», S. 136–155

ZWIEBEL, Ralf (1992): *Der Schlaf des Analytikers. Die Müdigkeitsreaktion in der Gegenübertragung*. Stuttgart

Sonja Düring

# DER BRUCH MIT DER MUTTER

## Überlegungen zu einem zeitspezifischen Generationskonflikt

«Was ist schon der stärkste Mann der Welt, gegen das stärkste Mädchen der Welt», sagte Pippi Langstrumpf zu ihren Freunden Thomas und Annika, als sie zusammen eine Zirkusvorstellung besuchten, in der der Zirkusdirektor gerade gefragt hatte, wer von den Anwesenden bereit wäre, gegen den stärksten Mann der Welt zu kämpfen. Hätte ein Junge dies von sich behauptet, wäre von diesem Satz nichts Sprengendes oder Provozierendes ausgegangen. Er hätte ganz normale kindliche Omnipotenzgefühle zum Ausdruck gebracht, in denen die spätere Rivalität von Mann zu Mann in der Phantasie bereits siegreich vorweggenommen wird. Der Reiz in der Geschichte hätte dann bestenfalls darin bestanden, daß ein Junge nicht erst warten muß, bis er erwachsen ist, um den Kampf aufnehmen zu können, sondern daß dies sofort, ohne Aufschub möglich wäre.

Bei einem Mädchen liegt der Reiz der Geschichte woanders: Allein die Phantasie, den stärksten Mann der Welt herauszufordern und zu besiegen, hat etwas Atemberaubendes, denn eine solche Phantasie sprengt das feststehende Machtverhältnis zwischen den Geschlechtern und setzt ungeheure Kräfte frei. Astrid Lindgren gab den vom gesellschaftlichen Konsens damals noch ausgeschlossenen, unbewußten Omnipotenzwünschen von Frauen eine Gestalt: die Gestalt eines Mädchens, das vor nichts und niemand Angst hat, der Obrigkeit trotzt und sich einen Platz außerhalb der vorgegebenen Strukturen sucht. Indem die Autorin die damals, Mitte der vierziger Jahre, noch anmaßend erscheinenden Autonomie- und Rivalitätswünsche von Frauen auf eine folgende Generation überträgt und ins Reich des Phantastischen verweist, unterläuft sie die innere und äußere Zensur.

Helga Bilden (1988) schrieb, daß der Erwachsenenstatus von Frauen eine historisch neue Erscheinung ist, denn Frauen befanden sich bis vor kurzem in einer ähnlich abhängigen Situation wie Kinder. Der Ehemann konnte und sollte bis 1977 über den Wohnort seiner Frau bestimmen und hatte darüber zu entscheiden, ob seine Frau außerhalb seines Hauses arbeiten durfte. Vor diesem Hintergrund bietet sich Pippi Langstrumpf nicht nur für Kinder, sondern auch für Frauen als Identifikationsfigur an. Als solche befreit sie Mütter aus ihrer doppelten Abhängigkeit vom Mann einerseits und vom Kind andererseits: Pippi braucht keine Mutter, die sie versorgt und erzieht, und sie symbolisiert auch die Möglichkeit, aus der bestehenden patriarchalen Ordnung auszubrechen. Pippi ist stark, unabhängig, gleichwohl anderen zugewandt und hat immer genug Geld – eine Kombination, an der es Frauen aus kulturellen und Kindern aus konstitutionellen Gründen häufig mangelt.

Astrid Lindgren berichtet über die Entstehungsgeschichte dieses Buches folgendes: Ihre Tochter lag krank im Bett, und sie hatte ihr schon so viele Geschichten erzählt, daß ihr keine mehr einfielen. Da bat ihre Tochter sie, ihr eine Geschichte von Pippi Langstrumpf zu erzählen. Ihre Tochter hatte sich diesen Namen ausgedacht, und weil es ein ungewöhnlicher Name war, wurde daraus auch eine ungewöhnliche Geschichte, sagte Astrid Lindgren später. Ihre Karriere als Kinderbuchautorin begann, als sie erschöpft am Bett ihrer Tochter saß. Abends schrieb sie die Geschichten auf und nahm damit an einem Wettbewerb teil, der ihr die Tür aus dem Kinderzimmer öffnen sollte.

Die Geschichte von Pippi Langstrumpf beginnt folgendermaßen:

> «Außerhalb der kleinen, kleinen Stadt lag ein alter verwahrloster Garten. In dem Garten stand ein altes Haus, und in dem Haus wohnte Pippi Langstrumpf. Sie war neun Jahre alt, und sie wohnte ganz allein da. Sie hatte keine Mutter und keinen Vater, und eigentlich war das sehr schön, denn so war niemand da, der ihr sagen konnte, daß sie zu Bett gehen sollte, gerade wenn sie mitten im schönsten Spiel war, und niemand, der sie zwingen konnte, Lebertran zu nehmen, wenn sie lieber Bonbons essen wollte. Früher hatte Pippi mal einen Vater gehabt, den sie schrecklich geliebt hatte. Ja, sie hatte natürlich auch eine Mutter gehabt, aber das war so lange her, daß sie sich gar nicht mehr daran erinnern konnte. Die Mutter

war gestorben, als Pippi noch ein kleines, kleines Ding war, das in der Wiege lag und so furchtbar schrie, daß es niemand in der Nähe aushalten konnte. Pippi glaubte, daß ihre Mutter nun oben im Himmel sei und durch ein kleines Loch auf ihr Mädel runterschaute, und Pippi winkte oft zu ihr hinauf und sagte: ‹Hab keine Angst um mich! Ich komme schon zurecht!›» (1968, S. 5f.).

Im Kontext mit dem Entstehungsprozeß der Geschichte möchte ich diesen Textausschnitt wie folgt interpretieren. Von ihrer Tochter zur freien Assoziation aufgefordert, entfernt sich Astrid Lindgren innerlich aus der Enge der kleinen Stadt. Sie findet einen verwahrlosten Garten, und hier, wo nichts mehr beschnitten und zurechtgestutzt wird, wo die Natur durchbrechen kann und Terrain zurückerobert hat, beginnt die Geschichte. Die Autorin schafft eine Mädchenfigur, die im Alter ihrer Tochter entspricht, im Gegensatz zur Tochter aber nicht auf mütterliche Versorgung angewiesen ist. Pippi lebt allein, das alte Haus ist Schutz genug. Es liegt nahe zu vermuten, daß Astrid Lindgren ihre Befreiung vom Bett der Tochter herbeisehnt. Sie zählt in ihrer Geschichte der Tochter die Vorteile auf, die es hat, ohne Eltern zu leben: Der alltägliche, sich immer wiederholende Kampf um die richtige Ernährung, das Einhalten von Regeln entfällt, für die Tochter ebenso wie für die Mutter.

Die Krankheit der Tochter, die beide gleichermaßen ans Bett fesselt, könnte bei der Mutter die Erinnerungen an die erste Zeit heraufbeschwören, als ihre Energie durch den Säugling absorbiert war. Sie schreibt, daß es niemand in der Nähe dieses schreienden Dings aushalten konnte. In der Realität hält sie als Mutter durch, in der Phantasie hingegen flüchtet sie in die himmlische Ruhe, die ihren Tod bedeutet. Ihre damit verbundenen Ängste und ihre Schuldgefühle beschwichtigt Astrid Lindgren, indem sie Pippi sagen läßt: «Hab keine Angst um mich. Ich komme schon zu recht.»

Der Tod der Mutter in dieser Geschichte steht aus der Sicht der Mutter zunächst für den Wunsch, das Kind verlassen zu können, um Ruhe für eigene Tätigkeiten zu finden. Aber warum mußte die Mutter in der Geschichte sterben? Warum hat Astrid Lindgren Pippis Mutter nicht, ähnlich wie ihren Vater, zu einer Piratin gemacht, die die Welt erobert? Oder banaler auf einen Kongreß, auf eine Lesung oder eine Expedition geschickt? Astrid Lindgren hätte dann das gesellschaftliche Tabu gebrochen, daß eine Mutter ihre Kinder nicht verläßt, unter keinen

Umständen. Aus Pippi hätte kein fröhliches, selbstbewußtes Mädchen werden dürfen. Sie hätte an einem so unmütterlichen Verhalten zugrunde gehen oder von einer «guten Mutter» gerettet werden müssen. Die Geschichte mit einer Mutter zu beginnen, die ihre Tochter aus freien Stücken verläßt, hätte die Affekte der LeserInnen in einer Weise gebunden, daß an einen Fortgang der Geschichte, wie ihn Astrid Lindgren vor Augen hatte, nicht zu denken gewesen wäre. Die Mutter mußte also sterben, denn seit der Säkularisierung, mit der das moderne Mutterideal entstand, scheinen der eigene Tod oder eine unheilbare Krankheit für Mütter der einzig legitime Grund zu sein, ihre Kinder zu verlassen. Der Tod steht dann im kollektiven Bewußtsein nicht für das Verlassen der Kinder, sondern wird als «Opfertod» geheiligt, denn er ist nun Zeichen der besonderen Aufopferungsbereitschaft einer Frau und Mutter. Im «Opfertod» der Mutter kommt dennoch nicht nur die Affirmation des bestehenden Mutterideals, sondern auch die Weigerung, dieses Ideal zu verkörpern, zum Ausdruck (vgl. von Braun, 1993).

Der reale körperliche Opfertod von Frauen ist eher selten. In der Regel opfern Mütter ihr eigenes Leben, indem sie es in den Dienst anderer, vor allem der Familie, stellen. Anders als in der Geschichte von Pippi Langstrumpf geben sie weder sich selbst noch ihre Töchter frei. Vielmehr übermitteln sie mit ihrer Aufopferung eine doppelte Botschaft an ihre Töchter: «Erobere für mich die Welt und setzte mein Leben fort.» Anders gesagt, die Tradition soll sowohl erhalten, als auch gebrochen werden.

Diese Botschaft ist vermutlich so alt wie das Bild der sich aufopfernden Frau und Mutter selbst. Denn keine Unterdrückung gelingt so vollständig, als daß sie nicht zugleich bei den Betroffenen den Wunsch nach Befreiung hervorriefe, und sei es als ferner Traum für nachfolgende Generationen, wie in der Geschichte von Pippi Langstrumpf. Ob der Wunsch nach Aufhebung der Unterdrückung Wirklichkeit werden kann oder welcher Teil der Doppelbotschaft stärker zum Tragen kommt, hängt nicht zuletzt von den konkreten gesellschaftlichen Verhältnissen ab. So schrieb Siegfried Bernfeld (1919/1970, S. 798):

> «Konflikte aus überkommenen Anschauungen, Wertungen und Einrichtungen summieren sich in einer Gesellschaft unbewußt, nur von den einzelnen schmerzlich empfunden: Erst wenn ein gewisses Maß überschritten wird, bemerkt die Gesellschaft eine soziale Wunde.»

In bezug auf die Geschlechterfrage war das Maß Ende der sechziger Jahre wieder einmal überschritten. Während gesamtgesellschaftlich die Verzichtsmoral der Kriegs- und Nachkriegszeit durch «eine Art hedonistischer Propaganda» (Dahmer, 1994, S. 201) ersetzt wurde, um weitere Konsuminteressen anzukurbeln, sollten Frauen ihre eigenen Interessen zugunsten der Familie weiter zurückstellen. Die Lebensweise von Frauen wurde gesellschaftlich im Zuge eines auf immer stärkere Individualisierung drängenden Kapitalismus zu einem Anachronismus.

In dieser Situation formierte sich die neue Frauenbewegung und forderte das Selbstbestimmungsrecht für Frauen. Das kulturelle Ideal der Frau veränderte sich, wurde widersprüchlicher. Während das Ideal der «guten Mutter» weiterbestand, sollte die moderne Frau gleichzeitig selbständig, unabhängig und beruflich erfolgreich sein. Die Widersprüchlichkeit, die in diesen Anforderungen zum Ausdruck kommt, findet ihre Entsprechung in der oben genannten doppelten Botschaft der Mütter an ihre Töchter.

Wie gehen die Töchter nun mit diesen sich ausschließenden Anforderungen in einer historischen Situation um, in der es für sie kaum ein Zurück in das traditionelle Geschlechterverhältnis gibt und in der auf die Versorgung durch eine Ehe – den Weg der Mütter – schon längst kein Verlaß mehr ist?

Diese Frage beschäftigte mich in meiner Untersuchung, in der ich 43 Klientinnen einer therapeutischen Einrichtung für Frauen, die überwiegend zwischen 1950 und 1960 geboren sind, zu diesem Thema interviewte (Düring, 1993). Von den 43 befragten Frauen schilderten 34 Frauen ihre Mutter als sich opfernde Mutter. Davon wiederum nahmen 8 Frauen ihre Mutter als sehr nährend wahr.

Jene Mütter hatten Wärme und Geborgenheit gespendet und waren ganz für ihre Töchter da; die Kehrseite aber bestand darin, daß auch die Töchter umgekehrt ganz für die Mutter da sein sollten. In diesen Bindungen herrschte ein symbiotischer Beziehungsmodus vor, der so sehr mit der kulturellen Vorstellung einer glücklichen Familie – einer perfekten Mutter mit perfekten Kindern – übereinstimmte, daß die befragten Frauen ihre Kindheit meist als äußerst harmonisch erinnerten.

Bis in die späte Adoleszenz hinein zeigten sie jedoch Symptome einer sogenannten nicht gelösten präödipalen Bindung zur Mutter. Die aufkommenden sexuellen Wünsche mußten ebenso wie die als omnipotent phantasierte eigene Wut abgewehrt werden. Die eigenen Autonomiebestrebungen lösten heftige Trennungsängste und nicht minder starke Schuldgefühle bei den Töchtern in bezug auf die Mutter aus. Gegenüber dem Glücksversprechen der Symbiose erschienen ihnen «die Fröste der Freiheit» unerträglich. Die Hinwendung zum Vater hatte in dieser Beziehungskonstellation etwas so Bedrohliches, daß sie nicht vollzogen wurde.

Die Probleme dieser Frauen scheinen hinreichend aus der individuellen Beziehungsdynamik ableitbar, in der die Mutter die Tochter zu ihrem Selbstobjekt macht und Mutter wie Tochter sich nicht als unabhängig voneinander sehen können, sondern an der symbiotischen Beziehung festhalten. Abgesehen davon, daß bei einer solchen Betrachtung die kulturelle Dimension zu verschwinden droht, die die Einengung der Frau auf die Mutterrolle vorgibt, spiegelt die Annahme einer symbiotischen Mutter-Kind-Beziehung die gesellschaftliche und kulturelle Mystifizierung dieser Beziehung wider. Das Konstrukt der symbiotischen Beziehung zeugt weniger von empirisch gewonnener Erkenntnis als von der Affirmation des bestehenden Mutterideals und Verleugnung der Unabhängigkeit der Frau. Dazu schreibt Jessica Benjamin (1991) vor dem Hintergrund ihres Differenzmodells der gegenseitigen Anerkennung:

> «Das ursprüngliche psychoanalytische Ideal einer Mutter, die dem Kind eine vollkommene ozeanische Symbiose bietet, hat wahrscheinlich keinerlei Ähnlichkeit mit den Erfahrungen, die das Kind mit der Mutter macht» (1991, S. 9).

Unabhängigkeitserfahrungen von Mutter und Tochter müssen nach dem Symbiose-Modell nachträglich geleugnet werden – in der Theorie wie in der Praxis.

Bei den betreffenden Frauen überwog offensichtlich der zweite Teil der Botschaft. Der offene Bruch mit der sich opfernden Mutter blieb aus. Sie kontrollierten statt dessen ihre eigenen Aggressionen und wandelten sie – ebenso wie ihre Mütter – in eine fürsorglich- kontrollierende Haltung anderen gegenüber um. Dennoch konnten sie sich auf Dauer den kulturellen Einflüssen ihrer Umgebung nicht verschließen. Statt schnell eine eigene Familie zu gründen und das Leben ihrer Mütter fortzusetzen, vermieden es diese Frauen oftmals gerade, eine langfristige

Bindung zu einem Partner einzugehen; sie begannen meist Mitte zwanzig, ihre eigene Unabhängigkeit zu entdecken.

Bei den Frauen hingegen, die ich als «wilde» und «rebellische Mädchen» bezeichnet habe, kam es zu einem inneren wie äußeren Bruch mit den traditionell lebenden Müttern. Hier fielen immer wieder Sätze wie: «Ich will in keinem Fall so werden, wie meine Mutter, so unterwürfig in der Beziehung zu meinem Vater, beschränkt auf Haushalt, Kinder, Ehemann.» Oder:

> «Nie so werden wie sie, also nie Mutter und Hausfrau, und vor allem wollte ich nie einem Mann gegenüber diesen absoluten Gehorsam leisten. Ich wollte stark und sicher werden wie mein Vater. Ich wollte eine Frau werden, die respektiert wird aufgrund ihres Wissens und ihres Könnens [...]Ich wollte raus aus dem Dorf, viel lernen, reisen, lesen, vor allem andere Menschen kennenlernen.»

Diese und ähnliche Sätze wurden mit äußerster Vehemenz vorgetragen. Aus ihnen sprach das Gefühl einer Bedrohung und zugleich die existentielle Notwendigkeit, einen anderen Weg als Frau zu finden.

Wie kam es dazu, daß es für diese Frauen offenbar eine Frage auf Leben und Tod wurde, mit der traditionellen Frauenrolle zu brechen? Bei den Schilderungen der Kindheit der «rebellischen» und der «wilden Mädchen» ist von Wärme und Geborgenheit nichts zu spüren. Die «wilden Mädchen», auf die ich mich in meinen Ausführungen beschränken werde, wuchsen ihrer Erinnerung nach ähnlich wie Pippi Langstrumpf auf, nämlich zusammen mit anderen Kindern ohne starke Präsenz der Eltern. Aber im Gegensatz zu Pippi Langstrumpf blickte die Mutter nicht wohlwollend vom Himmel herab, der Vater war kein «Negerkönig». Die Mütter und Väter waren beispielsweise stark in einen kleinen Familienbetrieb eingespannt. Die Frauen schienen nicht weniger als die Mütter der ersten Gruppe in der traditionellen Frauenrolle gefangen, sie hatten häufig den Status der Mithelfenden im jeweiligen Betrieb des Ehemannes inne, dem sie, so die Wahrnehmung der Töchter, in allem untergeordnet waren. Im Erleben der Töchter war von diesen schwachen Müttern nichts zu erwarten. Sie hätten, drastisch ausgedrückt, ebensogut im Himmel sein können, denn obwohl sie für alles zuständig waren, waren sie für die Töchter nicht greifbar. Die Töchter identifizierten sich früh mit dem Vater, den sie vor allem gegenüber der Mutter als Täter wahrnahmen, der aber auch zugewandt sein konnte und der – dies ist wichtig – im Gegensatz zu der ewig huschenden, verhuschten Mutter als Anderer, als Gegenüber erlebbar wurde. Die Identifikation mit dem Vater als «Tätigem», schützte sie innerlich davor, wie die Mutter zu seinem Opfer zu werden. Aufgrund dieser geschlechtsübergreifenden Identifikation verwundert es nicht, daß diese Frauen sich als Kind «wie ein Junge gefühlt» haben. Rückblickend beklagten sie selten die mangelnde Fürsorge, vielmehr betonten sie ihre Freiheiten, ihre empfundene Unabhängigkeit, ihre starke bzw. führende Position in «Kinderbanden».

Ich denke, der verständliche Wunsch, anders zu leben als die Mutter, speiste sich aus verschiedenen Komponenten: Das Gefühl der emotionalen Vernachlässigung, der anscheinend unzuverlässigen Bedürfnisbefriedigung, muß eine ausgeprägte Angst hervorrufen, anderen noch einmal so ausgeliefert zu sein. Die Mütter der «wilden Mädchen» schufen keine gemeinsame warme Illusion des Glücks in der symbiotischen Einheit. Es ist zu vermuten, daß sie an dieses Glücksversprechen selbst nicht mehr glaubten, aufgerieben durch die eigene Überlastung. Dennoch waren sie auch weit davon entfernt, als unabhängige Andere sichtbar zu werden. Die Mädchen fanden in ihrer Kindheit einen Weg, erfolgreich mit der Angst umzugehen, indem sie sich mit dem Vater als Mächtigem identifizierten und ihr Kinderleben aktiv gestalteten. So bannten sie die Gefahr des Ausgeliefertseins, liefen aber auch Gefahr, in die «Sackgasse der Autonomie» (Eckard, 1988) zu geraten, in die eine weitreichende Identifikation mit dem Vater münden kann, wenn kulturell «Männlichkeit» und «Weiblichkeit» polar verortet werden.

In der hierarchischen Beziehung zwischen den Eltern nahmen die «wilden Mädchen» ihre Mutter fast ausschließlich als Opfer wahr, die als Frau ihrem (Ehe-)Mann gegenüber eine Position einnimmt, die ihrer eigenen als Kind sehr ähnelt. Das kindliche Gefühl des «Ausgeliefertseins» erscheint somit als unabwendbarer Bestandteil des «Frauseins». «Wilde Mädchen» wollen ihre alten Ohnmachtserfahrungen nicht noch einmal erleben, und doch fehlen ihnen Bilder, wie das Geschlechterverhältnis anders aussehen könnte, wie sie als Frau ihre Unabhängigkeit bewahren können.

In der Adoleszenz wird eine geschlechtsübergreifende Identifikation – die während der Kindheit zumindest partiell geduldet wurde – schwierig. Dann nämlich machen die Väter sowie das gesamte kulturelle

Umfeld den Mädchen klar, daß sie nicht zu den Männern, sondern zu den Frauen gehören. Die Grandiosität einer Pippi Langstrumpf verblaßt, das Gefühl der Unabhängigkeit stößt an eine harte Grenze. Jetzt sollen sie sich einfügen in das kulturelle Bild von Weiblichkeit, die Zeiten als «wildes Mädchen» sind vorbei; damit werden sie auf das Bild der Ich-schwachen Mutter zurückgeworfen, deren väterlich-patriarchale Entwertung sie geteilt hatten. Ihre oftmals als vernichtend erlebte Aggressivität gegenüber der Mutter richtet sich nun gegen sie selbst, da der Phantasie, so werden zu können wie der Vater und von ihm im Gegensatz zur Mutter als ebenbürtige Andere anerkannt zu werden, der Boden entzogen wird. Die Mädchen begreifen oft erst viele Jahre nach der Pubertät, in der sie die ehemals schützende Identifikation mit dem Vater aufgeben mußten und die in der Folge von heftigen Ängsten und depressiven Einbrüchen und der Wendung ihrer Aggressionen gegen ihren eigenen Körper begleitet war, daß «Frausein» nicht gleichbedeutend ist mit Passivität und Unterwerfung. Dennoch hielten sie auch während der Adoleszenz, zum Teil verzweifelt, daran fest, nicht so zu werden wie ihre Mutter. Dies hatte häufig zur Folge, daß sie überhaupt keine Liebesbeziehung eingingen, um ihre errungene Autonomie nicht aufs Spiel zu setzen. Damit die Töchter schließlich anders leben konnten, mußte sowohl die «geopferte», die «Ich-lose» Mutter in der Geschlechteridentifikation überlebt, als auch der Machtanspruch des Vaters zurückgewiesen werden. Astrid Lindgren hat diesen Zusammenhang intuitiv erfaßt, indem sie die Mutter in den Himmel verbannte und den Vater weit weg in die Südsee verlegte. So ersparte sie Pippi die Qualen der Geschlechterordnung, aber Pippi mußte auch das «wilde Mädchen» bleiben. Am Schluß der Geschichte läßt Astrid Lindgren sie mit ihren Freunden Thomas und Annika «Krummeluspillen» nehmen, die verhindern sollen, daß sie jemals groß und erwachsen, zu Frauen und Männern werden; womit die Konfrontation mit dem Geschlechterverhältnis unausweichlich geworden wäre.

In der folgende Fallvignette geht es um eine 34jährige, verheiratete Patientin, Mutter einer fünfjährigen Tochter, die eine psychotherapeutische Behandlung begann, weil sie das Gefühl hatte, mit ihrer Arbeitslosigkeit nicht fertigzuwerden. Die Patientin hatte vor einem knappen Jahr ihr Studium abgeschlossen und bisher keinen Job gefunden. Dieser Zustand war ihr so unerträglich, daß sie daran dachte, sich umzubringen, denn sie schämte sich zutiefst dafür und erlebte die Arbeitslosigkeit als völliges Versagen. Gleichzeitig fragte sie sich, warum sie es nicht – wie andere Frauen – fertigbrächte, relativ zufrieden als Mutter zu leben. Als ich sie bat zu erzählen, wie sie ihre Eltern erlebt hatte, begann sie mit ihrem Vater und sagte, daß er sich in seinem Beruf hoch- und kaputtgearbeitet habe. Dann kam sie zu ihrer Mutter: Diese habe ihren Beruf mit ihrer Geburt aufgegeben. Es sei ihr Wunsch gewesen, in einer schönen Wohnung mit drei Kindern zu leben. Sie beschreibt ihre Mutter als unsicher, klammernd und unzufrieden und kommentiert das Verhalten mit den Worten: «Leider wollte sie liebevoll sein». Ihre Umarmungen waren ihr unangenehm. Die Mutter wollte immer alles von ihr wissen. Ihre allseits besorgte Haltung führte dazu, daß die Patientin sich verunsichert fühlte. Ihre Eltern hat sie als Einheit erlebt, der Vater bestimmte, hielt stundenlang Monologe. Sie erlebte ihn als erdrückend dominant. Er fühlte sich auf der Siegerseite des Lebens. Die Patientin vertrat ihm gegenüber die «Sache der Unterdrückten». Ihre Mutter hat sie nur ein einziges Mal, bei einem Streit mit dem Vater, als eigenständige Person, als wirkliches Gegenüber wahrgenommen. Sie erzählt weiter, daß ihre Mutter sehr ehrgeizig in bezug auf ihre Kinder gewesen sei. Die Mutter konnte im Gegensatz zu ihrem Bruder nicht studieren, sie mußte arbeiten.

Nach dem Abitur erlernte die Patientin zunächst einen ähnlichen Beruf wie ihr Vater. Dann entschied sie sich jedoch zu studieren, anstatt sich hochzuarbeiten. Während des Studiums war sie sehr leistungsorientiert und zeigte mehr oder weniger offene Verachtung für «leistungsschwache» Kommilitonen. Während sie den aufgegebenen Plan ihrer Mutter realisiert und damit ihrer Delegation Folge leistet, ist sie offensichtlich mit ihrem Vater identifiziert. Schließlich brach sie den Kontakt zu ihren Eltern ab, da sie das Gefühl hatte, ihnen nichts recht machen zu können; sie hatte die fortgesetzten Versuche der Eltern, massiv in ihre Lebensplanung einzugreifen, satt. Sie geht «straight» ihren Weg, nimmt Verluste von Beziehungen in Kauf.

Um den Auftrag der Mutter – an ihrer Statt zu studieren – erfüllen zu können, schlüpft sie innerlich in die Rolle des Vaters, verachtet in den Kommilitonen ihre schwache Mutter und gestaltet in einer Weise ihr Leben autonom, wie es ihre Mutter nie vermocht hat.

Begreift man die Geschichte der Patientin im zeitgeschichtlichen Kontext des sich verändernden Geschlechterverhältnisses, so wird ein spezifischer Generationskonflikt zwischen Müttern und Töchtern sichtbar, dem etwas Tragisches anhaftet. Die Mütter, in der Zeit der nationalsozialistischen Diktatur geboren, wuchsen in der Kriegs- und Nachkriegszeit heran. Bildung über die gesetzliche Schulpflicht hinaus war eine Angelegenheit für Privilegierte. Wenn es Familien überhaupt möglich war, einem ihrer Kinder eine qualifizierte Ausbildung zu ermöglichen, so kam der Junge in diesen Genuß. Für die Mädchen galt es, ihr Überleben durch Heirat und Familiengründung zu sichern. Aus damaliger Sicht schien diese Aufteilung ökonomisch vernünftig zu sein. Die Mädchen mußten sich einer solchen Entscheidung wohl oder übel fügen. Der Neid auf die privilegierten Brüder wird in den meisten Fällen eher Schuldgefühle verursacht haben als offen ausgetragene Rivalität. Statt zu rivalisieren versuchten die Mädchen, durch Partizipation an den Erfolgen ihres späteren Ehemannes an den vorenthaltenen Privilegien teilzuhaben. Ihre Autonomiebestrebungen richteten sich darauf, das Elternhaus verlassen zu können, eine eigene Wohnung, eigene Kinder zu haben. Das war realistisch. Der Wunsch nach einer anderen Lebensform hingegen wurde an die Tochter weitergegeben. Aber dieser Auftrag reißt – ebenso wie das sich ändernde Geschlechterverhältnis – einen Graben zwischen Mutter und Tochter. Die Töchter mußten sich gegen die «geopferte» Mutter auflehnen, um ihren Auftrag, sich nicht zu unterwerfen, zu erfüllen. Der Wunsch, innerhalb der Generationslinie durch die Töchter stellvertretend die eigene Befreiung zu erleben, brachte gerade sein Gegenteil hervor: den eigenen symbolischen Tod, die Unterbrechung der Generationslinie.

Doch zurück zur Fallgeschichte. Die Patientin wird während des Studiums schwanger und entscheidet sich dafür, das Kind zu bekommen. Das bedeutet eine Annäherung an die Lebensweise der Mutter und ein Verlassen der väterlichen Position. Sie schließt ihr Studium ohne Probleme ab. Die Herausforderung, dies mit Kind tun zu können, beflügelt sie. Es ist ein Triumph, nämlich der Beweis dafür, daß die Mutter nicht auf eine eigene Berufstätigkeit hätte verzichten müssen, ihren eigenen Ehrgeiz nicht für sie hätte opfern müssen. Auf diese Weise gelingt es der Patientin, die Schuldgefühle, die das Opfer der Mutter in ihr hervorruft, zu beschwichtigen und beide elterlichen Positionen für sich zu integrieren. Diese Balance gerät ins Wanken, als sie nach dem Studium arbeitslos wird. Ohnmächtig fühlt sie sich in die Position ihrer Mutter zurückgeworfen, ganz so, als wäre ihr Versuch gescheitert, berufstätig und Mutter zu sein, als bliebe ihr nichts anderes übrig, als sich für ihre eigene Tochter zu opfern. In ihrem Bemühen, jetzt wenigstens eine «gute Mutter» zu sein, erlebt sie sich nun als abhängig von ihrer Tochter, die durch ihre Bedürfnisse ihr gesamtes Leben zu bestimmen scheint. Immer häufiger kommt es zu aggressiven Abgrenzungsversuchen der Patientin gegenüber Tochter und Ehemann – die unbewußt gegen ihre Mutter gerichtet sind –, zu einer wütenden Auflehnung gegen ihr vermeintliches Schicksal, bei der sie sich jedoch ohnmächtig und schuldbeladen fühlt. Auflehnung, Ohnmacht und Schuld sind genau die Gefühle, mit denen die Töchter auf die Doppelbotschaft der Mütter reagieren. Aus dem unbewußten Konflikt der Mutter konnte in der Generation der Töchter ein offener, bewußter Konflikt werden; das Ziel, die eigene Energie für ein innerlich selbstbestimmtes Leben zur Verfügung zu haben, wurde angestrebt. Für die Töchter liegt die Tragik dieser Dynamik darin, daß sie für die eigene Befreiung die Mutter opfern mußten, die Mutter, die sie versorgt und ihre Befreiung doch auf verquere Art auch befördert hat.

In der psychoanalytischen Entwicklungslehre (vgl. Greenson u.a., 1982) wird traditionellerweise davon ausgegangen, daß die Identitätsentwicklung des Mädchens im Gegensatz zu der des Jungen einfacher und weniger störanfällig verläuft, da das Mädchen sich während der ödipalen Phase nicht von der Mutter als ihrem Primärobjekt desidentifizieren muß, um eine eigene Geschlechtsidentität entwickeln zu können. Diese Auffassung wird von feministischer Seite häufig geteilt (vgl. Chodorow, 1985; Poluda-Korte, 1992).

Eine solche Auffassung ist aber nur unter der Prämisse haltbar, daß das bestehende Geschlechterverhältnis fortgeschrieben werden soll. Eine solche Vorstellung macht nur dann Sinn, wenn Männlichkeit über den Ausschluß von Weiblichkeit bzw. Weiblichkeit über den Ausschluß von Männlichkeit definiert wird (vgl. dazu auch Schmauch, 1995). Soll diese kulturelle Tradition fortgeschrieben werden, dann müssen Jungen die Identifikation mit der Mutter aufgeben, bzw. diese verleugnen, während Mädchen diese fortzusetzen haben und dazu angehalten werden, zum Vater eine ausschließlich erotisch gefärbte Beziehung einzugehen, statt sich mit ihm zu identifizieren. Sowohl aus den Ergebnissen meiner Untersuchung als auch aus der Fallvignette wird deutlich, daß dies heute nicht mehr so funktioniert und auch nicht mehr so funktionieren kann. Seit Frauen vor gut einem Vierteljahrhundert wieder einmal aufgebrochen sind, sich die neue Frauenbewegung formierte, steht das Geschlechterverhältnis und mithin die traditionell weibliche Selbstaufgabe zur Disposition. Das heißt, Frauen müssen sich, ähnlich wie der Junge in traditionellen Verhältnissen, von der unterdrückten geopferten Mutter desidentifizieren, die Identifikation mit ihr wie der Junge verleugnen, um als Andere sichtbar zu werden. In Zeiten des unmittelbaren Umbruchs, in der die geschlechtliche Polarisierung noch nicht aufgehoben ist, ist dies wohl nur über eine Identifikation mit dem Vater als dem Anderen, als Repräsentant von Autonomie und Macht möglich. Dies führt nicht nur in eine Sackgasse, sondern birgt auch die Gefahr, daß die unbewußte Identifikation mit der sich aufopfernden Mutter und die Schuldgefühle, die mit der Abkehr von der Mutter auf dem Weg zur Befreiung aus den patriarchalen Verhältnissen verbunden sind, sich unkontrolliert, entgegen den bewußten Absichten, Bahn brechen, wie es bei der Patientin der Fall war. Die Schuldgefühle und die unbewußte Identifikation mit der sich opfernden Mutter zeigen sich aber auch kollektiv in der Geschichte des neueren Feminismus. So wurde über die Maßen lange an einem Opferstatus festgehalten, und die eigenen Aggressionen und Machtinteressen wurden ausschließlich als Reaktion auf männliche Unterdrückung und Gewalt legitimiert (vgl. Düring, 1995).

Das Festhalten am Opferstatus hatte in den achtziger Jahren zur Folge, daß sich viele Frauen nicht mehr mit dieser Art des Feminismus, der als «Jammerfeminismus» in Verruf kam, identifizieren konnten. Frauen wurden als Mittäterinnen dingfest gemacht (vgl. Thürmer-Rohr, 1989), was aber keineswegs zur Folge hatte, daß die Täter-Opfer Dualität damit außer Kraft gesetzt worden wäre. So ist heute auffällig, welche trotzige Gegenbewegung die Festschreibung der Frau als Opfer männlicher Gewalt hervorbringt. Ob es nun Camille Paglia ist, die zum Teil in unerträglicher Manier die natürliche Stärke und Überlegenheit von Frauen betont und Feministinnen als leicht paranoid hinstellt, die sich permanent von männlicher Gewalt bedroht fühlen, oder ob es Katharina Rutschky ist, die sich darüber mokiert, wie Feministinnen das Thema des sexuellen Mißbrauchs in der Öffentlichkeit als Skandal anprangern und es für ihre Zwecke mißbrauchen, und die dabei feministische Positionen in unangemessener Weise diffamiert – immer steckt darin auch ein Aufbegehren gegen den Opferdiskurs, in dem es so aussehen kann, als ob Frauen lediglich als Opfer des Geschlechterverhältnisses zum Sprechen legitimiert sind. So etwas wirkt auf Dauer einengend und fordert pauschale Gegenpositionen geradezu heraus. Im Grunde genommen zeigt sich in den Bewegungen innerhalb des Feminismus, daß es immer wieder darum geht, aus der latenten Identifikation mit dem Opferstatus herauszukommen und daß dies offenbar immer wieder eine trotzige Abgrenzung und Gegenwehr erfordert, bis beide Positionen differenzierter betrachtet werden können.

Ich möchte jedoch einen Ausblick wagen, der Anlaß zur Hoffnung bietet, daß die Täter-Opfer-Dualität und mithin die weibliche Rückbindung an das Gebot der Selbstaufgabe durchbrochen werden kann. In meiner Untersuchung stieß ich nämlich auch auf Frauen, die ihre Mutter als die dominierende Person in der Familie erlebten, die ebenso wie der Vater für die materielle Versorgung der Familie zuständig war. Dies waren z.T. Mütter aus der Trümmerfrauengeneration, die ihren Platz nicht geräumt hatten, als die Ehemänner und Väter aus dem Krieg zurückkamen. Die Rolle der Väter in der Familie war eher marginal; ich gewann den Eindruck, daß sie in familiären Angelegenheiten nicht viel zu sagen hatten, während die Mütter die Autorität in der Familie darstellten. Da die Mütter nicht den ganzen Tag verfügbar waren, mußten die Mädchen ihre Unabhängigkeit anerkennen, genauso wie sie mit ihrer eigenen Unabhängigkeit konfrontiert waren, die von der Mutter wenig eingeschränkt wurde. Diese Mädchen konnten sich mit ihrer patriarchal nicht-entwerteten Mutter identifizieren und in der Adoleszenz, als sie selbst alle Zeichen der Frau trugen, mit ihr um ihren Platz konkurrieren, der ihnen als ein ungebrochen erstrebenswerter erscheinen konnte. Da sie selbst all das hatten, über was die bewunderte Mutter verfügte, konnten sie sich in der Adoleszenz von ihr ab- und der außerfamiliären Welt und anderen Liebesobjekten zuwenden.

Bei diesen Mädchen konnte es zu einer inneren Repräsentation der Mutter und, darauf aufbauend, zu einem Bild von Weiblichkeit kommen, in dem sowohl Autonomie und Durchsetzungsvermögen als auch die Sehnsucht, geliebt zu werden und Kinder zu haben, ihren Platz hatten, so daß sie ihre eigene Weiblichkeit relativ konfliktfrei erleben konnten. Die positive Besetzung von Weiblichkeit und die Möglichkeit, einen eigenen Weg als Frau zu gehen, ohne innerlich beständig zwischen der aggressiven Verteidigung des Aufbruchs und unbewußten Schuldgefühlen hin- und hergerissen zu sein, wurde also erst durch Mütter möglich, die dem alten kulturellen Ideal von Weiblichkeit nicht entsprachen. Diese Mütter findet man heute sicherlich häufiger als früher. Und auch wenn meiner Darstellung gewiß etwas Idealisierendes anhaftet, so denke ich doch, daß die Generation unserer Töchter über mehr Entscheidungsfreiraum verfügt, sie sich weniger in dem Dilemma zwischen Aufbruch und Verharren in der vermeintlichen weiblichen Ohnmacht verwirrt als die vorausgegangenen Frauengenerationen. Das bedeutet auch, daß unsere Töchter ihr Leben vermutlich nicht mehr vordringlich der Veränderung des Geschlechterverhältnisses widmen werden – hoffentlich ohne das Gefühl zu haben, ihre feministischen Mütter zu verraten.

## Literatur:


Benjamin, Jessica (1992): «Die allmächtige Mutter. Ein psychoanalytischer Versuch über das Verhältnis von Phantasie und Realität.» Vortrag vom 22.5. in Hamburg

Bernfeld, Siegfried (1970): «Die Psychoanalyse in der Jugendbewegung.» In: Ders., *Antiautoritäre Erziehung und Psychoanalyse. Ausgewählte Schriften*, Bd. III, Frankfurt a. M. 1970 (Erstveröffentlichung 1919)

Bilden, Helga (1984): «Individualisierte Jugendbiographie? Zur Diskrepanz von Anforderungen, Ansprüchen und Möglichkeiten.» In: *Zeitschrift für Pädagogik 2*

Braun, Christina von (1992): «Das Kloster im Kopf. Weibliches Fasten von mittelalterlicher Askese zu moderner Anorexie.» In: Flaake, Karin / King, Vera (Hg.): *Weibliche Adoleszenz. Zur Sozialisation junger Frauen*. Frankfurt a. M./New York

Chodorow, Nancy (1985): *Das Erbe der Mütter. Psychoanalyse und Soziologie der Geschlechter.* München

Dahmer, Helmut (1994): «Sexualökonomie heute.» (Erstveröffentlichung 1977) In: Ders., *Pseudonatur und Kritik. Freud, Marx und die Gegenwart.* Frankfurt a. M.

Düring, Sonja (1993): *Wilde und andere Mädchen. Die Pubertät.* Freiburg

Düring, Sonja (1995): «Rennen wir offene Türen ein? Zur Funktion des Feminismus in der Sexualwissenschaft.» In: Düring, Sonja / Hauch, Margret (Hg.): *Heterosexuelle Verhältnisse*. Stuttgart

Eckard, Christel (1988): «Töchter in der ‹vaterlosen Gesellschaft›. Das Vorbild des Vaters als Sackgasse zur Autonomie.» In: Hagemann-White, Carol / Rerrich, Maria (Hg.): *Frauen Männer Bilder.* Bielefeld

Greenson, Ralph (1982): «Die Beendigung der Identifizierung mit der Mutter und ihre besondere Bedeutung für den Jungen.» In: Ders., *Psychoanalytische Erkundungen.* Stuttgart

Lindgren, Astrid (1968): *Pippi Langstrumpf.* (Originalausgabe 1946) Berlin

Paglia, Camille (1993): *Der Krieg der Geschlechter. Sex, Kunst und Medienkultur.* Berlin

Poluda-Korte, Eva. S. (1992): «Identität im Fluß. Zur Psychoanalyse weiblicher Adoleszenz im Spiegel des Menstruationserlebens.» In: Flaake, Karin / King, Vera, *Weibliche Adoleszenz. Zur Sozialisation junger Frauen*. Frankfurt a. M./New York

Rutschky, Katharina (1992): *Erregte Aufklärung*. Hamburg

Schmauch, Ulrike (1995): «Was geschieht mit kleinen Jungen? Der weibliche Blick auf Männlichkeit und das Konzept der ‹sicheren männlichen Identität›.» In: Düring, Sonja / Hauch, Margret (Hg.): *Heterosexuelle Verhältnisse*. Stuttgart

Thürmer-Rohr, Christina (1989): «Mittäterschaft der Frau – Analyse zwischen Mitgefühl und Kälte.» In: Studienschwerpunkt «Frauenforschung» am Institut für Sozialpädagogik der TU Berlin (Hg.): *Mittäterschaft und Entdeckungslust*. Berlin

Eva-Maria Alves

# MUTTER, MUTTER, KIND

Greta ist Mutters Tochter. Ganz die Mutter, sagt jeder.

Huberta ist Vaters Tochter. Hubert wie aus dem Gesicht geschnitten. Vater ist im Krieg geblieben, sagt Mutter. Die Russen haben Vater umgebracht, sagt Mutter. Mutter hat Vater kaum gekannt, aber so viel ist gewiß: Er war zu gut für diese Welt. Und er war musikalisch. Weihnachten, das einzige Weihnachten, das sie zusammen hatten, hat Vater «Stille Nacht» gespielt und «Zu Bethlehem geboren» und hat aus dem Weihnachtsevangelium vorgelesen. Er ist ein frommer Mann gewesen. Vater hat Greta einmal gesehen und Huberta gar nicht. In der schwierigen Zeit hat Mutter Greta und Huberta allein durchgebracht. Sie hatte die Rente, keine schlechte Rente. Von der hat sie sogar noch sparen können, so sorgfältig ist sie mit dem Geld umgegangen. Schließlich hat Mutter niemandem zur Last fallen wollen. Den eigenen Etern nicht und den sogenannten Schwiegereltern nicht. Es hat Mutter auch niemand in die Erziehung reinreden sollen. Mutter wußte immer am besten, was gut für Greta und Huberta war.

Mutter hat für Greta und Huberta immer alles getan. Sich richtig aufgerieben. Faltenröcke genäht, statt sie von der Stange zu kaufen. Pullover gestrickt, sogar Kniestrümpfe. Greta und Huberta wurden immer gleich gekleidet. Hübsch sah das aus, wenn die beiden mit Mutter durch die Große Straße gingen, wenn die beiden mit Mutter sonntags in die Johanniskirche gingen, wo Mutters geistlicher Freund die Messe las. Greta und Huberta bekamen immer einen Extra-Segen von ihm.

Greta ist immer mit allem zufrieden. Sie bedankt sich, wenn Mutter einen Pullover gestrickt hat. Zwar gefällt ihr die Farbe nicht. Lieber hätte sie wie ihre Freundin einen Nickypulli in Hellblau gehabt. Aber

Pullis einfach kaufen ist lieblos, sagt die Muter. Auf andere schielen ist neidisch. Wir wollen weder lieblos noch neidisch sein, sondern großherzig. Und Mutter gibt Greta Wolle, damit sie Handschuhe stricken kann oder Socken, ganz nach freier Wahl, die man dann den Flüchtlingskindern in die Baracke bringen kann.

Huberta ist leider, sagt Mutter, nicht immer so zufrieden, wie sie sein sollte. Mutter klagt dem geistlichen Herrn, wie sie ihren geistlichen Freund zu nennen pflegt, gelegentlich ihr Leid. Huberta ist auf eigenen Wunsch in die Klavierstunde angemeldet worden. Und hat dann nicht geübt. Natürlich kauft man ihr dann nicht etwa zur Belohnung eine Geige, zumal ja der Flügel zu Hause steht und nur darauf wartet, bespielt zu werden. Jetzt ist er natürlich tabu, sagt Mutter. Sie hat den Flügel ein für alle Male zugeklappt. Sie hat eine wertvolle Spitzendecke quer darüber gelegt und Vaters Bild im Silberrahmen darauf gestellt. Es zeigt Vater, wie er am Flügel sitzt. Ein junger Mann, lachend. Mit kurzen, gleichwohl ins Wüste strebenden Haaren.

Wie sehr Huberta dem Vater gleicht. Auch ihre Haare lockig und dick. Man muß sie sehr kurz halten, die Haare und die ganze Huberta. Greta hilft Mutter bei der Erziehung. Will Huberta partout in die Tanzstunde, wird Greta mitgeschickt, um das Schlimmste zu verhüten. Greta muß Huberta beim Lernen helfen. Greta muß der Mutter berichten, daß Huberta sich in der Milchbar mit Jungen trifft.

Mutter hat ihre liebe Not mit Huberta und ist dem Herrgott dankbar, daß wenigstens Greta einwandfrei ist. Greta ist fleißig. In vielen Fächern Klassenbeste. Absolut unbegabt in Sport. Mutter schmunzelt. Greta hält eigentlich überhaupt nichts von Bewegung. Greta kleidet sich unauffällig. Faltenrock, Bluse, Strickjacke, das genügt ihr. Mutter schenkt ihr zur Belohnung eine Brosche. Greta darf die Abiturrede halten. Die Zeitung berichtet über Greta.

Greta ist nach dem Abitur erschöpft. Blutarm, sagt der Arzt. Mutter macht sich Sorgen. Leibschmerzen hat Greta auch, ist länger als andere junge Mädchen unpäßlich. Mutter empfiehlt Bettruhe. Aber Greta schleppt sich tapfer durch den Tag. Überlegt viel, zupft dabei am Ohrläppchen. Greta soll Huberta beim Lernen helfen. Aber Huberta ist eines Tages verschwunden. Sucht mich nicht, steht auf dem Zettel, den sie hinterläßt.

Natürlich sucht Mutter Huberta. Es ist ihr peinlich. Aber der geistliche Freund steht Mutter bei. Kinder können auch eine Bürde sein, gibt er zu bedenken. Und, daß Gottes Ratschluß unerforschlich ist. Huberta wird nach Hause gebracht. Man muß sie in die Badewanne stecken. Man muß ihr die Haare abschneiden. Huberta geht widerwillig in die Schule, nein, sie geht nicht, berichtet Greta. Huberta sitzt in der Milchbar und vertrödelt die Zeit. Mutter meldet Huberta von der Schule ab. Es ist jammerschade.

Der geistliche Herr kommt. Huberta hört ihm zu. Nickt. Greta wird gerufen. Du bist blaß, mein Kind, sagt der geistliche Herr. Er segnet die Mutter und die Töchter. Er nimmt vom Kuchen und taucht ihn in den Sherry. Das Priesteramt der Mutter sei ein schwieriges. Man müsse es tapfer und geduldig tragen.

Huberta sitzt zu Hause. Wartet, bis sie einundzwanzig ist. Verschwindet. Mutter sucht dieses Mal nicht. Sie muß sich um Greta kümmern, die so blaß ist, daß man sie nicht nach Münster zum Studium lassen kann. Mutter sorgt für Greta. Gibt ihr gutes Essen. Näht weiterhin die Faltenröcke. Und Greta macht Mutter jede erdenkliche Freude.

Dann besorgt Greta den Haushalt treu und brav. Sie kocht sehr solide, betont Mutter. Und, wenn Greta gerade nicht unpäßlich ist, dann ist Greta eine hübsche junge Dame. Mancher Mann könnte an ihr seine Freude haben. Aber die Männer heutzutage sind keine Kavaliere mehr. Nicht einmal der junge Assistenzarzt, mit dem Greta sich so angeregt unterhalten hatte, daß sie rote Backen bekam vom vielen Reden, konnte sich benehmen. Mutter seufzt. Greta legt ihre Hand auf Mutters Hand.

Mutter und Greta richten sich ihr Leben sehr schön ein. Sie haben ein Theaterabonnement. Sie gehen ins Café. Sie gehen in den Dom, wenn dort ein berühmter Organist spielt. Mutter und Greta leben zurückgezogen, aber angenehm. Mutter weiht Greta in ihre Konten ein. Greta muß sich keine Sorgen machen. Gelegentlich soll sie sich einer sogenannten Totaloperation unterziehen, das ist wohl das beste. Diesen Blutverlust jeden Monat kann Greta nicht verkraften. Und auf Kinder würde sie ja wohl ohnehin verzichten. Mutter hat recht. Diesmal seufzt Greta, und Mutter legt ihre Hand auf Gretas Hand.

Nach der Operation wird Greta sich erholen. Mutter begleitet sie, und beide erleben herrliche Tage im Schwarzwald. Sie besuchen Freiburg und Straßburg und genießen die große weite Welt. Man sollte viel öfter reisen, sagen sie einander. Man könnte auch mal eine Pilgerfahrt machen, wenn man nicht immer hören würde, daß doch in Rom oder Lourdes oder Fatima so viel primitives Volk unterwegs sei.

Greta atmet auf. Sie schreibt sich in die Pfarrbücherei ein und liest. Manchmal findet Mutter, daß Greta sich mehr an die Klassiker halten sollte, aber andererseits, Greta ist alt genug, um selbst zu entscheiden. Greta verschlingt die Bücher geradezu. Sitzt mit untergeschlagenen Füßen im Sessel und knibbelt aufgeregt am linken Ohrläppchen.

Natürlich schämt Greta sich, als Mutter ihr sagt, daß man nicht mit untergeschlagenen Füßen im Sessel sitzt. Daß man sich der Mutter zuliebe bezähmt, auch wenn ein Buch spannend ist. Greta kauft Mutter ein Alpenveilchen mit einem Übertopf. Statt ihre Zeit mit Romanlesen zu vergeuden, meldet Greta sich im Bibelkreis an. Mutter geht gern mit, zumal der geistliche Herr nun außerhalb im Altersheim wohnt und Mutter auf geistliche Ansprache ungern verzichtet.

Leider ist es allzu modern im sogenannten Bibelkreis. Für Greta mag es wohl passen, aber für Mutter ist das Interpretieren der Bibel ohne sinnvolle Anleitung nichts. Mutter hat weiß Gott nichts gegen Juden, aber daß sie quasi denen zuliebe das Alte Testament studieren sollte, wie es der junge Kaplan vorschlägt, führt denn doch zu weit. Überhaupt, wie der schon aussieht.

Greta läßt Mutter nicht gern allein abends. Lieber trinkt sie mit Mutter ein schönes Glas Wein und schaut sich etwas im Fernsehen an. Überhaupt kann Greta Mutter nicht mehr allein lassen. Mutter kann so traurig gucken und mit dem Spitzendeckchen unter Vaters Bild auf dem Flügel herumwischen, daß Greta immer öfter Mutters Hand nimmt. Mit der anderen quetscht Greta ihr Ohrläppchen, das in letzter Zeit klopft und rot und dick ist.

Manchmal, wenn Greta und Mutter so einträchtig beisammen sitzen und Greta aus dem Augenwinkel sieht, daß Mutter ein wenig an Haltung verliert, weil sie schwächer wird, wünscht Greta, sie könne Huberta erreichen, damit Huberta komme und Abbitte leiste und der Mutter eine gute Tochter zu sein verspräche. Wenn Greta solche heimlichen Gedanken hat, klopft das Ohrläppchen. Und Greta geht an den Spiegel und drückt Eiter heraus. Es ist ekelhaft, aber es muß sein. Das Ohrläppchen gibt Greta bald keine ruhige Minute mehr.

Mutters Füße wollen nicht mehr so recht. Greta geht also ganz langsam mit Mutter über den Wall. Sie schauen auf ihr stilles Osnabrück. Am Bahnhof Hasetor nehmen sie den Bus. Mutter ist außer Atem, und Greta ist außer Atem. Mutter betet nun gern abends einen schmerzhaften Rosenkranz. Sie spricht mit Greta über die sieben Schwerter, die der

Mutter Gottes das Herz durchbohrt haben. Und Greta blättert mit Mutter in den Bildbänden, die die heilige Maria zeigen, die man besser kennt, als irgendeine andere Frau, besser auch, als sich selbst. Bitte für uns, beten Greta und Mutter, bitte für uns Sünder, jetzt und in der Stunde unseres Todes.

Mutter kann nicht mehr in die Kirche gehen. Greta würde ganz gern gehen, man hört und sieht dann mal etwas. Aber Mutter meint, daß die Messe im Radio auch immer sehr schön ist. Greta legt Mutters Gesangbuch parat. Mutter blättert etwas unkonzentriert. Während die Gemeinde im Radio singt, fängt Mutter an zu weinen. Sie habe in ihrem Leben alles falsch gemacht. Sei keine gute Mutter gewesen.

Greta tröstet Mutter. Sie sei die beste Mutter gewesen, sagt Greta, die man sich nur habe wünschen können. Daß Huberta irgendetwas im Blute habe, daß sie so undankbar habe werden lassen, nun, das sei nun einmal nicht zu ändern. Daß mir der Herrgott das angetan hat, daß mir der Herrgott das angetan hat, schluchzt Mutter. Und dann sagt sie zu Greta, daß Greta ein Segen sei und daß Greta alles erbe und daß das gar nicht so wenig sei, wenn Greta wie Mutter bisher alles sparsam verwalte. Und dann sagt Mutter, tu mir eine Liebe, wenn ich tot bin, aber wer spricht denn von Tod, sagt Greta, tu mir eine Liebe, beharrt Mutter, verändere nichts an der Wohnung. Den Flügel laß stehen, wie er ist. Vaters Bild, es muß geputzt werden, da ist das Silberputzmittel, das beste, das auf dem Markt ist, aus dem Juweliergeschäft, und da ist der Lappen. Und einmal im Jahr muß der Flügel gestimmt werden und dann wieder abschließen, hörst du, abschließen.

Greta steht auf, um für Mutter den Schlaftee zu brühen. Sie selbst trinkt ihn auch gern. Man schläft wirklich angenehm danach. Spürt das Ohrläppchen nicht mehr wimmern oder hämmern. Der Wasserkessel pfeift, und Greta nimmt den Deckel ab und gießt Wasser in die Tonkanne. Sie geht mit den Tassen auf dem Silbertablett ins Wohnzimmer, und da sitzt Mutter und Mutters Mund klafft. Greta bleibt Mutter gegenüber stehen. Guckt in Mutters tiefen schwarzen Mund.

Greta zieht Mutter die beiden Eheringe ab. Hubert und Margareta, liest Greta, 22. Mai 1942. Greta weiß nicht wohin mit den Ringen. Mutters Mund ist ein Schacht, in den man die Ringe werfen könnte. Greta hat Leibschmerzen. Wirft sich über den harten Eßtisch. Sie kann aber doch gar keine Leibschmerzen mehr haben. Greta hat Ohrenschmerzen. Gretas Hände sind taub. Sie können Mutters Mund nicht zuklappen.

Greta putzt Vaters Bild. Greta wischt den Flügel ab. Hebt den Deckel hoch. Die Tastatur steht wie eine Zahnreihe. Man müßte Klavier spielen können. Plötzlich die Melodie. Wer Klavier spielt, hat Glück bei den Frau'n. Greta wirft den Deckel über die Tasten. Vaters Bild wackelt, kippt. Greta nimmt Mutters Rosenkranz. Legt ihn über Mutters steifige Hände.

Greta gibt die Todesanzeigen auf. Man soll in Osnabrück und in Münster, im Raum Dortmund und im Raum Köln-Düsseldorf von Mutters Tod lesen. Gretas Rechnung geht auf. Huberta kommt zur Beerdigung. Trägt einen viel zu kurzen Rock, viel zu rote Lippen, aber was hat Greta erwartet. Neben Huberta steht eine junge Frau, Mitte zwanzig vielleicht. Wilde Haare wie Huberta. Die Tochter. Bertchen. Das dicke Bertchen.

Nein, es gibt mit Huberta nichts zu besprechen. Mutters Testament ist eindeutig. Von Mutters Sorgen will Huberta nichts wissen. Sie habe selbst Sorgen. Mit sich. Mit der da. Die da ist Bertchen. Fettes Ding, sagt Huberta. Aber ich bin selbst nicht viel besser. Huberta lacht. Zündet sich eine Zigarette an, noch eine. Hustet, nimmt Krümel von der Lippe. Auf den Zähnen schmiert der Lippenstift.

Bertchen drückt sich im Zimmer herum. Bleibt vor Vaters Bild stehen. Das ist der, der zu gut war für diese Welt, hab' ich dir ja erzählt. Hubertas Stimme ist etwas heiser. Huberta möchte Wein trinken. Greta holt Weißwein aus der Küche. Greta schmiert Butterbrote. Bertchen langt zu. Huberta will kein Brot. Wo können wir denn bleiben, fragt Huberta. Greta sagt, eine Nacht könnt ihr hier bleiben, länger nicht.

Obwohl sie vom Schlaftee getrunken hat, schläft Greta nicht. Tut kein Auge zu. Sie denkt an Mutter. An den Himmel. An Bertchen. An die Johanniskirche. An Faltenröcke. An den Nickypullover der Freundin, wie weich der war. Und wie hart die Wolle von den Strickjacken. Greta betet «Gegrüßet seist du Maria», voll der Gnaden. Bertchen kommt. Dickes Bertchen, setzt sich zur Tante auf die Bettkante. Friert. Greta schickt sie zurück auf das Sofa. Es sei dort unheimlich, sagt Bertchen. Greta antwortet nicht. Betet. Und betet.

Am nächsten Morgen ist Greta liebenswürdig. Kocht der Schwester Kaffee. Bertchen bekommt Kräutertee. Ob sie ihr ein bißchen Geld geben könnte, fragt Huberta. Nein, sagt Greta. Sie müsse selbst sehr sparsam sein. Aber die Fahrkarte bis Köln. Sie würde das Geld bei Gelegenheit gern wieder haben, sagt Greta. Aber sie sieht schon, daß Huberta es nicht zurückgeben wird. Ich schenke dir die Karte, sagt Greta.

Nachmittags putzt Greta, zieht in Mutters Zimmer. Putzt noch einmal. Es könnte ja jemand kommen. Aber es kommt niemand. Ist auch besser so. Greta geht langsam über den Wall. Als ob Mutter noch neben ihr ginge. Greta beschleunigt die Schritte. Mutter beschleunigt sie auch. Sie laufen, laufen. Mutter ist Greta dicht auf den Fersen. Tritt ihr die Hacken runter. Wirft ihr Wasser ins Gesicht.

Greta kommt nach Hause. Kaum hat sie Licht gemacht im Treppenhaus, sieht sie schon, da liegt Huberta und daneben steht Bertchen. Die Mama habe getrunken, sagt Bertchen. Greta und Bertchen zerren Huberta ins Wohnzimmer. Ich habe geputzt, sagt Greta. Und als Bertchen schweigt, noch einmal, ich habe geputzt. Geputzt geputzt geputzt.

Bertchen sitzt im Sessel. Huberta regt sich. Verlangt Wein. Greta stellt ihr die Flasche an den Boden. Stellt noch eine Flasche an den Boden. Entkorkt beide. Huberta trinkt, schenkt sich nach, zündet sich Zigaretten an. Bertchen muß neue holen. Sie weiß schon, wo der Automat ist.

Greta holt das Foto von Mutter, das sie neben Vaters Bild stellt. Was für einen jungen Ehegemahl die Mutter hat. Greta muß lachen, muß ihr Ohr festhalten, blättert in der Zeitung, schneidet die Todesanzeige aus. Greta sieht zu Bertchen hinüber. Zerzaustes fettes Hühnchen. Man müßte es retten. Man müßte es zu einem ordentlichen Menschen herrichten. Als erstes müßten die Haare ab. Die Wolle. Dann, Punkt zwei, das Gewicht.

Es ist spät. Dieses Mal schläft Greta schon in Mutters ehemaligem Bett und gibt Bertchen ihres. Huberta will vor dem Sofa liegenbleiben. Greta stöhnt ein wenig. Aber sie sagt kein Wort. Versucht zu schlafen. Die Gedanken gehen herum, wie sie wollen. Über den Wall. Treffen Mutter. Mutters Mantel ist offen. Flattert. Fledermausflügelknattern. Greta schreckt von den Geräuschen auf. Rennt ins Wohnzimmer. Steigt mit bloßen Füßen in Scherben. Schmerz. Dickes Blut. Der Teppichboden wird nie mehr sauber werden. Sie stößt etwas Schweres von sich. Tritt. Tritt nach. Scherbenfuß trampelt.

Bertchen macht Licht. Gretas Augen sind zusammengekniffen und können sich nicht öffnen. Mama, schreit Bertchen. Tante Greta, schreit Bertchen. Es ist Nacht, zischt Greta. Jetzt wird nicht geschrien. Nächsten Tags der Blaulichtwagen vor dem Haus. Alle Nachbarn wissen. Greta entschuldigt sich. Solcher Lärm werde nicht mehr vorkommen. Sie schäme sich für diese Person, die ihre Schwester ist. Die Nachbarinnen seufzen. Sie verstehen Greta gut. Bertchen schluchzt.

Will im Krankenwagen mitfahren. Nein, sagt Greta, das kommt nicht in Frage. Oder du mußt auf immer und ewig wegbleiben. Huberta muß zu sich kommen. Muß mal überlegen, was sie Mutter angetan hat und letzten Endes auch mir.

Huberta zittert. Und schreit aus der kalten Höhle des Krankenwagens. Der Arzt sagt, daß Greta Nachricht erhalten werde.

Aber erstmal braucht Greta einen Kaffee. Und dann knöpft sie sich Bertchen vor, um ein für alle Male etwas zu klären. Nämlich Bertchen muß sich entscheiden. Ob sie so werden will wie Huberta oder ob sie sich Greta anvertrauen will. Greta reißt sich weiß Gott nicht darum, eine potentielle Suchtgefährdete und, das muß sie leider sagen, total verfettete Person hinzubiegen. Greta hätte eigentlich, schließlich ist sie weit über vierzig, auch mal Ruhe verdient. Aber Bertchen sei nun mal eine Aufgabe. Wer weiß, warum der Herrgott sie zu Greta nach Osnabrück geschickt hat.

Bertchen heult zum Gotterbarmen. Sie kann nichts sagen. Da rafft Greta sich auf und sagt voller Liebe und mit pädagogischem Elan, als erstes kaufe ich morgen ein Diätbuch. Wollen doch mal sehen, ob wir dich nicht schlankkriegen. Und ich melde dich in der Gymnastik an. Und eh ich's vergesse, die Haare müssen ab, die Wolle weg. Greta hält sich am Ohrläppchen fest. Es meldet Hitze und Klopfen, und es bekommt keine Antwort. Dazu hat Greta nun keine Zeit, sich auch noch um sich selbst zu kümmern.

Greta richtet Bertchen das Zimmer ein. Hängt ein jugendliches Poster hin. Das macht man doch heutzutage so. Bertchen ist etwas undankbar und schaut das Poster nicht an. Aber Greta wappnet oder waffnet sich mit Geduld. Oft spricht Greta mit sich selbst oder mit Mutter im Himmel. Sie gibt Greta immer Antwort. Sie bestätigt Greta in ihrem Kurs. So nennt Greta ihre Erziehung von Bertchen. Bertchen sieht mit dem ordentlichen Haarschnitt richtig flott aus. Wenn sie erstmal schlank ist, wird Bertchen bestimmt auch wieder Lust am Studieren gewinnen. Man muß das in Ruhe überlegen, nichts überstürzen. Fünfundzwanzig ist ja kein Alter. Da hat man das Leben noch vor sich.

Bertchen ist leider träge. Und maulfaul. Greta muß Antworten aus Bertchen fast herausprügeln. Manchmal, Mutter, zuckt mir die Hand. Aber ich reiße mich zusammen. Eisern. Bin für Bertchen ein Vorbild. Wecke sie, bestehe darauf, daß sie hübsch angezogen am Frühstückstisch sitzt. Gewaschen, gekämmt. Daß sie ihr Zimmer lüftet. Das Bett macht.

Abends, immer zur gleichen Zeit, und morgens, immer zur genau gleichen Zeit, ab mit Bertchen auf die Waage. Und ich lobe sie. Ich bestärke sie, wenn sie abgenommen hat. Ich lobe sie. Aber leider stiehlt sie Kekse aus der Dose. Zuckerstücke. Zur Rede gestellt, leugnet Bertchen. Es ist ein Kreuz mit ihr. Immer muß ich hinter ihr her sein. Die Zuckerstücke zählen, die Kekse zählen. Der Tag ist strapaziös, aber was tut man nicht alles für sein Kind. Und sie ist doch mein Kind. Du bist doch mein Kind, sage ich immer mal wieder zu Bertchen. Ich liebe dich doch. Du bist mir vom Herrgott geschickt worden.

Bertchen will Huberta in der Anstalt besuchen. Aber nein, keinen Besuch, sage ich, bei meiner Schwester, so leid es mir tut. Huberta braucht Besinnung. Bertchen ist blaß, aber sie ist ordentlich und, Mutter, sie wird wirklich schlank. Wir gehen ins Kaufhaus und kaufen einen Rock, wenn noch zwei Kilo runter sind. Das wäre dann laut Diätbuch das Normalgewicht. Ich habe auch unter meiner Größe nachgeschaut, ich hätte demnach Idealgewicht. Idealgewicht, wenn nicht weniger. Also, ich soll ruhig meine zwei Zuckerstücke in den Kaffee tun oder Kandis in den Tee. Mutter, du müßtest Bertchen sehen, wie sie ihr Gesicht verkneift und dramatisiert, wenn der Kandis in der Tasse zerbricht.

Dann stellt Greta Bertchen vor die Frage, ob sie Huberta oder Greta lieber hat. Greta wartet, bis Bertchen antwortet. Drei Tage, vier Tage. Dann endlich sagt Bertchen das erlösende Wort. Fast hätte Greta Bertchen einen Kuß gegeben. Aber Greta weiß nicht, wie das geht. Also sagt sie zu Bertchen, daß Bertchen ihre liebe Tochter ist, daß Bertchen nach so langer Zeit aufatmen soll. Wir sind übern Berg, sagt Greta.

Weihnachten schenkt Greta Bertchen nicht nur einen, sondern zwei Röcke. Sie sind sogar etwas zu weit in der Taille. Zur Feier des Tages gibt es Kekse. Aber Bertchen nimmt nur einen. Bedankt sich. Geht in ihr Zimmer. Radiomusik kommt heraus. Greta setzt sich zu Bertchen ins Zimmer. So können doch beide die Musik schön hören.

Greta packt ein Paket für Misereor. Alle die alten viel zu weiten Klamotten von Bertchen kommen hinein. Greta hebt jedes Stück hoch. Mein Gott. Das sagt Bertchen. Greta ist richtig aufgedreht. Verspricht Bertchen, das Theaterabonnement zu erneuern. Käthchen, das muß Bertchen sehen. Oder Kabale und Liebe. Oder Minna. Es gibt so herrliche Theaterstücke, sagt Greta. Paß mal auf, wir werden ein richtig schönes Leben haben.

Greta stöbert Mutters Kleiderschrank durch. Das ist alles erste Qualität. Mutter hat immer für die Ewigkeit gekauft, sagt Greta. Manchmal sitzen Bertchen und Greta auf dem Sofa und blättern im Familienalbum. Das kann man jetzt schon tun. Bertchen hat sich gefangen. Fragt nicht mehr nach Huberta. Sagt eher mal was Positives über Greta als Kind. Daß sie so adrett ausgesehen habe, zum Beispiel. Und daß Greta auch jetzt noch sehr gut aussehe. Aber Greta nimmt Komplimente möglichst gar nicht zur Kenntnis. Sie könnten zu Kopfe steigen.

Bertchen findet, daß es zu spät ist, um sich zur Uni zurückzumelden. Und außerdem, immer nach Münster fahren? Denn ohne Greta kann Bertchen sich, ehrlich gesagt, das Leben nicht vorstellen. Greta umarmt Bertchen. Und drückt ihr einen Kuß auf die Backe, fast ans Ohr. Das eigene Ohr schmerzt wieder heftiger. Greta sagt zu Bertchen, wie zu einer Vertrauten, daß sie sich von Emotionen fernhalten muß, denn sonst meldet sich das Ohrläppchen. Bertchen versteht das. Und sagt, sie wisse wohl, was für eine gute Seele Greta sei. Und Bertchen hat auch einen Wunsch, nämlich, ob Greta ihr wohl erlaube, in den Kirchenchor einzutreten. Jemand sei nach der Messe auf sie zugekommen, ein junger Mann aus der Nachbarschaft, und der habe gesagt, man bräuchte Verstärkung und bereite sich für ein Pontifikalamt vor.

Greta findet die Idee wunderbar. Bertchen muß unter junge Leute, nicht immer mit der alten Tante zusammensitzen. Jaja, fünfzig, da ist man nicht mehr so frisch. Aber Bertchen sagt, es muß auch nicht sein, daß ich gehe. Nein, Greta besteht darauf. Schickt Bertchen weg. Möchte mal den jungen Mann kennenlernen, der Bertchen jeden Mittwoch entführt. Da sitzt er in der Kirche in der ersten Bank von vorn. Leider ist er sehr schüchtern. Gibt Greta etwas schlaksig die Hand. Hat etwas Unstetes in den Augen, was Flackerndes. Aber Greta will nicht voreilig sein. Lädt den jungen Mann ein, doch mal zum Tee zu kommen.

Schade, daß er keine gute Figur macht. Ist klein. Mager. Dagegen Bertchen so schön stattlich. Fast einen Kopf größer. Und er ist jünger als Bertchen. Also nicht ernsthaft für sie in Frage kommend. Man muß Bertchen ein wenig den Weg weisen. Es kommt vor, daß mittwochs eines von den besonders interessanten Konzerten gegeben wird. Greta würde allein gehen, aber in der Dunkelheit wagt sie sich nicht mehr über den Wall. Auch Osnabrück ist heutzutage sehr unsicher geworden. Fast kein Unterschied mehr zu den Städten im Ruhrgebiet, wo soviel Gesindel sich herumtreibt. Bleibt Greta wohl nichts anderes übrig, als sich still zu fügen und zu Hause zu bleiben und den jungen Leuten viel Spaß zu wünschen.

Bertchen geht nur zögernd. Schaut Greta ins Gesicht. Findet, daß das Ohrläppchen schrecklich aussieht. So rot, so gelb von Eiter. Morgen gehe ich mit dir zum Arzt, Tante Greta, sagt Bertchen. Und sagt, warte nicht auf mich. Wir üben heute länger. Natürlich liegt Greta schlaflos. Dann klappt leise, doch hörbar die Wohnungstür. Bertchen, ruft Greta sehr leise. Bertchen kommt an Gretas Schlafzimmertür. Ich bin's, sagt Bertchen. Ist gut, ist gut, sagt Greta, ist schon gut.

Edda Uhlmann

# DIE ZERSTÖRUNG DES BEGEHRENS UNTER FRAUEN

In meiner psychoanalytischen Praxis begegnen mir die Beziehungsprobleme unter Frauen vorwiegend in der Mutter-Tochter-Konstellation. Ich nähere mich deshalb meinem Thema von der Mutter- Tochter-Beziehung her und möchte zwei Problembereiche herausarbeiten:

Zum einen begegnen mir Töchter, die sich von der Mutter nicht ausreichend geliebt fühlten; sie hatten nie das Gefühl, in den Augen der Mutter das Leuchten zu finden, das sie so ersehnten, eher galt dieses Leuchten aus ihrer Sicht einem männlichen Konkurrenten, häufig einem Bruder. Lustvolle körperliche Nähe mit der Mutter wird nicht erinnert. Ein gewisses Maß an Anerkennung mag durch Anpassung zu erreichen gewesen sein, für die libidinösen und aggressiven Wünsche aber blieb als Ausweg nur die Hinwendung zum Vater. Wenn die Suche nach Anerkennung dieser Wünsche durch ihn, jedenfalls bis zu einem bestimmten Alter der Töchter, auf positive Resonanz stieß, hatten sie eine gute Chance, sogenannte «Vatertöchter» zu werden. Die schmerzlich entbehrte Anerkennung ihrer Weiblichkeit durch die Mutter und die aus dieser Enttäuschung resultierende Verwerfung der Mutter als eines weiblichen Ideals, mit dem Identifizierung möglich wäre, hat weitreichende Folgen für die Identität der Töchter und für die Entfaltung ihres Begehrens. Dies ist die altbekannte Variante in der Mutter-Tochter-Beziehung, die in der psychoanalytischen Theorie deutlich ihren Niederschlag gefunden hat.

Ich möchte noch einen anderen Problembereich, der sich zwischen Müttern und Töchtern ergeben kann, beleuchten, denn das mütterliche Erbe besteht für die Tochter nicht immer und nicht ausschließlich in einer solch lastenden Hypothek von Weitergabe entwerteter Weiblichkeit.

Mütter sehnen sich durchaus auch danach, ein weibliches Kind zu gebären, möchten sich in einer Tochter wiederfinden. Daß Mütter auf ihre Töchter Hoffnungen und Wünsche, ihr Ich-Ideal, projizieren ist hingegen bislang weitaus weniger wahrgenommen worden.

Mit dem Beginn eines bekannten Märchens möchte ich in diese andere Mutter-Tochter-Beziehung einführen:

> «Es war einmal mitten im Winter, und die Schneeflocken fielen wie Federn vom Himmel, da saß eine schöne Königin an einem Fenster, das hatte einen Rahmen von schwarzem Ebenholz, und nähte. Und wie sie so nähte und nach dem Schnee aufblickte, stach sie sich mit der Nadel in den Finger, und es fielen drei Tropfen Blut in den Schnee. Und weil das Rothe in dem Weißen so schön aussah, so dachte sie: Hätt' ich doch ein Kind so weiß wie Schnee, so roth wie Blut und so schwarz wie dieser Rahmen» (Dettmering, S. 156).

Das Bild der Frau, die allein am Fenster sitzt, die winterliche Landschaft, in der alles Lebendige unter dem Schnee begraben ist, vermitteln etwas von Einsamkeit und Depressivität; das Fenster läßt an einen leeren Spiegel denken, ohne Bild, ohne Gegenüber. Aus dem Erleben eines narzißtischen Mangels formuliert die Königin den Wunsch nach einem Kind, nach einer Tochter – darauf verweisen die drei Farben Weiß, Rot und Schwarz. In den alten Mythen sind diese drei Farben der sich zyklisch verändernden Großen Göttin zugeordnet, es sind Symbole für die Phasen des Mondes wie auch für den weiblichen Zyklus, für weibliche Vollkommenheit.

Das Begehren der Frau äußert sich hier als Wunsch nach einer Tochter, in der sie sich spiegeln könnte, um sich ihrer selbst zu vergewissern.

Es ist bekannt, wie es in dem Märchen weitergeht. Ich möchte aus einer handschriftlichen Urfassung, die zeitlich vor der Bearbeitung durch die Brüder Grimm liegt, zitieren; da nämlich gibt es keine Spaltung in gute leibliche Mutter und böse Stiefmutter. Die leibliche Mutter überlebt die Geburt der Tochter, und diese Tochter entspricht, jedenfalls bis zu einem bestimmten Alter, ganz ihren Wünschen: «Schneewittchen aber wuchs heran, und als es sieben Jahr alt war, war es so schön, daß es selbst die Königin an Schönheit übertraf» (ebda., S. 156). Als die Königin ihren Spiegel befragt und der ihr von der Tochter erzählt, die tausendmal schöner sei als sie selber,

« ... ward sie blaß vor Neid, und von Stund an haßte sie das Schneewittchen, und wenn sie es ansah, und gedacht, daß durch seine Schuld sie nicht mehr die schönste auf der Welt sey, kehrte sich ihr das Herz herum» (ebda., S. 157).

In einer anderen handschriftlichen Fassung heißt es lapidar: « ... Darüber konnte es die Frau Königin nicht mehr leiden, weil sie die schönste im Reich wollte seyn» (ebda., S. 111).

Durch die Stimme bekommt der Spiegel eine dritte Dimension, die die Differenz zwischen Mutter und Tochter einführt. Anders gesagt: Die gemeinsame narzißtische Hülle, in der eine wechselseitige Spiegelung und Selbstvergewisserung möglich war, ist zerbrochen. Eine ist jetzt schöner, besser ausgestattet als die andere. Nun geht es nicht mehr miteinander. In der handschriftlichen Fassung bringt die Königin ihre Tochter, als der Vater in Kriegsgeschäften abwesend ist, in den Wald:

«In demselben Wald aber standen viel gar schöne rothe Rosen. Als sie nun mit ihrem Töchterlein daselbst angekommen war, so sprach sie zu ihm: ach Schneeweißchen steig doch aus und brich mir von den schönen Rosen ab! Und sobald [...] es diesen Befehl zu gehorchen aus dem Wagen gesprungen war, fuhren die Räder in größter Schnelligkeit fort, aber die Frau Königin hatte alles so befohlen, weil sie hoffte, daß es die wilden Tiere bald verzehren sollten» (ebda., S. 111).

Die Farbe Rot, die Rose, eine Blume mit Dornen, können als Symbole für weibliche Sexualität verstanden werden. Für den Interaktionszusammenhang, den das Märchen ausdrückt, ließe sich sagen: Die Tochter wird zur Frau, entwickelt ein eigenes sexuelles Begehren und verweist die Mutter auf den zweiten Platz. Die Mutter hält diesen Platzverweis nicht aus, deshalb muß die Tochter aus ihren Augen, obwohl dies – wie man vom weiteren Gang der Dinge weiß – nicht ausreicht, um die Kränkung, den Neid und die Rachegelüste zu bewältigen.

Dieselbe Problematik läßt sich auch auf der Seite der Tochter finden, wie sich am Beispiel von Jane Campions Film *Das Piano* (vgl. Campion/Pullinger) aufzeigen läßt: Eine gemeinsame Hülle umschließt Ada, die Mutter, und Flora, die Tochter. Die narzißtische Zweieinheit von Mutter und Tochter findet hier noch ihren besonderen Ausdruck dadurch, daß die Sprache als Mittel der Individuation und Trennung zwischen beiden nicht existiert. Die Mutter hat keine Sprache, sondern die Tochter ist ihr Sprachrohr. Die narzißtische Gemeinschaft wird hier durch die Mutter gesprengt, als diese ihr sexuelles Begehren nach dem Mann entdeckt. Kränkung, Eifersucht und Zerstörungswut brechen bei der Tochter hervor. So verweist Adas Fingerprothese nicht nur auf Blaubarts Rache an der Frau, sondern auch auf eine schmerzhafte, partiell zerstörerische Trennungserfahrung im Mutter-Tochter-Individuationsprozeß.

Die Passagen aus dem Märchen und dem Film zeigen unterschiedliche Formen weiblichen Begehrens. Der Wunsch nach Spiegelung und Vervollkommnung durch die andere ist ein narzißtisches Begehren, das sexuelle Begehren mit dem Bedürfnis nach Triebbefriedigung ein Objektbegehren. Beides ist in der Regel miteinander verschränkt, mit je unterschiedlicher Gewichtung, und das eine kann jeweils zur Abwehr bzw. Kompensation des anderen dienen. So zeigt der Film in der narzißtischen Mutter-Tochter-Gemeinschaft auch Elemente zärtlich-triebhaften Objektbegehrens. Gleichzeitig ist die narzißtische Zweieinheit Kompensation für ein nicht entfaltetes sexuelles Begehren der Mutter.

Begehren kann sich auch im Aufbegehren äußern. Dabei geht es um eine eigene Willensäußerung, um Wehren gegen Fremdbestimmung, der Akzent liegt hier auf der Abgrenzung des eigenen gegenüber dem fremden Begehren. Als das mütterliche Anliegen nicht mehr mit dem der Tochter identisch ist, verweigert sich Flora zunächst mit einem wütenden «Nein» und rächt sich dann mit einem Verrat an der Mutter.

Jessica Benjamin beschreibt die Bedeutung der Wiederannäherungsphase (Mitte des zweiten bis Mitte des dritten Lebensjahres) für die Entwicklung des Begehrens in der Kindheit. In diesem Zeitraum beginnt das Kind, den Wunsch und die Erregung als eigenes inneres Begehren zu empfinden. Das Begehren ist in dieser Phase wesentlich mit dem Streben nach Autonomie und Freiheit verknüpft, und für beide Geschlechter sei es der Vater – so Benjamin – der als Subjekt des Begehrens erlebt werde und dem das Kind gleichen möchte. Sie schreibt:

> «Auch wissen wir nicht, was es für das Mädchen bedeuten könnte, wenn sie die Mutter als sexuelles Subjekt erlebte, das den Vater begehrt, oder sie als aktiv Handelnde in der sexuellen Beziehung zu einem Mann oder einer anderen Frau wahrnähme» (Benjamin, 1990, S. 114).

Es ist sicher richtig, daß der Frau die Position eines Objekts männlichen Begehrens zugedacht ist und daß sie sich auch häufig genug damit identifiziert, aber dennoch kann sich in solch einer Aussage auch ein Abwehrvorgang ausdrücken. Existiert diese Mutter, die als sexuelles Subjekt erlebbar ist, wirklich noch gar nicht oder ist es vielleicht für beide Geschlechter weniger provokant, dem Mann/Vater ein eigenes Begehren zuzugestehen als der Frau/Mutter? Vielleicht gibt es auch unter Frauen ein Interesse daran, der anderen ein eigenes Begehren abzusprechen.

Ausgangspunkt meiner Überlegungen war, daß Begehren entsteht, wenn Mangel und Unvollkommenheit erlebt werden. Die Sehnsucht nach einer, die mir gleicht, kann sich daraus entwickeln – das war das Ausgangsmotiv in Schneewittchen. In der Begegnung mit der Gleichen möchte ich etwas erkennen über das Wesen meiner eigenen Geschlechtlichkeit. Es ist der Wunsch nach einer homoerotischen Spiegelbeziehung, in der das weibliche Subjekt sich der eigenen Intaktheit versichern möchte. Das Problem ergibt sich, weil neben der Gleichheit auch Getrenntheit und Differenz anerkannt werden müssen. Der unmodifizierte narzißtische Anspruch nach einer, die mir gleicht, die meinen Erwartungen ganz entspricht, löscht die Andere in ihrer Eigenheit aus, ist in letzter Konsequenz tödlich. Wenn Differenz auftaucht, kann die Lücke, die sich zwischen mir und der nun nicht mehr Gleichen auftut, durch ein «die ist besser als ich» oder «die hat etwas, was ich nicht habe» gekennzeichnet sein. Die Andere übererfüllt sozusagen das auf sie projizierte Ideal, und dies kann das Subjekt mit dem narzißtischen Anspruch nur aushalten, wenn aller Glanz wieder an den Ausgangspunkt zurückfließt. Die Nachricht an die Andere, die, auch wenn sie größtenteils unbewußt bleibt, ihre Wirkung dennoch nicht verfehlt, lautet in diesem Fall:

> «Was du bist, das bist du nur durch mich, deshalb darfst du nie etwas Eigenes nur für dich entwickeln; wenn du es dennoch wagst, wirst du an mir schuldig; denn ich würde mich entleert fühlen, würde neidisch und rachsüchtig.»

Der Spiegel, der der Königin meldet, sie sei nunmehr nur noch die Zweitschönste und von der erblühenden Tochter bereits übertroffen, führt eine Differenz zwischen den beiden ein, indem er die Mutter auf ihre Begrenzung, auf ihre Vergänglichkeit verweist. Dem unmodifizierten narzißtischen Begehren des Subjekts wird jede Begrenzung zu einer unerträglichen Kränkung. Statt zu einer Trauerreaktion kommt es zu dem Versuch, die eigene Begrenztheit zu verleugnen und die Andere, die daran rührt, auszulöschen.

Ich möchte jetzt zunächst zurückkehren zu dem Problembereich, den ich mit einem Beispiel am Beginn meiner Ausführungen kurz umrissen habe. Es geht um die Frau, die jedes gleichgeschlechtliche Begehren abwehrt, die ihr Ideal ausschließlich auf den Mann projiziert hat und ihre Befriedigung durch identifikatorische Teilhabe an diesem Ideal, bis hin zur Unterwerfung, zu finden hofft.

Eben diese Konstellation hält Christiane Olivier (vgl. *Jokastes Kinder,* 1987) für allgegenwärtig und unausweichlich in der Mutter-Tochter-Beziehung, weil die Mutter angeblich ihr Kind, das das gleiche Geschlecht hat wie sie, niemals begehren kann. «Das Fläschchen war leer, denn es hatte nicht das Aroma des ‹Begehrens› [...], da es von einer Frau gegeben wird, die das gleiche Geschlecht hat wie das kleine Mädchen» (ebda., S. 97).

Auch den Frauenhänden, die den Körper des kleinen Mädchens umsorgten, fehlte das Begehren. Die Folge davon sind dramatischer oraler Hunger und ewige Unzufriedenheit mit dem eigenen Körper. Das kleine Mädchen, das sich von niemandem begehrt fühlt – der Vater glänzt ja durch Abwesenheit – entwickelt als Grundgefühl der Mutter gegenüber Neid und Eifersucht, da es, sich identifizierend mit dem, was sie im Blick der Mutter liest, nichts hat. Aus der Sicht des kleinen Mädchens hat die Mutter hingegen sehr viel, nämlich üppige weibliche Formen und die Potenz, Kinder zu bekommen. Nach Olivier prägen Neid und Eifersucht, die aus dem Erleben des kleinen Mädchens gegenüber der Mutter herrühren, grundsätzlich die Beziehungen unter Frauen.

Ich will zunächst ein Beispiel dafür bringen, wie weibliches Begehren sich unter solchen Bedingungen entfaltet oder wie es zerstört wird, wenn mütterlicherseits auf die Tochter negative Selbstanteile projiziert werden und das homosexuelle Begehren der Tochter rigide abgewehrt wird (vgl. Poluda-Korte, 1993), wobei ich diese Konstellation aber nicht, wie Olivier das tut, für das unausweichliche Grundmuster zwischen Mutter und Tochter halte.

Eine junge Frau hatte zu Beginn ihrer Analyse folgenden Traum:

> «Ich stehe mit meiner Mutter am Küchenherd und öffne die Backofentür, eine fette Ratte springt heraus. Meine Mutter weicht entsetzt zurück und gibt mir ein Zeichen, daß ich die Ratte töten soll. Ich pack' sie mit bloßen Händen und zerquetsche sie, was furchtbar eklig ist.»

Im sogenannten Initialtraum klingen für die Analyse wichtige Themen an, und deshalb will ich versuchen, anhand dieses Traumes die im Hinblick auf mein Thema bedeutsamen Linien herauszuarbeiten.

Der Backofen symbolisiert den weiblichen Schoß. Aber was ist es, was da rausspringt und liquidiert werden muß? Schritt um Schritt wird in der Analyse deutlich, wofür die Ratte im einzelnen steht. Es geht zum einen um das eigene, aktive Begehren, das die Träumerin als aggressiv anspringend, bedrohlich, gierig, geil und ekelhaft erlebt. Hinsichtlich der Genese spricht vieles dafür, daß ihr homosexuelles Liebeswerben bei der Mutter auf Ablehnung gestoßen war, daß diese sich die kleine Tochter im wahrsten Sinne des Wortes frühzeitig vom Leibe gehalten hat. Hintergrund dafür scheint eine übermäßige und völlig ungelöste Bindung dieser Mutter an ihre eigene Mutter gewesen zu sein. Gerade weil diese Bindung hoch idealisiert und unauflösbar blieb, Ambivalenz also keinen Platz hatte, wurde die Seite der Ablehnung durch die Errichtung eines besonders rigiden homosexuellen Tabus gegenüber der Tochter gelebt. Das kleine Mädchen findet mit der eigenen sinnlichen Ausstrahlung und ihrem Liebeshunger bei der Mutter nicht ausreichenden Widerhall, sie trifft eher auf Kühle und Entwertung. Die Wut darüber verschafft sich in der Ratte Ausdruck: «Wenn ich mich dir nicht zärtlich-erotisch nähern darf, dann spring' ich dich eben gierig an.» Die Ratte ist also auch ein Symbol für das Aufbegehren, für das «ich bin nicht so, wie du mich haben willst.» Dann schreitet allerdings das Über-Ich ein, und der Satz heißt weiter: «Hab aber keine Angst, das tu' ich dir nicht an, lieber bring' ich etwas in mir um.» Die unverzichtbare Liebe der Mutter erringt sie in der Tat, indem sie sich in vielen Bereichen einer rigiden mütterlichen Dressur unterwirft. Glücklicherweise aber nicht ganz. Was die Träumerin blutig-glibschig an ihren Händen spürt, ist auch das eigene Genitale beim Masturbieren. Sie gehört nach meiner Erfahrung zu dem eher kleineren Teil von Frauen, die das kindliche

Masturbieren nicht nur erinnern, sondern es auch über die Kindheit hinaus intensiv betrieben haben. So gesehen wird mit dem Erwürgen der Ratte das Über-Ich, in das die mütterlichen Verbote von Sinnlichkeit eingegangen sind, hinters Licht geführt nach dem Motto «Ich habe meine Lust erwürgt und werde nie wieder so etwas Ekelhaftes tun.»

Das weibliche Begehren, das liquidiert werden soll, betrifft aber nicht nur die Selbstanteile der Träumerin. Träume im weiteren Verlauf der Analyse zeigen mehrmals den wütenden Impuls, das Gesicht einer anderen Frau zu zerstören. Im Traum tritt sie in das andere Gesicht, bis es blutet, oder sie drückt Scherben hinein. Sie möchte die Fassade der andern einreißen, die Kühle und Glätte, möchte den Spiegel, in dem sie sich mit ihrer Sehnsucht und Sinnlichkeit nur als Zurückgewiesene, Verachtenswerte erleben konnte, zerstören; sie will Blut sehen, weibliches Blut, eine hohe Ambivalenz gegenüber der Lust und dem Begehren der anderen tut sich auf, die sich abspielt zwischen aggressiv-lustvollen homosexuellen Phantasien («Ich werde dich dazu bringen, auch Lust zu spüren und zu zeigen, damit nicht nur ich so ekelhaft rattig bin.») und Rachephantasien («Ich will deine Lust und dein Genitale zerstören, so wie du mir alles kaputtgemacht hast.»). Frauen gegenüber schwankt sie zwischen großer Sehnsucht nach homoerotischer Nähe und neidischem Zerstörenwollen, wenn eine andere etwas hat, was sie selbst nicht zu haben meint. Insofern steht die Ratte auch für das dritte Objekt, das sich in Gestalt des Vaters zwischen sie und die Mutter drängt.

> «So wie du mir nichts gegönnt hast, weder die Lust, die ich mit dir zusammen hätte haben können, noch die Lust, die ich mir alleine verschaffen kann, so gönne ich dir auch keine Lust, die du mit einem anderen haben könntest; ich gönne dir den Mann nicht, der soll weg.»

Darüber hinaus repräsentiert die Ratte auch die phallische Identifizierung der Träumerin. Ihr Begehren zeigt sich als ein Hervorspringen, Attackieren- und Eindringenwollen. Ich sehe darin u.a. eine Möglichkeit der Bewältigung spezifischer weiblicher Genitalängste. Der Backofen als innergenitaler Raum wird auf diese Weise geschützt vor Angriffen. Wer möchte da schon reinlangen, in diesen Innenraum, aus dem Ratten herausspringen können. Der mir im Zusammenhang meines Themas wichtige Aspekt ist der Schutz vor dem befürchteten Zugriff einer als kontrollierend erlebten Mutter nach dem Motto «Die soll nicht in mir rumwühlen können, sich mein Inneres aneignen können, eher beiße ich sie.» Wobei das Mutterbild auch von Projektionen, die aus Liebessehnsucht und Enttäuschungshaß der Tochter herrühren, gebildet ist, das heißt, es geht um einen befürchteten Vergeltungsangriff für sehnsüchtige und rachsüchtige Impulse. Der Preis für diesen phallisch getönten Bewältigungsversuch war bei der erwachsenen Frau eine nachhaltige Schwierigkeit, den innergenitalen Raum als lustvoll erregbar zu erleben.

Ich möchte noch einmal betonen, daß es bei dieser entsprechenden Dynamik zwischen Mutter und Tochter auch für die Tochter nicht auszuhalten ist, sich die Mutter als eine Begehrende vorzustellen. Wenn ein Mädchen das Gefühl hatte, mit ihrem lustvollen und lustvoll-aggressiven Begehren von der Mutter körperlich zurückgewiesen worden zu sein, lastet sie diese Zurückweisung ihrem Geschlecht an, und sie wird später kaum in der Lage sein, der Mutter und entsprechend auch anderen Frauen ein Begehren zuzugestehen. Das ehemals nicht bestätigte Begehren taucht dann vorwiegend in entfremdeter Form, als Neid, auf. Bei entsprechend strengem Über-Ich wird diese verpönte Regung gegen die eigene Person gewendet.

Wenn sich während der Analyse mit meiner Patientin Situationen ergaben, in denen eine ihr wichtige Frau sich mit dem eigenen Begehren nicht ihr zuwandte, sondern einem andern, geriet sie in einen Strudel von Neid, Haß und Schmerz, der sie teilweise bis an den Rand der Suizidalität brachte.

Dieses Beispiel stand unter dem Motto «die Projektion negativer Selbstanteile von der Mutter auf die Tocher und die rigide Abwehr der homoerotischen Liebe zwischen den beiden». Es wurde als Normalfall proklamiert, daß die Mutter ihr Kind gleichen Geschlechts höchstens als zweite Wahl betrachtet und sich nichts sehnlicher wünscht als einen Sohn. Aber wenn dies zur Allgemeingültigkeit erhoben wird wie in jüngerer Zeit von Olivier, wenn frau darauf beharrt, daß Jokaste ihr weibliches Kind nicht begehren kann, dann schreibt frau sich und die Andere fest auf den Neid. Was ein Objektbegehren hätte sein können, zeigt sich dann nur noch in der entfremdeten und zerstörerischen Weise.

Jetzt möchte ich anhand eines Beispiels noch einmal das Ausgangsmotiv von Schneewittchen aufgreifen, die Sehnsucht nach der Gleichen, also den Wunsch der Mutter nach einer Tochter, der, psychoanalytisch formuliert, als Projektion des Ideals von der Mutter auf die Tochter verstanden werden kann. Das Problem taucht hier im Umgang mit der Differenz auf, so hatte ich es anhand von Schneewittchen aufgezeigt.

Ich habe mir die Beziehung zwischen der Schriftstellerin Sylvia Plath (1932–1963) und ihrer Mutter Aurelia unter diesem Aspekt angeschaut, soweit mir das aus Briefen und Tagebuchaufzeichnungen zugänglich war. Zunächst einige Stichworte zum biographischen Hintergrund: Die Mutter Aurelia scheint eine ehrgeizige Frau mit intensivem Interesse an Literatur und an einer eigenen Berufstätigkeit gewesen zu sein. Aber sie heiratete frühzeitig den um zwanzig Jahre älteren Otto Plath und gab, seinem Wunsch folgend, ihren Beruf auf. Nach eigener Aussage unterwarf sie sich ihm, der der Alleinherrscher im Haus sein wollte, und sie sei selber nur noch durchdrungen gewesen von dem Wunsch, eine gute Ehefrau und Mutter zu sein. Als Sylvia acht Jahre alt war, starb der Vater. Unmittelbar nach seinem Tod hält Sylvia ihrer Mutter einen Zettel zur Unterschrift hin, auf dem steht: «Ich verspreche, daß ich nie mehr heiraten werde» (Plath, 1992, S. 27). Die Mutter unterschreibt. Sie ist in den folgenden Jahren sehr davon in Anspruch genommen, für sich und ihre beiden Kinder die ökonomischen Grundlagen zu sichern, den Kindern eine gute Ausbildung zu gewährleisten.

Die Tochter Sylvia schrieb vom Beginn ihrer Collegezeit bis zu ihrem Suizid im Alter von dreißig Jahren etwa siebenhundert Briefe nach Hause. Die Mutter hat einen großen Teil dieser Briefe herausgegeben und ein eigenes Vorwort dazu verfaßt. In diesem Vorwort schreibt sie: «Zwischen Sylvia und mir gab es – wie zwischen meiner eigenen Mutter und mir – so etwas wie eine psychische Osmose ...» (ebda., S. 32). Sylvia und sie selbst hätten die gleiche Liebe zur Sprache gehabt und hätten in der Sprache das wichtigste Mittel gesehen, einander zu verstehen. Die Sprache wird also von der Mutter ausdrücklich nur als Mittel zum Herstellen von Nähe gesehen, nicht zur Abgrenzung und Differenzierung. Dieser Kommunikationsfluß zwischen ihr und der Tochter beglückt die Mutter sehr und als Sylvia als junges Mädchen zu ihr sagt: «Wenn ich einmal Mutter bin, will ich meine Kinder genauso erziehen, wie du uns erzogen hast», schreibt die Mutter diesen Satz als einen ihr besonders kostbaren ins eigene Tagebuch (ebda., S. 39). Wenn Sylvia als junges Mädchen von Festen nach Hause kommt, stürmt sie in Mutters Schlafzimmer: « ... ah, dann schilderte sie den Abend für mich, und ich kostete ihre Freude, als wäre es meine eigene gewesen» (ebda., S. 40).

Hier wird die Identifikation mit der Tochter zur Enteigung; in diesem Zusammenspiel zwischen Tochter und Mutter kann die Tochter kein ‹Begehren für sich› entfalten, es sei denn um den Preis der Schuld. Hätte sich die Mutter die Erlebnisse der Tochter nicht einverleiben können, dann wäre sie konfrontiert gewesen mit all dem Ungelebten bei sich selber, und, daraus resultierend, mit Leere, Neid und Wut.

Aufschlußreich ist noch ein ganz unspektakuläres Beispiel aus dem Text der Mutter. Aurelia schreibt hier über die Zeit unmittelbar vor Sylvias erstem Selbstmordversuch:

> «Sie hatte vor, bei mir jeden Morgen eine Stunde Stenographieunterricht zu nehmen, um damit in der Lage zu sein, ‹einen Job zu kriegen, der mir das Schreiben finanziert – sollte ich jemals wieder schreiben können›» (ebda., S. 126).

Wer soll hier wem was finanzieren, und um wessen Schreiben geht es? Nur die Anführungszeichen, die den zweiten Teil des Satzes einschließen, markieren, daß es um zwei verschiedene Subjekte geht. Der erste Teil des Satzes ist von der Autorin Aurelia, der zweite Teil des Satzes ist von der Autorin Sylvia, ein Zitat, das die Mutter aus dem Tagebuch der Tochter entnommen hat: «einen Job zu kriegen, der mir das Schreiben finanziert – sollte ich jemals wieder schreiben können.» Zwei Subjekte, sprachlich aber verschmolzen; die Tochter, gerade wo es um ihre literarischen Fähigkeiten geht, sozusagen von der Mutter sprachlich verschluckt.

Wie sieht das auf Sylvias Seite aus? Mit einundzwanzig Jahren schreibt sie an ihre Mutter:

> «Liebste Mama, morgen ist dein Geburtstag, da hat es mit Harper's ja gerade im richtigen Augenblick geklappt, und ich kann dir die gewünschte Nachricht bringen: Ich habe meine erste Zusage auf professioneller Basis bekommen! [...] Im Geiste widme ich diesen Harper's-Triumph Dir, die ich am liebsten habe auf der Welt» (ebda., S. 116).

Siebenhundert Briefe innerhalb von dreizehn Jahren. Der Tenor ist immer gleich. Sylvia liefert ihrer Mutter Liebesbezeugungen und Erfolge in allen Bereichen des Lebens. Ein ganz anderer Ton hingegen findet sich sowohl in ihrem Roman mit autobiographischen Zügen *Die Glasglocke* als auch in Sylvias Tagebüchern. Eine Tagebucheintragung von 1958, geschrieben im Alter von sechsundzwanzig Jahren also, nachdem sie beim Spaziergang im Park junge Mädchen dabei überrascht hatte, wie diese Rhododendronblüten für ein Tanzfest klauten, was Sylvia in eine mörderische Wut versetzte, lautet:

> «Die Gewalt in mir ist ungezügelt wie Totenblut. Ich kann mich umbringen – oder, das weiß ich jetzt – sogar einen anderen töten. Ich könnte eine Frau töten oder einen Mann verletzen. Ich glaube, das könnte ich. Ich biß die Zähne zusammen, um meine Hände unter Kontrolle zu halten, aber durch meinen Kopf schossen blutige Sterne, als ich das freche Mädchen anstarrte, und ich wollte Blut sehen, über sie herfallen und sie in blutige Stücke zerreißen» (zit. nach Stevenson, 1992, S. 243).

Wenn ich Sylvias massive Reaktion in Verbindung bringe mit dem, was ich weiter oben «die Enteignung des Begehrens durch die Mutter» genannt habe, so zeigt sich hier ein überbordender Neid, aus dem heraus sie nur noch zerstören will, weil sie nicht erträgt, daß die anderen jungen Frauen etwas haben, etwas leben können – aus ihrer Sicht jedenfalls –, wofür sie selber keine Chancen sieht, es zu entfalten, nämlich dieses «Begehren für sich allein»; denn die Voraussetzung dafür wäre die Separation von der Mutter, die ihr nicht möglich ist.

Als die Psychiaterin ihr sagt: «Ich erlaube Ihnen, Ihre Mutter zu hassen» (ebda., S. 256), fühlt sich Sylvia von diesem Satz gewärmt wie von einem Schluck Brandy und glaubt, nach der Sitzung als «neuer Mensch» nach Hause zu gehen. An anderer Stelle schreibt sie: «Die Vampir-Metapher, die Freud benutzt, der das Ego aussaugt, entspricht genau dem Gefühl, das sich meinem Schreiben in den Weg stellt: Mutters Würgegriff» (ebda., S. 261). Andrerseits ist sie voller Schuldgefühle und fragt sich:

> «[...] was macht man mit seinem Haß auf alle Mutterfiguren? Was soll man tun, wenn man sich schuldig fühlt, weil man nicht tut, was sie sagen, denn schließlich haben sie alles getan, um einem zu helfen?» (ebda., S. 257)

Aber es ist keineswegs nur das Schuldgefühl, das der Separation von der Mutter entgegensteht. Ich denke, sie ist auch die geblieben, die als Achtjährige nach dem Tod des Vaters der Mutter eigene, neue Möglichkeiten verbieten wollte und die ihrerseits von der Mutter uneingeschränkte Anerkennung fordert.

Im Alter von dreißig Jahren brachte sie sich um. Sie hatte ihren Kopf in die Backröhre des Gasherdes gelegt, ein Handtuch unterm Kopf, zusammengefaltet wie zu einem kleinen Kissen – so fand man sie.

Wieder taucht die Backröhre des Küchenherdes auf; wenn ich die Backröhre als Symbol für den weiblichen Schoß nehme, für den innergenitalen Raum, so würde ich zu diesem Beispiel sagen: Hier konnten nicht zwei Frauen leben, die sich hätten anerkennen können als gleich und doch auch unterschiedlich, nah und doch getrennt, nicht zuletzt durch den Generationsunterschied. So kehrt die eine in den Schoß der anderen zurück, von dem sie wohl nie richtig entbunden war.

Dies ist ein extremes Beispiel, an dem ich versucht habe, etwas aufzuzeigen, deshalb möchte ich zum Schluß auf eine eher alltägliche Erfahrung hinweisen, in der es um die Schwierigkeit unter Frauen geht, die Differenz zuzulassen. In der feministischen Frauenforschung gibt es bereits eine Reihe von Analysen über Arbeitsbeziehungen in Frauenprojekten (vgl. Burbach, 1993). Als typisch für solche Gruppen wird beschrieben, daß die Frauen Hierarchien, Führung und Differenzierung eher ablehnen. Unterschiedlichkeit – besonders hinsichtlich der Kompetenz – wird entweder zu ignorieren versucht oder mit Sanktionen belegt. Wenn sich doch eine Frau als kompetente Führerin herausarbeitet, fangen die andern an, sie zu demontieren. Für mein Thema heißt das, wenn das solidarische Miteinander gekoppelt ist an ein Gleichheitspostulat, wird es lähmend oder sogar zerstörerisch. Der Anspruch nach Gleichheit kann durchaus zum Würgegriff werden, durch den die Differenz, wenn sie denn in einem Bessersein oder Besserkönnen besteht, vernichtet werden soll.

Zum Schluß soll noch einmal eine entwicklungspsychologische Konsequenz formuliert werden: In der Mutter-Tochter-Beziehung geht es um die Balance von narzißtischem Begehren und Objektbegehren. Für die Anerkennung der Differenz kommt gerade der Integration des homosexuellen Objektbegehrens, wie Poluda-Korte (1993) es herausgearbeitet hat, eine besondere Bedeutung zu. Eine lustvolle körperliche

Beziehung zur Mutter ermöglicht dem Mädchen viel eher, ein eigenes, authentisches Begehren zu entfalten und damit eine autonome Verfügung über die sexuelle Erlebnisfähigkeit zu entwickeln, die ein zentraler Aspekt in der weiblichen Individuation ist. So kann sich die Tochter der Welt zuwenden, ohne die Mutter als Liebesobjekt ganz zu verwerfen. Auf diese Weise ist das Spannungsverhältnis zwischen Identifikation und Anerkennung der Differenz, in dessen Aufrechterhaltung Jessica Benjamin (1993) die Grundlage für eine herrschaftsfreie Beziehung zwischen den Geschlechtern sieht, für die Beziehung zwischen denen, die gleichen Geschlechts sind, ebenso wichtig.

## Literatur:


Benjamin, Jessica (1990): *Die Fesseln der Liebe.* Basel/Frankfurt a. M.

Benjamin, Jessica (1993): *Phantasie und Geschlecht.* Basel/Frankfurt a. M.

Burbach, Christiane (1993): «Frauenkonkurrenz – Frauensolidarität». In: *Wege zum Menschen* 45, Heft 6, S. 352–360

Campion, Jane / Pullinger, K. (1994): *Das Piano.* München

Dettmering, Peter (Hg.): *Die Kinder- und Hausmärchen der Brüder Grimm.* Urfassung 1812/1814. Lindau

Olivier, Christiane (1987): *Jokastes Kinder.* Düsseldorf

Plath, Sylvia (1992): *Briefe nach Hause.* 1950–1963. Frankfurt a. M.

Poluda-Korte, Eva S. (1993): «Der ‹lesbische Komplex›.» In: Alves, Eva-Maria (Hg.): *Stumme Liebe.* Freiburg

Stevenson, Anne (1992): *Sylvia Plath.* Frankfurt a. M.

Elfriede Jelinek

# PAULA

Früher habe ich noch die gymnastischen Übungen gemacht, die dafür gemacht sind, damit man einen flachen und harten Bauch bekommt und behält. Dann fühlte ich eine Schwangerschaft herannahen und gab daher diese wichtigen Übungen, die ich mir aus einer Zeitschrift herausgeschnitten hatte, wieder auf. Ich war wie gemacht dafür, Mutter zu werden, war ich doch ein ganzer Mensch. Man sagt ja, eine Schwangerschaft erfordert einen ganzen Menschen. Vielleicht war es ein Fehler, daß ich mit den Übungen aufgehört habe, als ich mich Mutter werden fühlte, denn mit den Übungen darf man nicht aufhören, wenn man sich Mutter werden fühlt: dann erst recht. Sonst ist man statt eines ganzen Menschen nur mehr ein halber oder geteilter. Vielleicht hat das auch dazu beigetragen, daß ich mich langsam meinem Manne zu entfremden begann, was in einer Ehekrise seinen Ausdruck fand. Ich fürchte, ich habe mich vernachlässigt, als ich neues Leben in mir wachsen fühlte. Man darf sich nicht so sehr auf das wachsende Leben in einem selbst konzentrieren, man muß auch dem Manne ein Augenmerk zuwenden, weil sich dieser sonst plötzlich vernachlässigt fühlt. Er darf nicht glauben, jetzt spielt er die zweite Geige statt der ersten. Das neue Leben in mir wuchs also und wuchs, ich aber verfiel äußerlich immer mehr, direkt proportional dem wachsenden neuen Leben. Dazu die schwere Hausarbeit, die das neue Leben zwar nicht am Wachsen hinderte, mich aber von meiner täglichen Mindestpflege immer ferner und ferner hielt. Ich war zwar erst knapp sechzehn, aber je mehr das neue Leben in mir wurde, desto mehr Haare und Zähne fielen mir aus dem Kopf, was nicht unbedingt nötig gewesen wäre, wenn ich die kosmetischen Tricks angewendet hätte, die man anwenden muß, um Haare und Zähne bei sich behalten zu können. Ich war nicht schlecht entstellt! Ich hatte bisher immer versucht, meinen Verstand, zum Beispiel durch Fernsehsendungen, auf dem laufenden zu halten. Jetzt mußte ich jedoch gerade zur Fernsehzeit immer öfter meinen Gatten aus dem Gasthaus nach Hause holen, er war zur Zeit des Hauptabendprogramms immer schon völlig betrunken. Der Gang vom Gasthaus nach Hause war ein schwerer Gang, oft fielen wir gemeinsam über Hindernisse, oder er schlug mich in eine Höhlung im Boden mit der Faust hinein. Dennoch war ich froh, ihn heil und ganz nach Hause gebracht zu haben. Hätte er sich nämlich erst später angesoffen, so hätte ich ihn in der Frühe zum Arbeitsgang nicht mehr aus dem Bett bekommen. So aber schaffte er es immer gerade noch, diesen schweren Gang anzutreten. Auch ich würde bald meinen schweren Gang ins Krankenhaus antreten müssen, um die Geburt zu vollziehen. Während der Zeit, in der ich mich Mutter werden fühlte, begann also die Entfremdung zu meinem Manne, die sich bald rapide ausbreitete und alle Bereiche des täglichen Lebens umfaßte. Denn mein einziges Kapital, mein früher schlanker und daher sowohl kosmetisch wie kleidungsmäßig leicht zu behandelnder Körper sagte mir jetzt leider den Dienst auf. Das heißt, mit der Schlankheit war es jetzt aus. Das Wichtigste ist nämlich immer, daß überhaupt eine Basis da ist, auf die man aufbauen kann, in meinem Fall war mein schlanker Körper diese Basis, die jetzt weg war. Bald begann mein Mann mich bald hierhin und bald dorthin zu treten. Manchmal hatte ich Glück, und er fand eine Stelle, die weniger schmerzte, so die Oberschenkel oder den Hintern, manchmal jedoch hatte ich Unglück, und er traf eine Stelle, die mehr schmerzte, weit mehr, den Bauch beispielsweise. Selbst während meiner Schwangerschaft war ihm mein Bauch offenbar nichts Heiliges, was er doch sein sollte, sondern etwas Unheiliges, das man treten durfte. Dennoch konnte die Schwangerschaft erhalten bleiben. Hier steht, daß man die gymnastischen Übungen unter allen Umständen aufrechterhalten muß. Die andren Umstände waren für mich aber eine solch schwere Belastung, daß die Übungen auf der Strecke bleiben mußten. Was zwischen Mann und Frau wichtig ist, ist die gegenseitige Achtung. Mein Mann konnte diese leider für mich nicht mehr aufbringen, weil ich mich körperlich so gehen ließ. Ich weiß, ich hätte mich gegen diesen inneren Drang, der mir ständig sagte: lasse dich fallen, zur Wehr setzen müssen, hätte dagegen ankämpfen müssen, vielleicht, wer weiß, hätte ich sogar gesiegt, und der Drang, mich fallenzulassen, wäre unterlegen. Aber da fühlte ich plötzlich eine Panik in mir aufsteigen, die mir sagte:

Kosmetische Pflege, selbst wenn es nur die allermindeste Grundpflege ist, kostet Geld. Dieses Geld vertrank mein Mann. Kaum, daß mein Mann gehört hatte, daß ich mich Mutter werden fühlte, ging er schon ins Wirtshaus und kam nicht mehr heraus, außer, um mich zu schlagen und zu treten. Manchmal gab er mir auch zu bedenken, daß wir platzlich viel zu beschränkt für Kinder wären, weil wir doch nur dieses eine kleine Zimmer im Hause meiner Eltern bewohnten. Am liebsten wäre ihm gewesen, ich hätte mich in Luft aufgelöst oder wäre mit dem noch ungeborenen Leben verstorben, nur damit ich und das ungeborene Leben keinen Platz einnehmen. Obwohl mein schlanker Körper früher weniger Raum eingenommen hatte als weniger schlanke Körper, war das jetzt zu Ende, und ich nahm von Tag zu Tag mehr Raum ein, je mehr ich mich Mutter werden fühlte. Zuerst sagte mein Mann: Eines Tages werde ich nicht mehr zur Tür hereinkommen, wenn ich todmüde von der Arbeit heimkomme, wenn du und dein Bankert noch mehr Platz verbraucht, dann wieder versuchte er durch die obengenannten radikalen Methoden, meinen Bauchumfang auf das normale und natürliche Maß zu reduzieren. Es ist ein großes Glück, wenn man sich Mutter werden fühlt, ich aber fühlte nur die Schläge meines Gatten auf meinen nun ungeschmeidigen und daher zu wenig wendigen Leib herniederhageln. Es ist eine Zeit der inneren und äußeren Vorbereitung für eine Frau. Ich bin eine Frau. Ich war aber fast immer unvorbereitet, wenn die Schläge kamen, obwohl ich sie stündlich erwartete. Manchmal, wenn ich ausnahmsweise versuchte, in meinen Kopf ein wenig Abwechslung und Zerstreuung vom täglichen Einerlei hineinzubringen, indem ich mir etwas im Fernsehen anschaute, holte er mich gleich wieder von der Abwechslung und Zerstreuung weg, führte mich aus dem Wohnzimmer meiner Eltern in unser Zimmerchen und schlug mir dort manchmal sogar auf den Kopf, der doch wendig bleiben sollte, was ihm langsam ebenso schwer fiel wie meinem Körper. Ich glaube, mein Gatte wünschte insgeheim, daß das Ungeborene auch ein Ungeborenes bliebe und niemals ein Geborenes würde, was ihm eines schönen Tages beinahe auch gelungen wäre. Wenn man mir nicht im Spitale Leib und Seele zusammengehalten und das Ungeborene daran festgebunden hätte, wer weiß, vielleicht wären heute mein Leib und meine Seele schon getrennt voneinander. Beides wurde jedoch errettet. Es war eine schöne Zeit, gutes Essen, oft Fleisch, dennoch holte mich mein Gatte wieder aus dem Spitale heraus, weil ich die Hausarbeit zu verrichten hätte, wer verrichtet sie denn sonst? So war denn auch diese schöne

Zeit wieder zu Ende, ich erinnere mich noch heute gerne daran. Doch mein Gatte wünschte mich an seiner Seite zu haben, wo die Frau hingehört. Ich nahm also wieder meine täglichen Pflichten an seiner Seite auf. Jetzt ging es ja wieder mit ein wenig frischeren Kräften vorwärts, das werdende Leben in meinem Bauch war wieder für einige Zeit saniert. Im Spitale hatte ich einige neue Haarschnitte in einer Illustrierten gesehen, Haarschnitte, welche ich aber leider an mir nicht ausführen lassen konnte. Hätte ich es doch getan! Daß ich es nicht tat, war sicher ein Fehler, der sich sogleich an mir rächte, indem ich für meinen Mann immer unansehnlicher wurde, das werdende Leben fraß mir quasi die Haare vom Kopf, ein neuer Kurzhaarschnitt hätte vielleicht retten können, was noch zu retten war, was nicht mehr viel war, aber diesen Traum mußte ich austräumen, noch bevor er richtig angeträumt war. So blieb denn alles beim Alten. Mein Gatte wäre vielleicht mit einer neu kurzgeschnittenen Frau zufrieden gewesen, noch zufriedener aber war er mit einem oder mehreren Litern Alkohol in sich. Trotzdem quälte mich noch immer der Gedanke, daß ich kosmetisch und gymnastisch mehr hätte vorsorgen können für den Fall, der jetzt eintrat, nämlich mein körperlicher Verfall, der sich unter andrem auch in Wasser in den Beinen äußerte, welches mir das Gehen zu einer langwierigen und zeitraubenden Angelegenheit machte. Es ist ganz natürlich und ungefährlich, daß Frauen, die werdende Mütter sind, Wasser in den Beinen haben, es pflegt nach der Geburt spurlos zu verschwinden. Dies ist eins von den wenigen Dingen, die keine Spuren in einem Menschen hinterlassen. Das Wasser verschwand wirklich spurlos, und das Kind war ein gesundes Kind, später sollte ihm noch ein zweites nachfolgen.

Hatte ich mich früher nach kosmetischer Pflege und mehr Zeit für Gymnastik gesehnt, so sehnte ich mich nun unbegreiflicherweise nach einem besseren Leben, von dem ich annahm, daß es für mich besser geeignet wäre als ein schlechteres. Sicher war es ein Fehler von mir anzunehmen, ich hätte ein Anrecht auf ein solches, vielleicht war alles, worauf ich ein Anrecht hatte, die Tatsache, daß ich gesunde Kinder hatte. Es gibt welche, die das nicht von sich behaupten können. Und auch ich, die Mutter, war gesund. Das war ein Glück, von dem viele behaupten, es wäre ein unverdientes Glück, weil unter diesen vielen auch solche sind, die ungesunde bis kranke Kinder ihr eigen nennen. Auch mein Gatte war den Umständen entsprechend gesund. Die Umstände waren dagegen beinahe ungesund in diesem einen kleinen Zimmer, in dem vier Personen lebten, eigentlich nur drei, denn Kinder unter 14 Jahren sind halbe Personen, so sagt es der Gesetzgeber, wenn es sich darum handelt, wie viele Personen in einem Personenkraftwagen fahren dürfen. Vielleicht war es mein Fehler, daß ich diese Lebensumstände in lebenswerte verwandeln wollte, in lebenswerte Umstände meine ich. Es hätte mir genügen müssen, daß wir alle satt zu essen hatten, wofür mein Gatte aufkam, nachdem er einen nicht unwesentlichen Teil seines Wochenlohnes für alkoholische Zwecke abgezweigt hatte. Ich sehe auch ein, daß die Lebensumstände meines Gatten ebenfalls nicht die angenehmsten waren, hatte er doch, außer den unangenehmen Lebensumständen daheim, die wir mit ihm teilten, auch noch die unangenehme und schwere Arbeit im Wald zu vollbringen. Immerhin wohnten wir nur zu dritt, wenn nicht zu zweit, in dem kleinen Raume, während er draußen eifrig am Bäumefällen war. So wenig, wie es mich aber befriedigte, zu dritt in einem kleinen Raume zu leben, so wenig befriedigte es mich, zu viert in demselben kleinen Raume zu leben und außerdem immer von der spannendsten Stelle im Fernsehen weggeprügelt zu werden, teils wegen Nichtigkeiten, teils jedoch wegen, wie ich zugeben muß, wichtigen Eheverfehlungen wie einem wegen des «Kommissar» ungewaschen gebliebenen Geschirr. Wo mein Mann recht hatte, hatte er recht. Haushalt und Kinder dürfen nicht unter den Auswirkungen des «Kommissar» leiden. Wenn Haushalt und Kinder nicht unter dem «Kommissar» litten, litten sie in zunehmendem Maße leider unter einer gereizten und oft auch mürrischen Mutter, nämlich unter mir, die ich mir einbildete, unter einer unerträglichen Belastung zu stehen, die vor allem nervlich in Erscheinung trat, die aber in Wirklichkeit sicher eine erträgliche gewesen ist, Beweis: Ich habe sie ertragen. Und das sogar mehrere Jahre! Das wiederum beweist, daß es doch letzten Endes meine Schuld gewesen sein muß. Nachdem ich auf die tägliche Gymnastik für Bauch und Hüften sowie auf Lippenstift und Lidschatten verzichten mußte, hätte ich dafür einen weniger vergänglichen, einen bleibenden Ersatz, nämlich meinen Gatten, die Kinder sowie den Gesamthaushalt suchen und finden müssen. Ich hatte meinen Gatten, die Kinder sowie den Haushalt zwar gesucht und gefunden, sie waren mir aber auf die Dauer kein Ersatz. Also blieb in mir eine gewisse Oberflächlichkeit erhalten, obwohl mein Leben doch wahrhaftig genug Tiefe hatte, so hinterließen z. B. die Schläge, die auf mich niederprasselten, doch oftmals ein tiefes Gefühl des Hasses gegen den Schläger in mir, der Geschlagenen. Anschließend beging ich dann den, wie ich glaube, entscheidenden Fehler, Geld als die Lösung dieser Probleme zu sehen, was niemals eine wirkliche Lösung sein kann, da man die entscheidenden Dinge im Leben, wie allgemein bekannt ist, durch Geld nicht erkaufen kann, Gesundheit zum Beispiel, wie ich schon ausgeführt habe. Statt dessen wollte ich immer mehr und gewaltsam erkaufen. Etwas, das man mit Gewalt erreichen will, geht oftmals schief. Etwas, das man aber mit Geld erkaufen kann, kann man auch kaufen, vorausgesetzt, daß man dieses Geld überhaupt sein eigen nennt. Geld bewegt die Welt. Das ist eine einfache Rechnung. Vielleicht war es wirklich meine Schuld, aber die Prostitution für Geld, die ich schließlich zu vollführen als meinen einzigen Ausweg sah, brachte mir wirklich soviel ein, daß ich mir dafür ein sorgenfreies Leben hätte leisten können, besonders in unsrer Gegend, wo das Angebot an Prostituierten so gut wie nicht vorhanden ist. Oder sagen wir besser, hätte mir soviel eingebracht, wenn nicht unrecht Gut nicht gedeihen würde. Das durch Prostitution erworbene Geld war nämlich dieses unrechte Gut, das auch in meinem Falle nicht gedieh. Das alles merkte ich spätestens an dem Tag, an dem alles herauskam, daß nämlich dieses Gut, das ich da so eifrig erwarb, ein unrechtes und nicht gedeihungsfähiges war. Ich hatte es erworben mit Hilfe meines kosmetisch ungepflegten, leider, möchte ich sagen, beinahe verwahrlosten Körpers, der dennoch immerhin ein weiblicher genannt zu werden verdiente, dessen wenige Haare noch immer ungeschnitten, dessen abgebrochene Fingernägel noch immer unlackiert, dessen Absätze immer noch schiefgetreten und nicht erneuert waren, und so weiter. Ich hatte es erworben, obwohl kaum noch etwas Reizvolles an mir zu finden war, nicht einmal mit einer Lupe, und dennoch genügten offenbar die wenigen typisch weiblichen Merkmale und Kennzeichen, um einen schwunghaften kleinen Handel damit aufzuziehen. Doch gerade in dem Moment, da ich daran gehen konnte, mich wieder ein wenig herzurichten, war es auch schon wieder zu Ende mit der Hege und Pflege, denn da hatte sich schon die Tatsache, daß unrecht Gut nicht gedeiht, als zutreffend herausgestellt. Durch einen blöden Zufall. Meine Kinder und meinen Gatten war ich dann auch rasch los, schneller als ich schauen konnte. Gerade jetzt, wo ich wieder etwas gehegtere Weiblichkeit für ihn in petto gehabt hätte. Ausgerechnet jetzt, wo ich wieder damit beginnen konnte, mich zu attraktivieren, mußte das passieren. Das unrecht erworbene Gut schrumpfte in der Folge noch rascher zusammen als das rechtmäßig Erworbene, wir mir scheint, und zwar schrumpfte es während der Zeit nach der Scheidung, als ich mir eine Stelle suchen mußte, die ich dann auch fand. Freilich, Kapital, das ruht und nicht arbeitet, ist schnell zu Ende. Ich selbst mußte arbeiten, durfte nicht ruhen. Es war vielleicht auch ein gewisser Fehler von mir, daß ich nicht mit dem unrecht Erwerben weitermachte, was eine leichte, wenn auch ziemlich ekelhafte Erwerbstätigkeit darstellt, dennoch wollte ich, wenn ich schon keine Familie mehr mein eigen nannte, doch wenigstens Güter rechtmäßig erwerben. Es war vielleicht ein Fehler, daß ich die Prostitution sausen ließ und mich der Fabriktätigkeit zuwandte, bei ersterem wäre sicher mehr zu holen gewesen, aber es hatte mir schon einmal kein Glück gebracht, und so wird es mir vielleicht auch ein zweitesmal kein Glück bringen, vor allem, wo ich doch darauf hoffen kann, daß ich bei meinem Aussehen bald einen Freund haben werde, der vielleicht beruflich eine saubere Tätigkeit ausführt und keinen Tropfen Alkohol anrührt. Dann wird sich vielleicht die Investition, die darin besteht, daß ich eine rechtmäßige Tätigkeit ausübe, nämlich eine Fabrikarbeit, rentieren, nämlich in einer neuerlichen Ehe und neuerlichen Kindern. Diese Chance will ich mir nicht durch neuerliches Erwerben von unrechtem Gut vermasseln. Es kann nämlich leicht zu einer schlechten Gewohnheit werden, Unglück zu haben oder Unrecht zu tun, was dasselbe ist. Ich möchte nun auch bald zu den Leuten gehören, die gewohnheitsmäßig und sogar rechtmäßig Glück haben, wie der Besitzer dieser Fabrik zum Beispiel, um nur einen zu nennen, dieser Fabrik, in der ich hier mein Brot und meine Kosmetika verdiene. Letztere stellen ein sogenanntes Extra dar, das mir jedoch sehr gelegen kommt, gehört es doch zu den rechtmäßigen Investitionen, die darauf zielen, eine neue Ehe und einen neuen Hausstand mit einem neuen, frischen und unverbrauchten Menschen zu gründen. Auf diese Weise werde ich zwar nicht viele Güter erwerben können, doch werden diese wenigen Güter auch gedeihen. Auf die andre und unanständige Weise würde ich zwar viel mehr Güter erwerben können, sie würden aber in meiner Hand nur Unglück bringen und keineswegs gedeihen. Unglück habe ich genug gehabt. Jetzt will ich einen Aufstieg nehmen. Ich habe aus meinen Fehlern der Vergangenheit gelernt, was eine Leistung ist. Einmal ist es schon mein Fehler gewesen, ein zweites Mal soll es nicht mein Fehler werden. Da muß alles streng legal zugehen.

# DIE AUTORINNEN

EVA-MARIA ALVES

geboren 1940 in Osnabrück, 1960–63 Zeitungsvolontariat, Ausbildung zur Redakteurin, seither tätig als freie Autorin und Journalistin, 20 Jahre Auslandsaufenthalte u. a. in Prag, Wien, Süd-Ost-Europa und der ehem. UdSSR. Literatur-Förderpreis der Stadt Hamburg 1992.

Veröff. u.a. *Versuch einer Vermeidung* (1981), *Neigung zum Fluß* (1981), *Maania* (1982), *Schwärzer* (1993), *Die Bleistiftdiebin* (1996), *Eisfrauen* (1996) sowie diverse Hörspiele und zahlreiche Rundfunk-Features und als Hg. u. a. *Stumme Liebe* (1993).

MARTINA CHRISTLIEB

1952 geboren, studierte in Marburg Psychologie, Medizin, Germanistik und Pädagogik. Diplom-Psychologin seit 1977. Bis 1982 Wissenschaftliche Mitarbeiterin der Fachbereiche Psychosomatik und Klinische Psychologie der Uni Marburg sowie der Sexualberatungsstelle der Uni Hamburg. Seit 1982 in Hamburg niedergelassen als Psychologische Psychotherapeutin und Wissenschafts-Journalistin. Seit 1995 Psychoanalytikerin (DPG, DGPT), Dozentin und Supervisorin in eigener Praxis in Hamburg.

Interessen: Psychoanalyse der Frau, der Macht und des Geschlechter-Verhältnisses; analytische Sozialpsychologie; analytische Behandlungstechnik.

Sonja Düring
1960 geboren, Dipl.-Psych., Dr. phil., Studium der Psychologie und Philosophie in Hamburg und Berlin, arbeitet als niedergelassene Psychotherapeutin und Supervisorin in Hamburg. Wissenschaftliche Arbeitsschwerpunkte: Sexualität, Geschlechterverhältnis und Feminismus.

Veröff. u. a.: *Wilde und andere Mädchen*, Freiburg 1993; als Hg. zusammen mit Margret Hauch: *Heterosexuelle Verhältnisse*, Gießen 2000; «Männliches Begehren in der Spätmoderne oder die Affirmation der ‹wilden Frau›». In: Dannecker, Martin / Reiche, Reimut (Hg.): *Sexualität und Gesellschaft*, Frankfurt a. M./New York 2000; «Probleme der weiblichen sexuellen Entwicklung.» In: Sigusch, Volkmar: *Sexuelle Störungen und ihre Behandlung*, Stuttgart/New York 2001.

Marina Gambaroff
1943 geboren, Psychoanalytikerin. Seit 1975 Arbeit in freier Praxis (Einzel-, Gruppen-, Paartherapie).

Veröff. u. a.: *Utopie der Treue* 1984 (Neuauflage 2002); *Sag mir, wie sehr liebst du mich – Frauen über Männer*, 1987; zusammen mit Martin Walker: *AngstLust. Das furchtbar Weibliche* 1994.

Jutta Heinrich
geboren 1940, lebt in Hamburg und im Wendland, nach verschiedenen Berufen Studium der Sozialpädagogik, Germanistik und Literaturwissenschaft in Hamburg. Seit 1975 freie Schriftstellerin.

Verschiedene Veröffentlichungen, u. a.: *Das Geschlecht der Gedanken*, München 1978 und Frankfurt a. M. 1988; *Alles ist Körper,* Frankfurt a. M. 1991; *Im Revier der Worte,* Frankfurt a. M. 1994; *Sturm und Zwang*, Elfriede Jelinek, Jutta Heinrich, Adolf-Ernst Meyer, Hamburg 1995; *Unheimliche Reise*, Hamburg 1998. Außerdem Theaterstücke und Kabarett-Texte. Über Goethe-Institute Reisen nach: Indien, Griechenland, Niederlande, Dänemark, Schweden und Frankreich. Seit 1999 Mitglied des P.E.N.

Angelika Holderberg
1949 in Essen geboren, journalistische Ausbildung, Studium der Sozialpädagogik in Düsseldorf, psychoanalytische Ausbildung in Hamburg, arbeitet in einer Beratungsstelle des *SOS-Kinderdorf e.V.* und als niedergelassene Psychotherapeutin in eigener Praxis, sowie als Dozentin und Supervisorin und ist in der Ausbildung am Michael-Balint-Institut in Hamburg tätig.

Letzte Veröffentlichung: «Der Umgang mit dem Trauma.» In: *Kinderanalyse* 4/2000.

Elfriede Jelinek
geboren 1946 in Mürzzuschlag (Steiermark), Studium der Theaterwissenschaft und Kunstgeschichte und am Konservatorium Orgel, Klavier, Komposition. Freischaffende Schriftstellerin (Lyrik, Prosa und Theaterstücke).

Veröff. u. a. die Romane: *Die Liebhaberinnen, Die Klavierspielerin, Die Ausgesperrten* und *Lust*; die Theaterstücke: *Clara S., Krankheit oder moderne Frauen*; das Drehbuch zu Werner Schroeters Film *Malina* (nach Ingeborg Bachmann) und das Hörspiel: *Was geschah, nachdem Nora ihren Mann verlassen hatte oder Stützen der Gesellschaft.* Zusammen mit Jutta Heinrich und Adolf-Ernst Meyer: *Sturm und Zwang. Schreiben als Geschlechterkampf*, 1994.
Preise: u. a. Heinrich-Böll-Preis 1986, Georg-Büchner-Preis 1998, Theaterpreis Berlin 2002.

Karin Menge-Herrmann
1951 geboren, Diplom-Psychologin, Psychoanalytikerin (DGPT, DPG), in eigener Praxis tätig.

Veröff.: «Masochismus bei der Frau und beim Mann.» In: *Psychoanalyse im Widerspruch* 6/1991.

Erika Mielke
1952 geboren, Studium der Germanistik, Erziehungswissenschaft, Lernbehinderten- und Verhaltensgestörtenpädagogik, Studium der Psychologie in Hamburg. Organisationspsychologin mit Schwerpunkt soziale Organisationen, seit 1972 engagiert in feministischen Bereichen (Wohnmodell Steilshoop, §218-Beratung, AG Feminismus und Psychoanalyse, Gründung «Frauennetzwerk Dulsberg e.V.», diverse Konzepte zur Verbesserung der Perspektiven sozial benachteiligter Frauen, usw.).

Christa Rohde-Dachser
1937 geboren, Prof. Dr. biol. hum. habil., Soziologin und Psychoanalytikerin, Mitherausgeberin der *Psyche*. Seit 1987 Professorin am *Institut für Psychoanalyse* der Universität Frankfurt a.M., vorher langjährige klinische Lehr- und Supervisionstätigkeit an der Psychiatrischen Klinik der Medizinischen Hochschule Hannover.

Zahlreiche Veröff., u.a.: *Die Sexualerziehung Jugendlicher in katholischen Kleinschriften. Ein Beitrag zum Problem der Moraltradierung in der komplexen Gesellschaft*, Stuttgart 1970; *Das Borderline-Syndrom*, Bern 4. Auflage 1989; *Expedition in den dunklen Kontinent. Weiblichkeit im Diskurs der Psychoanalyse*, Gießen 2001; *Im Schatten des Kirschbaums. Psychoanalytische Dialoge*, Bern 1995; als Hg.: *Über Liebe und Krieg. Psychoanalytische Zeitdiagnosen*, Göttingen 1995; «Aggression in weiblichen und männlichen Lebensentwürfen.» In: Bell, K./Höhfeld, K. (Hg.): *Aggression und seelische Krankheit*, Gießen 1996; zusammen mit M. Mitscherlich als Hg.: *Psychoanalytische Diskurse über die Weiblichkeit von Freud bis heute*, Stuttgart 1996.

Gabriele Teckentrup
1944 geboren, Studium der Volkswirtschaft, Germanistik, Pädagogik. 1984 psychoanalytische und psychotherapeutische Ausbildung für Kinder und Jugendliche. Niedergelassen in eigener Praxis. Dozentin und Kontrollanalytikerin am Michael Balint Institut für Psychoanalyse und Psychotherapie, Hamburg. Schwerpunkte: Klinische und kulturtheoretische Aspekte der weiblichen Entwicklung und Geschlechterdifferenz.

Veröff. u.a. als Hg. *Schreie lautlos – Mißbraucht in Therapien*, Freiburg 1993.

Edda Uhlmann
geboren 1943, Psychoanalytikerin (ordentliches Mitglied in der DPV), in eigener Praxis in Hamburg, langjährige Beschäftigung mit der weiblichen Entwicklung aus psychoanalytischer Sicht.

Veröffentlichungen: «Väterliche Phantasmen im weiblichen Selbst». In: *Zeitschrift für psychoanalytische Theorie und Praxis*, Heft 1/2 2002; «Der Angriff auf den weiblichen Körper.» In: Bell, K./Höhfeld, K (Hg.): *Aggression und seelische Krankheit*, Gießen 1996; «Die Zerstörung des Begehrens unter Frauen» in diesem Band.

*2001 · 276 Seiten · Broschur*
*EUR (D) 29,90 · SFr 52,50*
*ISBN 3-89806-093-4*

Die sich entwickelnde Körperlichkeit und Sexualität erschüttert nicht nur die jungen Frauen und Mädchen selbst, sondern auch die Erwachsenen ihrer Umgebung. Sie verändert die Beziehungen in der Familie und zu Gleichaltrigen. Das Erleben der Pubertät erweist sich dabei als sozial geprägt und gesellschaftlich vermittelt. Es ist daher sinnvoll genauer hinzuschauen, auf das was passiert, wenn junge Frauen ihre Pubertät durchleben. Und genau das tut Karin Flaake in ihrem Buch und eröffnet neue Einblicke in die Dimension des Prozesses weiblicher Pubertät.

---

**PSV**
**Psychosozial-Verlag**

*November 2002*
*ca. 370 Seiten · Broschur*
*EUR (D) 19,90 · SFr 33,90*
*ISBN 3-89806-184-1*

Sabina Spielreins Tagebücher sind ein Dokument voller Poesie über ein Skandalon, das seinerzeit mit allen Mitteln und von allen Seiten unterdrückt wurde. Der Beginn der Psychoanalyse ist mit einem Missbrauch behaftet, den es anzuschauen statt zu verdrängen gilt. Sabina Spielreins Umgang mit diesem doppelten Verrat (Jungs wie auch Freuds), die Größe, mit der sie aus dieser Affäre hervorgeht, beeindrucken nicht zuletzt durch die liberale Haltung, die sie sich gegenüber beiden »Übervätern« bewahrt. Sie bleibt sich selbst treu und lässt sich auf keine der beiden Seiten der miteinander überworfenen Analytiker ziehen.
Das Buch ist einzigartig in seinem Reichtum an Quellen aus der Frühgeschichte der Psychoanalyse entlang des Falles Sabina Spielrein: Neben Spielreins Tagebuch finden sich die Briefwechsel von Spielrein und Freud, Spielrein und Jung sowie der Briefwechsel zwischen Freud und Jung über Sabina Spielrein.
Mit der aktualisierten Neuauflage kommt der Verlag einer immer wiederkehrenden Anfrage nach.

---

www.ingramcontent.com/pod-product-compliance
Ingram Content Group UK Ltd.
Pitfield, Milton Keynes, MK11 3LW, UK
UKHW040024200726
13854UKWH00001B/351